自由守望

自由守望

胡适派文人引论

沈卫威 著

南京大学出版社

图书在版编目(CIP)数据

自由守望：胡适派文人引论 / 沈卫威著. —南京：南京
大学出版社,2009.11
ISBN 978 - 7 - 305 - 06333 - 6

Ⅰ.自… Ⅱ.沈… Ⅲ.胡适(1891～1962)-学术思想-
研究 Ⅳ. B261.5

中国版本图书馆 CIP 数据核字(2009)第 131592 号

出 版 者　南京大学出版社
社　　址　南京市汉口路 22 号　　　　邮　编 210093
网　　址　http://www. NjupCo. com
出 版 人　左　健
书　　名　自由守望——胡适派文人引论
著　　者　沈卫威
责任编辑　金　浩
照　　排　南京紫藤制版印务中心
印　　刷　丹阳市兴华印刷厂
开　　本　635×965　1/16　印张 25.75　字数 278 千
版　　次　2009 年 11 月第 1 版　2009 年 11 月第 1 次印刷
ISBN 978 - 7 - 305 - 06333 - 6
定　　价　36.00 元

发行热线　025 - 83594756
电子邮箱　Press@NjupCo. com
　　　　　Sales@NjupCo. com(市场部)

目　录

修订版新序

一

此书出版后的 1997 年和 1999 年，我两次到台湾从事访问研究。那里的朋友都知道我是研究胡适的，在交流的过程中，他们不约而同地向我表示：现在台湾没有人研究胡适了。

我询问其中的原因，得到的答案是：在台湾，胡适的思想和学术都过时了。

所谓"过时"指的是他的开风气的学术研究已经被后人超越。他所倡导的自由主义理念完全被实际的多党政治局面所达成。

事实的确如此。

回头看看，1960 年，为"反对党"的事，胡适被蒋介石当面警告，《自由中国》的主持人雷震被下狱十年。那时胡适既是中国自由主义的一面旗帜，又是自由、民主向暴力恐怖和独裁专制抗争的一个象征和符号。

2000 年 4 月就有了执政党的更迭，国民党不再一党专制。这是胡适自《新月》时期就开始的梦想，并为之大声呼吁、奋力争取。

当然，在台湾的这场自由主义思想和民主政治的试验，只是彼一地也。

两次台湾之行，我看到了许多原来无法得到的资料，更有机会在"傅斯年图书馆"把《自由中国》、《文星》杂志通览一遍。

讲学与议政并重的胡适，与中国 20 世纪政治的纠缠，是一个无法回避的大问题。也正是第一次的台湾之行，促使我尽快地由坚持十多年的胡适及自由主义研究，向"学衡派"及文化保守主义做顺势的研究转向，以图深化自己的学术工作。

二

还得看此一时一地的现实。因为目前两岸还有学术研究语境的较大差异。

我在为"大家国学·胡适卷"写的导言中指明了如下一个令人兴奋的问题：

1921 年 7 月胡适在《东方杂志》第 18 卷第 13 号刊有《杜威先生与中国》，他将杜威的实验主义哲学方法概括为"历史的方法"和"实验的方法"。胡适言简意赅，说实验的方法至少注意三件事：

　　（一）从具体的事实与境地下手；（二）一切学说理想，一切知识，都只是待证的假设，并非天经地义；（三）一切学说与理想都须用实行来试验过；实验是真理的唯一试金石。①

1978 年 5 月 11 日，开启中国思想解放运动的最响的春雷是《实践是检验真理的唯一标准》。这是思想解放的一个关键时刻。

从 1921 年到 1978 年，历史的时空是 57 年。这就是胡适思想的力量，是先知穿透历史的力量。

这里老话重提，是要进一步彰显我多少年来在此兴奋点上的自信和学术坚守。事实上，胡适还有更发人深思的言论，如他早在 1919 年 7 月，就针对人类迷信抽象名词的弱点，提出了补救的措施：

> 多研究些具体的问题，少谈些抽象的主义。一切主义，一切学理，都该研究，但是只可认作一些假设的见解，不可认作天经地义的信条；只可认作参考印证的材料，不可奉为金科玉律的宗教；只可用作启发心思的工具，切不可用作蒙蔽聪明、停止思想的绝对真理。如此方才可以渐渐养成人类的创造的思想力，方才可以渐渐使人类有解决具体问题的能力，方才可以渐渐解放人类对于抽象名词的迷信。②

到了 1930 年，胡适写作《介绍我自己的思想》时，特别强调："这些话字字句句都还可以应用到今日思想界的现状。十几年前我所预料的种种危险——'目的热'而'方法盲'，迷信抽象名词，把主义用作蒙蔽聪明、停止思想的绝对真理——一都显现

---

① 胡适：《胡适全集》第 1 卷，安徽教育出版社 2003 年版，第 361—362 页。
② 同上书，第 353—354 页。

在眼前了。"①

适值 1992 年，改革开放进入一个关键的转折关头。邓小平果断提出不要讨论姓"资"姓"社"，不要有主义之争。

看看中国这 30 年的巨大变化，体会一下邓小平时代——从实践是检验真理的唯一标准、改革开放、经济特区试验，到不要主义之争，要和平、渐进的改革。还有胡适所倡导而我们目前仍没有做到的。

什么是胡适的价值和意义？什么是胡适的方向？

答案正是我的自信和学术坚守。

三

2005 年 4 月 29 日国民党主席连战在北京大学演讲的当天晚上，我与研究生在教研室座谈，之前，并不知道连战演讲的内容，我说到胡适自由主义的四项核心内容：自由、民主、和平、渐进的改革，容忍反对党。一位博士生打断我的话："沈老师，胡适什么时候说的这些？"

"1947 年。是在《自由主义》一文中。"

"那怎么和连战今天下午在北京大学演讲的核心内容是一样的呢？我刚从网上看完直播。"他深感惊奇。

"当然是一样的。连战是在美国读的博士学位。他的博士学位论文是关于胡适思想研究的。他的思想资源直接来自胡适。他到胡适做过校长的北京大学，既不能讲社会主义，也不能讲三民主义，只能讲

---

① 胡适：《胡适全集》第 4 卷，第 661 页。

自由主义,那里是胡适思想的大本营。胡适发表《自由主义》时正是北京大学校长任上。"我回答。

"嗨,原来是这样。"学生有明白了的表示。

60年了,我们仍然能真切地感受到胡适思想的穿透力和现实意义。

四

此书初版简体字本在上海文艺出版社印了两次,未经删改的繁体字本在台湾风云时代出版公司印了一版。十多年过去,书市的简体字本早已没有书了。趁这次再版的机会,我改正了一些初版的错误,并依据《胡适全集》对一些引文注释进行了适当的调整、补充,个别地方的文字有改动。除新增加的"参考文献"外,基本思想和结构没有变化,基本保留了原作风貌。

说"保留了原作风貌",只是一种自我安慰,其实我内心清楚,这何尝不是自己对没有进步的又一次开脱。老实招来,还得忙别的事去。

是为新版序。

沈卫威

2008年10月18日

于南京大学中文系

自　序

　　面对着发黄、发霉的《新青年》、《新潮》、《新月》、《观察》，独自翻览，似在触摸两代自由主义知识分子那跳动的脉搏——怎一个"新"字了得。我感到自己的心和他们一起在搏动。在寻找胡适及现代自由主义知识分子的行踪及心智历程时，我从不同的角度为胡适写下了三本传记、三本读书札记。在这个读写的过程中，除了少有的自娱外，更多的是一种不可名状的忧痛。这个民族告别传统走向现代是如此的艰难，作为政治上的自由主义，胡适派文人被共产党和国民党两大政党所反对；作为文化上的自由主义，他们被文化激进主义者和文化保守主义者所不容。于是我的著述中有了"无地自由"这一基本的主题。

　　胡适及一代知识分子的爱情、婚姻，是我关注的一个侧面。从中我发现了他们的痛苦、矛盾，以及文化心态、人格上的复杂性、丰富性。揭示这种矛盾性、复杂性和丰富性，演绎灵与肉的紧张、冲突，于是再现一个大写的"人"字。

　　相对于文化的连绵性和稳定性，政治斗争的阶段性和功利性是如此的显明。20 世纪末回眸看胡适，"西化"、"现代化"、"充分世界化"的术语对他和他的同人来说都有一定的所指，却不贴切。事实上，胡适派文人的文化自由主义的区位是处在传统与现代之间，他们的温和性和中介性有时表现为同文化激进主义的同步（或疏离），有时表现为同文化保守主义的妥协（或对立）。可以说，胡适派文人的文化世界主义同国民党道统上所承继、张扬的文化民族主义始终是矛盾、冲突的，并由此显示出自由主义知识分子所占据的公共空间的非主流文化同官方政治意义上的主流文化的紧张关系。因此，把握胡适派文人的文化脉络和内在理路，梳理文化流向，首先要进入他们所处的文化区位。然而，对历史的还原和再现，都已非历史本身。这需要有一个学术的寻找、认识、理解过程。

这些年结缘胡适，我走过许多地方，结交了不少朋友。这六本书的出版，本身就是友情的纪念。我珍视这份书里书外的机缘。

借这本札记整理出版，写下这片言。

是为序。

第一章 "横看成岭侧成峰"

——胡适派文人的结构形态

一 序说：命题、观念、模式

1

塔尔科特·帕森斯在社会学研究中，把知识分子的社会角色配置说成是这样一种人："尽管作为社会一员他理所当然地扮演了复杂的社会角色，但在他被期待（一个他自己也正式分担的期待）的主要角色资格上，在确定其投身时他把文化关注置于社会关注之上。由此，他的首要角色和位置，作为对其行动的有价值的结果的贡献，才是富有意义的。"[1] 但是，知识分子的社会热情和责任感，又使得"知识群体很自然地对他们生活其中的社会状况，产生一种日益增长的关注感"。这一关注既表现于"责任感"之中，又表现于对"被听取权"

---

[1] 塔尔科特·帕森斯：《"知识分子"：一个社会角色范畴》（阎步克译），《文化：中国与世界》第3辑，三联书店1987年版，第356页。

与行使"影响"的要求之中。作为社会的独立角色,知识分子的人格、立场决定了他们"必须处于主要的政治权力占有者与经济资源控制者之外"①。这种超然的地位又取决于社会—政治的有序,呈现出的是社会的绝对给予。这样,知识分子才可能"一方面是通过对价值献身的坚守,另一方面是通过以个人的、制度的、学科的威信以及其他'声望资源'来行使影响"②。没有控制"权力—物质"性的影响手段的知识分子,必须以此来履践自己的责任和运用被听取权。

实际上,帕森斯所谓的知识分子的文化关注居于社会关注之上之说,正是马克斯·韦伯强调的学者生涯中的学术至上。③ 从马克斯·韦伯到塔尔科特·帕森斯、爱德华·希尔斯以及后学,他们都试图建构一个理性的知识分子的文化神话。希尔斯强调知识分子是"受过先进的现代教育"的人,他的"先进"性和"现代"性是他们置身社会的影响力和被听取权。但希尔斯同时指出,对于一个落后国家的知识分子来讲,"他常常或者被当局所同化,或者作为反对派来反对当局。他难得可以一边干着他的工作,一边对当局保持中立。和政府的疏远使得反对政府的起义在心理上具备了现实的条件"④。在 20 世纪动荡复杂的世界政治—社会秩序中,知识分子所宣传的思想往往是重复那些在早期现代化国家建设中就已有的东西。在这些思想中"首要的是民族独立和统一"。这些,对于落后的和发展中国家以及殖民地国家尤为见效。知识分子的那种自由主义思想,时常同民族主义、民粹主义和社会主义

---

① 《文化:中国与世界》第 3 辑,第 372 页。

② 同上。

③ 参见马克斯·韦伯:《学术生涯与政治生涯》(王容芬译),国际文化出版公司 1988 年版和苏国勋:《理性化及其限制——韦伯思想引论》,上海人民出版社 1988 年版。

④ 转引自安东尼·奥罗姆:《政治社会学》(张华青、姜新浩、孙嘉明、尹荣、王伟新、王春生、刘伯鸣、张同俊、赵琳译),上海人民出版社 1989 年版,第 349 页。

产生冲突、矛盾。但是知识分子的自由主义思想有时也能同社会主义缓和、兼容，原因便是"知识分子对那些进行帝国主义扩张和掠夺弱小国家的国家的仇恨"①。这是一种超越文化神话的社会正义。

知识分子的现代性格，表现为一种自由批判的精神，即以批评政治社会为职志。这种批判精神来自他们所代表的神圣传统。余英时认为这个"神圣传统"相当于中国所谓的"道"。因为中国古代知识分子——"士"所持的"道"是人间的性格，他们面临的问题是政治秩序的重建。②

历史进入了 20 世纪，"士"阶层瓦解，现代知识分子兴起，传统的"道"也自然被消解、被批判。新的"道"统则是科学、民主、自由、秩序。20 世纪中国知识分子的道路是异常的艰辛和坎坷。他们努力去构筑自己的文化神话，却因现实的无序而不得不投下更多的社会关注，去演示自己的政治神话。政治本身自有"游戏规则"，并且是知识分子所无法认同的。知识分子基本的自由、民主观念时常想实现，却又得不到充分的实现。文化—社会、文化—政治的两难折磨着知识分子。正如一位学者所指出的，"中国人争取民主，大多是激于道义，或者为了政治动员，其目标虽然高昂，但社会基础则十分狭窄，力量也因此薄弱而不能持久"③。

知识分子的"先进性"和"现代性"，奠定了他们作为先觉者、启蒙者而同传统对立的基础，并由此展示出一种启蒙精神和文化批判精神。自由主义知识分子的政治理想驱使他们关注社会—政治的行为。同时，知识分子作为独立的阶层，他们的生存空间和最为直

---

① 安东尼·奥罗姆：《政治社会学》，第 349 页。

② 余英时：《士与中国文化》，上海人民出版社 1987 年版，第 113—119 页。

③ 陈方正：《论中国现代化与文化建设问题》，香港《二十一世纪》1995 年 10 月号。

接的作用场，便是德国社会学家哈贝马斯所说的"市民社会"以及由此展开的"公共空间"。希尔斯在审视"传统为什么会变迁"的内部因素时强调："只要自由主义批判专制主义的缺陷，它便能获得拥护。"① 20世纪中国自由主义知识分子的悲剧，在于他们在有所作为时既不顾中国特殊的国情，也缺乏对自身的现实关注。这样，他们就无法在"市民社会"中植根，更不能作用于广大的农村。因此，这个"拥护"就无从说起，也就无法获得广大民众的理解和支持。自由主义思想同社会及官方意志下的主流文化思想对立时，往往会惨遭失败。

这里，我尤其珍视法国哲学家布尔迪厄在为他的《学术人》英文版写的序言中所揭示的这样一个合乎世界百年历史的事实（"作为阐释和理解全球知识分子场境中当代法国哲学家的特殊性的主要要素"）："这一代大多数的（如果不是全部的）异端的哲学家一直处于一个非常奇异的位置，正是这个位置使得那些非做不可的俗事，变成了出于知识分子良知不得不为的事，也正是这个位置把一代人的集体命运，变成了一个可以作出选择的选择性。在正常情况下，他们原本将注定要在学术体制内凭借他们学术的成功进行简单的再生产，而他们学术上的成功则会把他们领到体制内的统治地位。"② 然而，事实却相反，他们成了官方意志的受害者，或被统治者视为异端。致使他们拥有的知识权力和占有的文化资本，同那些拥有政治和经济权力的人相比，显得多么的软弱无力！这种知识分子的思想资源的开发和知识权力的利用，在政治强权和经济实力派的夹击

① 希尔斯：《论传统》（傅铿、吕乐译），上海人民出版社1991年版，第297页。
② 《文化资本与社会炼金术——布尔迪厄访谈录》（包亚明译），上海人民出版社1997年版，第94页。

下，冒出的是一种不绝如缕的书生气。

2

"一个真正的自由主义者，至少必须具有独自的批评能力和精神，有不盲目权威的自发见解，以及不依附任何势力集体的气象。"① 这是胡适派文人殷海光对自己以及同人的基本界说和自律。

在中国历史上，不同的时代，由特殊的政治、社会、文化因素形成不同的文人群体，他们介入政治，同时又保持"文人"的基本品性，但往往由于思想的一元取向，和文人对权威、政体的依附而出现"内圣外王"，以至"达则兼济天下，穷则独善其身"的传统人文精神取向。因为缺乏现代意义上的自由主义精神的高扬，他们也就无力、无法化解政治和思想的一统。

20世纪20年代初，由于"普遍王权"的崩溃，使得中国传统的政治—社会和文化—道德秩序瓦解，尤其是科举制度废除以后，知识分子（士阶层）同官僚阶级的固定关系（依附、入仕、升迁之途）断裂，于是城市新进阶层出现，知识分子的背景复杂化。同时，由于西方文化的冲击，传统意义上的知识分子逐渐分化，已经不再是一体化的阶层，致使知识分子变成了"自由职业者"（从事教育、写作的有形自由，和形而上的精神自由）②。走出传统角色的新知识分子的群体兴起后，便注意向传统绅士阶层争夺文化领导权。他们同社会—政治的"固定模式"变异了，因此也就失去了过去的特定地位和权力。这就决定了他们的活动范围很少在政治社会（Political Society），

① 转引自胡伟希：《殷海光的心路历程》，《读书》1989年第5期。
② 薛涌：《政治与文化——邹谠教授谈二十世纪中国政治之一》，《读书》1986年第8期。

更多地在公共社会（Civil Society）——不稳定的政治权力也就可能成为公共社会的不可小视的革新力量。他们在当时特定的思想解放，政局跌宕，各种思潮、各派势力竞相崛起之时，试图导引时代思想的主流，形成了自由、开放、兼容的多元纷呈的局面，出现了思想文化的瞬间的辉煌，造就了一代新人，并促使中国文化从传统向现代转型。

随着 20 世纪 20、30 年代中国共产党与国民党明显的政治分野，文人们的"批评能力和精神"出现了相应的变异，很少能保持中立而不偏倚的，甚至形成敌对的趋势（如左派文人与倾向国民党的右翼文人、自由主义文人之间的相互攻击、诋毁）。胡适派文人在某一时刻也具有明显的政治倾向，即在保持自由主义精神的同时，相应地对现行秩序有所宽容、妥协，对现行政权有所依附、期望，向国民党政府倾斜。这一点，主要是由他们的核心人物胡适同执政党的关系所决定的。

3

一个团体的基本参数应当是："团体组成、团体结构、团体过程、团体规范和价值、奖惩体制。"其中"每一项参数都可以根据在研究中所采用的对团体的一般观点而获得完全不同的意义"。[1] 作为存在于现代、当代（主要指 1949 年以后至 60 年代中期的台湾地区社会）历史上的一个文人群体，胡适派文人不同于一般的具有广泛影响力、发动力的政党。它是一些思想倾向、文化见解和志趣相同或相近的自由主义文人的近于自觉的群聚，并游弋于政治的边缘。他们

---

① 安德列耶娃：《社会心理学》（蒋春雨、唐慕文、李锡勤、于秀贞译），南开大学出版社 1984 年版，第 155 页。

有组织名称、核心人物、理论纲领、旗帜、刊物，甚至在不同的时期公开发表宣言，以显声势，并呈流动的开放式结构。同时因成员组成的复杂而又有别于文学上成分单一的作家的群聚（流派、社团、作家群）。

国家、社会的存在，在于它的组织性和秩序化。任何"有组织系统的一个根本性质是，它在或大或小程度上是有秩序的"①。而社会的结构又具体地呈现"有联盟系统和无联盟系统"②。从社会心理学的视野看去，胡适派文人作为一个小型的占据舆论公众空间的松散、开放性群体的"群体意识"，实际上是一种"心理共性"。③ 这个群体的内聚力，是受群体的"首领和领导"胡适的地位所左右的，即他的"超凡魅力"的统摄。群体的外在形态，取决于"心理共性"作用下的"群体压力"④，即从众性和从众行为。这里指对自由主义信念的自觉遵从和自由体现。

从政治学的视野看来，人在一个国家的政治—社会中充当的角色，除决策者外，便是参与者、顺从者和无知者。胡适派文人只是充当了"参与者"，始终未能进入决策者的层次。他们关注的政治是"边缘政治"，即在学术与政治之间行走——立身学术，并通过学术去关注、干预政治。因此他们"把需要解释为目的，把目的假设为价值"，从而赋予学术以某种带有功利性的政治—社会意义。胡适派文人不是十分严密的有组织的规范性群体，具有相对的开放特性。尽管这个"群体"事先有"组织"，事成有"秩序"，有一个外在"规范"统摄，尤其是胡适作为中坚人物的人格魅力、思想意识为大部分人所

---

① 列尔涅尔：《控制论基础》（刘定一译），科学出版社 1980 年版，第 287 页。

② 汉肯：《控制论与社会》（黎鸣译），商务印书馆 1984 年版，第 51 页。

③ 安德列耶娃：《社会心理学》，第 151 页。

④ 同上书，第 219 页。

遵奉并接受，从而使群体不断地充实和完善，具有相对的稳定性、师承性，但它又具有相对的开放的发展变化着的流动性、疏散性。

哈贝马斯将学术同政治的关系的表现形态分为决策主义、技术主义和实用主义三个基本模式。胡适派文人群体属于"实用主义模式"的形态。这一自由主义文人群体在国共两大政党的激烈斗争中，对国民党的政体产生相应的依附。因此，这一文人群体在对政治—社会产生作用时，是仰视现代欧美文明，以科学、民主、自由、人权、理性、秩序这六个主要参数——文明、进步社会的标志，来对现政府的技术性决策与实用性决策展开理性的争论、监督、批评，使得他们自身的言行在学术与公众舆论之间形成必要的通晓交流，并有助于形成公众的政治意识。即"通过这种方式，实用的问题能够被转换为学术的问题，学术成果又能进一步作为科学信息反馈到具有接受能力的公众中去"，从而使这种实用主义的模式成为"满足主张以刺激政体改善的方式去联系知识、技术与实践的民主呼声"[1]。

因此，可以作如下概说：胡适派文人的成员多在国外受过自由主义思想的熏陶，接受现代文明的洗礼，并以胡适个人的"超凡魅力"的吸引和凝聚作为结构形态的外在范式，以自由主义信念中科学、民主、自由、人权、理性、秩序这六个参数为内在精神导向，立足文化—学术，并通过言论干预政治。他们倾心于自由的民主政治，主张政治—社会的渐进式改良，并把思想自由化和政治民主化作为一种泛文化的理想来追逐，体现出政治上的自由主义和文化上的自由主义的同步趋向，进而影响 1915—1949 年间的现代中国，及 1949 年后台湾地区的政治—社会。

---

① 马克斯·韦伯：《学术生涯与政治生涯》，第 116 页。

二 结构形态的外在统摄：胡适个人的"超凡魅力"

1

胡适属于"不自由时代的一个自由主义者"，他关注并干预政治，但由于未能进入决策阶层，只是个参与者，所以一生未脱书生意气、书生本色，只能在书海行舟时达到消融政治—社会意识的境界，乃至嗜书如命。"政治"作为一种超越人间情怀的力量，"追求权力分配或对权力分配施加影响"，因此，"谁要从事政治，就必然追求权力，或者追求作为为其他目的（理念的或自私的）服务的手段的权力，或者是为了权力本身，而追求权力：追求享受权力带来的声望感"①。这对胡适来说，又不合乎学人的个性。面对许多次参政的机会，他都退避三舍，试图超然于党派之上，以确保自由学人的独立身份和言论的独立性。从文化上的自由主义到政治上的自由主义，他更多地是在演示一种信念的真诚和对现实的关切。他所关注、介入的政治只是"边缘"性的，是社会公众的舆论监督层和思想文化的能动导向层。

国家政治团体（党派）的统治是"建立在合法的（这是说，被认为是合法的）暴力手段基础上的人统治人的关系"的"服从"上。② 胡适对胡适派文人的外在统摄则不然。胡适对于与本群体相对应的发展变化中的文人——五四时期的北京大学新潮社青年文人，《现代评论》、《努力》周报文人群体，《新月》派文人群体，《独立评论》文人

---

① 马克斯·韦伯：《学术生涯与政治生涯》，第50—51页。
② 同上书，第51页。

群体，50 年代台湾的《自由中国》文人群体的统摄，不是以物质的暴力手段为基础的统治的关系，绝少世俗意义上的利益关系，而是以自己的人格魅力和自由主义信念作为规范的。

马克斯·韦伯把国家—社会中的权威存在分为传统权威（由古老习俗使权力合法化）、法理权威（法制大于人治）和感召权威（超凡魅力的作用）。辛亥革命之后，帝王至高无上的传统权威解除了，国家试图逐步走向法理之治。胡适个人的感召权威，由五四新文化运动的抬举而升起，影响了两代人，历时近五十年。"胡适"成了理解中国 20 世纪自由主义的一个文化符号，胡适同中国自由主义运动的关系也就成为了解中国知识分子命运的一个枢纽，以至学术阐释的文化原典。

20 世纪中国文化结构中，一元的权力、政治型的文化，基本上是传统的承继和改造，同外在的西方现代多元文化是绝不相同的。精英文化只是边缘性的、非主流的，而民间文化则时常被一元的权力、政治型文化所吸引、改造。政治结构在本质上是古代政治的翻新。

胡适个人的神话色彩首先是社会行为的特立独行，他的个性话语——一种超越庸众和官方主流文化的个人义举，同时又政治化为同正统、主流话语的对抗（他和国民党的矛盾主要是在文化思想和道德观念方面）。这种特立独行的表现，如一位学者所概括的："他不相信权威，不相信捷径，不相信有'包医百病'的'万应灵丹'，他相信要怎么收获，先怎么栽；有几分证据说几分话。他相信'功不唐捐'，努力不会白费。"[1] 正是这种精神，使他焕发出特有的人格魅力。

"超凡魅力"（Chrisma——卡里斯马权威）一词在西方用来描述政界、艺术界杰出的有吸引力的显要人物，它来自马克斯·韦伯，是

---

① 周质平编：《胡适早年文存》，台湾远流出版公司 1995 年版，第 1 页。

他从宗教社会学的研究中得出的。他认为："有超凡魅力就是有神的魅力、上帝的魅力，就是有托马斯·阿奎那所说的'上帝所赠予人的'东西。于是，超凡魅力就不是自然秩序的一部分，不属于物质世界或社会世界。它是虚无缥缈、不可捉摸的东西。"① 这种形而上学的界定，实际上指的是不靠物质刺激和暴力强迫，单纯靠人格力量所产生的感染、鼓舞人群的能力。马克斯·韦伯把每一个国家—社会中"非凡个人的神授（感召）权威"的统治，视为"完全从人格上皈依并信赖某一个人的大彻大悟、英雄气概和其他领袖气质"②。在《经济与社会》中，他把具有"超凡魅力"的人视为"历史中特别具有'创造性'的革命力量"③，称这种人是传统的破坏者。而传统作为一种"文化惯性"——这个社会中最具向心性的文化经验的蓄积、内凝，它是社会和文化的整合性现实构造中恒常的能力，即博兰尼所谓的"支援意识"，并制约着个人的心态和行为。继韦伯之后，爱德华·希尔斯进一步引申"卡里斯马"这个概念，使它不仅指具有创造性的人物的"超凡魅力"，而且指能同最神圣——产生秩序的——泉源相接触的行为角色、制度、符号以及实际物体。

从胡适派文人在不同历史时期的基本成员看来，如《新潮》时期的傅斯年、罗家伦、周作人、毛子水、顾颉刚、段锡朋、周炳琳、汪敬熙、康白情、徐彦之、杨振声、程天放、许德珩、俞平伯，《努力》周报时期的丁文江、朱经农、张慰慈、周鲠生、王征、王世杰、高一涵、汤尔和、陶孟和，《新月》、《独立评论》时期的徐志摩、吴泽霖、潘光旦、梁实秋、朱光潜、叶公超、陈源、罗隆

① 唐·麦克雷：《韦伯》（赵立航译），湖南人民出版社 1988 年版，第 5 页。
② 转引自马克斯·韦伯：《学术生涯与政治生涯》，第 51 页。
③ 转引自希尔斯：《论传统》，第 305 页。

基、王造时、丁西林、沈从文、林语堂、闻一多、储安平、任叔永、傅斯年、蒋廷黻、吴景超、钱端升、陶希圣、张奚若，《自由中国》、《文星》时期的傅斯年、雷震、夏道平、张佛泉、殷海光、李敖，他们无不视胡适为精神导师，群聚在他的自由主义的大旗下。这充分显示出胡适个人的"超凡魅力"的作用，即信服者、崇拜者对他这个精神导师、学界领袖的个人的"卡里斯马权威"的皈依性顺从。这种以他为核心的群聚和皈依，意味着"他个人是这群人内心深处"负有使命的精神领袖。这些人并不是根据习俗或章程、法规来服从他，他们所皈依的是胡适个人的思想及人格。他们之间只有自由主义信念的心灵之约，而无其他党团、帮派的行为规范。他们的聚合、疏离都呈超然的开放状态。

先从社会学的角度看胡适的"超凡魅力"的文化属性和社会属性。英克尔斯强调在"社会学分析原则上必须重视人的人格的性质"，认为从理论上说，"人格的多种因素在决定一个人的社会行为中能起实质性的作用"。[①] 帕森斯把这种"行动理论和自我概念"解释为："行动理论最基本的定律似乎是，行动系统的结构存在于文化意义的制度化的（在社会和文化系统中）和/或内在化的（在人格和有机体中）模式之中。"[②] 因此，从角色、行动的社会化过程来看，人的行为都属于特定的身份，并由涉及语言和社会化的共同文化来调节、稳定。帕森斯把这种"共同文化"的"调节、稳定"规定为："一个在某种环境下相互作用的单个行动者的多元组合，而这个环境至少有着物质的或自然环境的内容。行动者由于有'获得最大满足'的意向而

---

① 亚历克斯·英克尔斯：《社会学是什么》（陈观胜、李培茱译），中国社会科学出版社 1981 年版，第 83 页。

② 转引自艾伦·斯温杰伍德：《社会学思想简史》（陈玮、冯克利译），社会科学文献出版社 1988 年版，第 263 页。

产生动机，他们同环境的关系，包括他们之间的关系，受着由文化形成其结构的共同符号的限制和调节。"① 胡适"超凡魅力"的种种显现方式以及对这一批文人的作用，是建立在一个相关社会的"共同文化"的"限制、调节"之下的，既是中国传统文化同现代文化的交合作用下的相对给予，又是中学同西学在现代社会撞击、交流下的文化显示。这种显示有很强的时代性、过渡性，相应地呈现出对传统文化的反叛和对现代西方文化的认同的倾向。

胡适作为具有健康心理的、成功的"自我实现者"，他的"超凡魅力"可以从童年—青年的人格魅力、人伦关系上的人格魅力、社会人格魅力、政治人格魅力、学术人格魅力等多方面来展示。

2

童年—青年时代的人格魅力。这一点虽然对胡适派文人群体的作用并不大，却是胡适人格魅力的组成部分。有的人在童年时代便显示出超常的天分。这种天赋如果被较早感知，并加以正确引导，往往会成为一个人走向自我实现、智能超群的内在驱动力。胡适对此有过早的感知，并有意识地培养这种品质，使自己的心智历程呈现出理性的导引。同时也为"超凡魅力"的自我实现，朝德、识、才、学的健全发展的方向努力。据他的《四十自述》所示，他在九岁时已成为乡邻们心目中的"小先生"。在经历母性力量作用下道德心的早熟的同时，显现出少年老成。他在损失认同中寻找父亲，在这种寻找中承担了父亲、儿子的双重角色，而且这种角色感知是近于本能的获得，为他成年后的社会人格、政治人格、学术人格奠定了基础。他说："我小时……无论在什么地方，我总是文绉绉地。所以家乡老辈都说我'像

---

① 转引自艾伦·斯温杰伍德：《社会学思想简史》（陈玮、冯克利译），第 264 页。

个先生样子’，遂叫我做‘糜先生’。……既有‘先生’之名，我不能不装出点‘先生’样子，更不能跟着顽童们‘野’了。"① 这是胡适童年人格的自我塑造。这种最初的人格自我陶冶，使他很快完成了损失认同，并超越自卑。他身上的这种东西——几近神授的感召力，不论在什么地方便很快被人感知并获得皈依。

在中国公学，《竞业旬报》的主编傅君剑把"天下英雄君与我，文章知己友兼师"的诗句送给胡适时，他才十五岁。随着傅君剑把主编的重任交付给他，他在学校便取得了"少年诗人"之名。连总教习马君武也同他相约为"弟兄"②。留美七年，他在大洋彼岸更是出尽了风头。

3

人伦关系上的人格魅力。在胡适个性化的人格发展上，他的人伦关系上的人格魅力，首先来自童蒙时期奇异的家教和独特的人生体验。在"对自我、他人和自然的接受"上，他的人格有扭曲、变态和粉饰的成分，但他又力图在超越自卑中完成健全人格的自我实现。这需要自我牺牲的精神。因此，在他的人伦关系的人格上呈现出情感同理智的矛盾、紧张状态，即在思想上对现代生活意识响应、认同，行为上又相对抗拒或口是心非。这比较典型地体现出了美国学者勒文森所谓的五四一代知识分子在理智上接受、认同西方现代文明，而感情上又无法完全割舍传统的两难处境③（胡适有"吾于家庭之事，则从

① 胡适：《胡适全集》第 18 卷，安徽教育出版社 2003 年版，第 34—35 页。
② 马君武：《辛亥赠胡适》，《马君武诗注》，广西民族出版社 1985 年版，第 82 页。马君武长胡适十岁，与胡适的至交保持终生。
③ 参见约瑟夫·阿·勒文森：《梁启超与中国近代思想》（刘伟、刘丽、姜铁军译），四川人民出版社 1986 年版。

东方人，于社会国家政治之见，则从西方人"之说）。具体说来，他是出于思想文化革命的需要，而竭力倡扬非孝、非理性的"新生活"。但在个人行为上又同"新生活"保持一定的距离，以致对传统家庭生活、包办婚姻的忍让、屈从。

在传统中国向现代中国"转型"过程中，陈独秀、鲁迅、徐志摩、郁达夫、郭沫若等都开展过"家庭革命"，胡适却为孝顺母亲而屈从了包办婚姻。也正是这一点，他赢得了许多同辈人或老一辈人（如老一辈文化人高梦旦）的敬重。胡适在人伦关系上的人格魅力，主要体现在孝和爱上。这实际上是一个粉饰过重的人格面具，却赢得了不少人的敬重，乃至受到蒋介石的"新文化中旧道德的楷模，旧伦理中新思想的师表"的称誉。可以说，他的孝顺母亲，为他人牺牲（爱与孝），一方面扭曲了自我，一方面也增加了人格面具的诱人的魅力。这本是新旧交替时代的一种正常的文化现象，却又显得异常诱人。事实上，这是具有现代意识的文化变革者面向传统的索取，也是在中国由传统向现代过渡时期人伦关系相对稳定的体现，这表现出剪不断的文化继承关系，同时显示了胡适内在世界的复杂性和紧张性。

4

社会人格魅力。胡适在人格的自我完善中所具有的自发性，态度上的坦率、自然和满面春风（杨杏佛作为胡适的学生兼朋友，说他是"春风吹万碧"），使人感受到他那热切的真诚的关怀，更使人怀有进行交往的心理期待。这时他绝少会有人格面具的虚假，不让朋友产生不公平的心理伤害，从而对朋友、对社会产生公众吸引力。尤其是能使他的学生产生进入舆论的公众空间的荣耀感和信赖感。可以说，他摆脱个人利益和嫉妒行为的开阔襟怀，献身学术的坚强意志，处事的乐观务实精神，以及与人为善的态度，处处能招人与之交往，并在共同的人际情感中相处。即使有学术上、政见上的争执，他也往往以正大光明的"公平竞争"（"费厄泼赖"——Fair play）的态度处置。马斯洛把这种动机和行为视为良好的心理素质的必备条件。它使人的言行"更多地由真理、逻辑、正义、现实、公正、合理、美和是非感决定，而较少地由焦虑、恐惧、不安全感、内疚、惭愧等心理左右"，成为一个有"自信心的，富有民主思想的，精神愉悦的，内心平和的，富于激情，慷慨善良的人"，[1] 即成功的自我实现者。

胡适的为人处事，有浓重的"社会感情"。在对待社会化的人际关系上，他以和为贵，宽容为本，有疑处不疑（胡适常说"做学问要在不疑处有疑，待人要在有疑处不疑"），并表现为"富于哲理的、善意的幽默感"。诸如在"文学革命"的孕育、讨论时期，对来自朋友任叔永、梅光迪的反对意见，他报以风趣的白话诗；当梅光迪办《学衡》反对新文化运动时，他又以幽默的打油诗回答[2]；对章士钊反对白话新文学的行为，胡适以老朋友的"善意"和敦厚作了"富有哲理"的回敬。文学观念的差异和文化态度的相悖，并不影响他们朋友之间的私谊。

胡适的社会人格魅力还可以进一步从他文学上的反对者、生活中的朋友章士钊、梅光迪的言论中得到显示。章士钊在《评新文化运动》中说中国青年"以适之为大帝，绩溪为上京，遂乃一味于《胡适文存》中求文章义法，于《尝试集》中求诗歌律令"。这说明胡适在文化转型时期对青年人产生的吸引力。梅光迪作为胡适的同代人，在美国学习时就对胡适有"东方托尔斯泰"及"稼轩、同甫

---

① 马斯洛：《动机与人格》（许金声、程朝翔、刘锋、王强译），华夏出版社 1987 年版，第 356 页。

② 《胡适的日记》上册有："《学衡》出来了，老胡怕不怕？（迪生问叔永如此）老胡没有看见什么《学衡》，只看见了一本'学骂'！"中华书局 1985 年版，第 260 页。

之流"的推许，并预期胡适将来会"使祖国学术传播异域，为吾先民吐气"①。

社会人格魅力表现的另一方面，是胡适在公众心目中的地位。1919 年，英文读物《米勒德评论》举行了一次民意测验，结论说胡适是最伟大的活着的中国人之一，一个引人注目的新文化的"象征性人物"。30 年代，当一些青年学子陷入国民党政府的牢狱时，他们也都把胡适视为社会正义力量的象征，给他写信，希望在他的帮助下能出狱共赴国难。抗战前夕，在寇患日重的北方，他被许多青年学子隐以为精神"长城"。1945 年抗战胜利后，他执掌北京大学，甚至后来被公众推举和蒋介石提名参与"总统竞选"（有被蒋介石利用、戏弄的因素），都表现出公众对他"社会人格魅力"的推崇。

5

政治人格魅力。在现代社会中，自由主义知识分子的使命应该是文化的承传者和创造者，又是现实的批判者和社会的良心。这种现代使命建构了自由主义知识分子的基本人格。胡适的"民主感情"，他对待传统文化、封建势力的批判态度和有力进取，他立身学术，对政治的干预，使得他的"民主的性格结构"呈现超然独立的特性。甚至可以说，从五四走过来的一代知识分子（当时的青年学生辈）没有不受过胡适的影响。青年毛泽东就是其中之一。红军长征胜利后，毛泽东在延安接受美国记者斯诺的采访，说五四前后，他"非常钦佩胡适和陈独秀的文章"，认为胡适、陈独秀代替了已被他抛弃了的梁启超和康有为，一时成为他的"楷模"。② 随后青年毛泽东又曾上书胡适，

---

① 耿云志主编：《胡适遗稿及秘藏书信》第 33 册，黄山书社 1994 年版，第 340 页。

② 斯诺：《西行漫记》（董乐山译），三联书店 1979 年版，第 125 页。

还登门拜访。① 胡适晚年旅居美国，读了萧三的《毛泽东的初期革命活动》和胡华的《中国新民主主义革命》后，追忆起当年他对青年毛泽东的影响。②

胡适的政治人格魅力，还体现在他曾多次被看成一种政治力量，为不同的党派或个人所争取、利用。1945 年抗战胜利后，国共两党的主要领导人都曾努力争取胡适的道义上的支持和对现实政治的参与。毛泽东托傅斯年向在美国的胡适转达问候，董必武则代表共产党争取胡适的支持。最后，蒋介石以北京大学校长之位使胡适入毂。由此可见胡适的政治人格力量对国共双方潜在的或显现的影响。在第三次国内革命战争进行之时，美国的朝野人士又把胡适作为自由主义的"第三势力"、"中间路线"的代表来扶植。到了 50 年代，在台湾的国民党当局和北京的人民政府又都做了一些争取胡适回归的努力。③ 他最终倒向了国民党当局。至于国民党当局曾暗中唆使人对胡适进行"围剿"（1957—1960 年），主要是怕他的自由主义思想在政治上产生不利于蒋家父子统治的影响（怕他和雷震等《自由中国》文人群体一起借助台湾本土地方势力成立反对党）。因为自由主义的"酵母"会

----

① 耿云志主编：《胡适遗稿及秘藏书信》第 14 册，第 219 页。1920 年 1 月 15 日的胡适日记："毛泽东来谈湖南事。"毛泽东回湖南后寄给胡适一张明信片，表示"将来湖南有多点须借重先生之处，俟时机到，当详细奉商"。此信收入《胡适遗稿及秘藏书信》第 24 册，第 626—627 页。

② 《胡适的日记》（手稿本）第 17 册（1951 年 5 月 16—17 日），台北远流出版公司 1990 年版。日记中回忆说："毛泽东依据了我在 1920 年的《一个自修大学》的讲演，拟成《湖南第一自修大学章程》，拿到我家来，要我审定改正。他说，他要回长沙去，用'船山学社'作为'自修大学'的地址，过了几天，他来我家取去章程改稿。不久他就回湖南了。"

③ 共产党高层领导人在发动批判胡适的同时，并没有放弃对胡适回归的争取。1956 年 9 月，周鲸生代表周恩来等，通过陈源致信胡适，劝他回国看看，说"如回去，一定还是受到欢迎"。1957 年曹聚仁在受到毛泽东的单独接见后，致信胡适，劝他组织一个北京考察团，回内地作较长期的考察。这一历史实事的背景，参见拙著《无地自由——胡适传》，安徽教育出版社 2005 年版，第 374—378 页。

引发思想的解放，进而威胁政治极权的专制结构。但同时，蒋介石让他出任台湾"中央研究院"院长，是要借重他的人格力量，笼络海外科技文化名人，发展台湾地区的科技文化事业。

6

学术人格魅力。一个有成就的学者或学术领袖，在学术思想成熟、发散的同时，还必须有自我人格的成熟、完善，并由此体现出学者的学术人格魅力。胡适立身思想文化界的基石，是他参与发动的文学革命的成功和以问题为中心、思想方法为突破口，在学术研究中体现出的创造力和独特性，以及由此产生的怀疑精神和新的学术范式。马斯洛认为，学术的自我实现者应能"以哲人的态度接受他的自我、接受人性、接受众多的社会生活、接受自然和客观现实"①。胡适在学术研究上见识广博，视野开阔。他脱离了旧时代文人的渺小与自私，也摆脱了褊狭的以学术自娱的自足性和封闭性，在朴实而又具学术功利性（文化思想史上的意义）的研究中，显示出哲学家、历史学家的素质，并达到了一个时代启蒙思想家的高度。他体现出的学术人格魅力，恰如马斯洛所说的健康人格应有的学术品质，即学术上的"创造力作为健康人格的一种显现，仿佛是映在世界上的投影，或者，仿佛为这个健康人格所从事的任何工作都涂上了一层色彩"②。这种"投影"和"色彩"最先显示的便是顾颉刚和傅斯年，以至使他们成为胡适的"和声"、"影子"。这一点，顾颉刚的《古史辨·自序》记叙最详，最有代表性。至于《中国哲学史大纲》上卷出版后对学术界的震动，也是他的学术人格上的灵光所致。这是

---

① 马斯洛:《动机与人格》，第 207 页。
② 同上书，第 200 页。

一种"文化震撼"（文化自由主义的精神取向），它一方面在学术上建构并焕发出学者自我的人格魅力，一方面从文化上为政治—社会的"转型"做了准备。

由此可见，胡适的"超凡魅力"的显示是多方面的。这种"魅力"，对胡适派文人来说，是一种结构形态的外在统摄力量；对社会公众而言，是一种精神领袖的象征物，并成为超越个人存在的社会形象。

7

当然，个人的"超凡魅力"也有相应的负面效应，它表现在胡适少年得志，暴得大名后又为"声名所累"上。这一点，也是胡适后半生一项沉重的精神负担，许多时候使他苦不堪言。他在20年代中期认识到这项负担后，对他的美国朋友路易丝·甘尼特说："今天对于有才能的人来说，生在中国是不幸的……他们得到的太多太容易；他们让人推着很快地承担起超过他们能力的责任——他们注定是要完蛋的。……在我从美国回来两年后，一家报纸搞了一次民意测验，说我是最伟大的活着的中国人之一。一旦你成了名，你必须要选择如下两件事之一来做：不辜负这个名声，或是靠这个名声活着。在第一种情形中，你会在身体上毁了自己；在第二种情形中，你会在道德上和思想上毁了自己。你竭力要成一名伟人，你就要尽力做过多的事情——这样你就会完蛋。"① 胡适事实上是在为自己的处境说话。他属于第一种情形，即靠拼命的工作来保持"伟人"的声名。但大量的干扰，使他后半生学术成就平平，连新知识也没有时间去猎取。他在刚过半百之年

---

① 转引自格里德：《胡适与中国的文艺复兴》（鲁奇译），江苏人民出版社1989年版，第368—369页。

便患上了心脏病,最后猝死在台湾"中央研究院"院长的岗位上。这不仅是胡适个人的不幸。现代思想史上的许多人物都是各领风骚三五年,"暴起一时,小成即堕"。胡适为了暴起而不堕,只好拼上自己的身体。到了晚年,受声名之累的胡适多么"想做一个人"——一个普通的学人,但政治的、社会的、学术的过重的担子,压得他喘不过气。诗人北岛的《宣告》,可以作为胡适的写照:

> 我没有留下遗嘱,
> 只留下笔,给我的母亲。
> 我并不是英雄,
> 在没有英雄的年代里,
> 我只想做一个人。

政治是短暂的,文化却是连绵有承的永恒。胡适得到的同失去的一样多。

三 结构形态的心理范式:自由主义的信念

1

政治信念的理想化和乐观态度,在胡适身上表现出的是向目的伦理和责任伦理的双重企及,并时常外露出高调的民主政治观和个人自由主张,从文化上的自由主义到政治上的自由主义,以至使他的议政操练具有诸种多元政治文化的影响和参照。但他的实用理性同中国十分残酷的社会现实交合后,又使他的关注政治、干预政治,具有实用的问题性和"知耻近乎勇"的悲观色彩。他和自由主义同人对传统文化的破坏,是基于爱国情感,似乎是愈爱国,愈要对阻挡社会进步的旧势力彻底摧毁,方可以兴国强民。因为中国的改革太难了,保守势力太强大了。他的责任伦理的张扬,时常因为同现实的不可调和的矛盾、冲突而陷入困顿、无力。

也正是处于这种目的伦理和责任伦理的内在紧张(双重企及而不能),胡适操练的政治只是问题,而不是明确的社会蓝图。在问题与主义之间,他选择了研究问题。

胡适的价值观念和参照系是西方现代民主政治的一整套现实运作程序,同时又不排斥变革的多格局的试验(如1926年他对苏联社会政治试验的关注)。但他又从不明确地或急着去为国人设计远景的理想国,不把人工设计的理想作为一种完美的政治构图。对于本应保持沉默的,他却有在责任伦理驱使下的"宁鸣而死,不默而生"的行为准则。

依照海耶克的界说,资本主义是自发的秩序,即从实际运作中诞生的;社会主义是设计的秩序,是从理论和理想中构筑的。胡适的实验主义态度和来自美国行为科学重实践的理性精神,使得他倾向于接受那种自发的已形成秩序,以及由此体现出的资本主义精神,而排斥社会主义。

诺克认为,走向现代的资本主义是一种三位一体的建构:"一是以市场为主导的自由经济体制,它以自由竞争为基础,通过法律来把个人的自利纳入对他人的利益和公益有利的轨道,并以此从根本上解决人类的贫困问题;二是尊重个人的生命、自由和追求幸福权的民主政治体制,它注重从宪政制度上通过分权制衡来保护公民的合法权利,防止权力的滥用;三是体现自由和正义理想的道德文化体制,蕴涵其中的是多元、开放、宽容，但同时又充满活力的现代精神气质。"① 这种自由（市场）经济、民主政治、多元文化合构的社会形态和精神世界，是胡适的参照系。他虽然不能有公开地全面地提倡，他也不曾去为中国设计或明确主张这样一个社会蓝图。因此，从现实出发，他只想一点一滴地改良，渐渐地行进。胡适立足的现实正处于由传统向现代的转型，一切都处在"破坏有序"——"无序"——"建立有序"的中间环节，他向国人宣扬的只是一些文化精神上的相关个人的自由价值观念、个人主义思想，相关社会的政治民主化的意识。从这个层次上说，胡适对胡适派文人的影响，在心理上主要是一种自由主义的信念，以期建立现代文明。

2

一个时代的文人群体的信念的确立，主要是受观念人物、领袖人物的思想启导和他的"超凡魅力"的统摄。胡适派文人的组成人员十分复杂，除职业的不同和整体的异质同构外，主要区别在于理性的自由主义（理想式的）与行为上的自由主义（实用式的），并明显地表现出师承性。两者和而不同，并不相斥，更多的是互补。如傅斯年在1919 年 5 月 4 日那天是天安门游行队伍的总指挥，扛着大旗冲在前面；罗隆基、王造时、雷震在不同的时间和地点分别赤膊上阵同国民党政府斗：他们的背后都站着一个相对理性的自由主义大师——胡适。

面对 20 世纪中国社会历史的一个崭新开端，对一个已成为历史的新文化运动—五四运动，人们可以尽兴地去评说：启蒙运动、文艺复兴运动、新民主主义运动、新文化运动，等等。但都存在着共同的比

---

① 刘军宁：《"自由·民主·多元"三位一体》，香港《二十一世纪》1993 年 8 月号。

较文化意义上的思想、观念、方法的借鉴或移植。其内涵和审视的方式不外是旧—新、黑暗—光明、中学—西学、传统—现代、挑战—回应、激进—保守、破坏—建设、批判—重构的等项对立。尤其是自汤因比、费正清以下挑战—回应、传统—现代的研究模式，对欧美学者的中国历史研究实践有较大的影响。尽管近十年多以来，在欧美的中国近现代思想史研究已经走出"挑战—回应"的模式，超越传统与现代的分野，开始"在中国发现历史"①，由此所谓"中国中心观在美国的兴起"。但他们的研究方法和观念对我们仍有相应的启发。这使我们的研究从1980年代以前那种僵化的一元模式中跳出来，回应乃至认同海外学者，并试图求同存异，而取得了自由、平等地对话的机会。

胡适派文人大多是在英美受过近现代思想文化熏陶的知识界的精英。虽然他们各自的专业不同，但有一个共同的文化心理趋向，即受胡适个人"超凡魅力"的影响，身历新文化运动—五四运动（傅斯年、罗家伦、毛子水、杨振声、许德珩等是北大学生运动的中坚分子；罗隆基、王造时、闻一多、吴泽霖、何浩若、潘光旦等是清华学生运动的中坚力量）或受五四精神的极大影响，内心有一个因时势变迁或政治分野而不能化解的浓重的"五四情结"（胡适派文人的最后两员大将是殷海光、李敖。前者自称是"五四的儿子"，后者是胡适的学生——姚从吾的学生），信念的历程由五四起步，并向胡适式自由主义认同（且多有超越），共同以自由主义的信念立身知识界，并以这种突兀的文化精神刺激社会、干预政治、指导人生。虽屡遭挫折，受到夹击，乃至"无地自由"，但信念至诚，师生相传，无怨无

---

① 参见柯文：《在中国发现历史——中国中心观在美国的兴起》（林同奇译），中华书局1989年版。

悔。他们共同的门径是思想启蒙，并以建立现代文明为目的。他们倾向于胡适个人的思想导向，追求个人的自由、健全的发展与社会的文明进步。他们的态度和风度由胡适个人的风范所决定，呈现文化批判上的激进与事局（政治）批评上的相对温和、节制。

3

自由主义：中学同西学、传统同现代关系上突现出的文化精神。胡适派文人大都具有立身社会的固定职业，不靠玩弄政治吃饭（如罗隆基在不同的时代都曾涉足政治，却始终是个"边缘"人物），且由于知识结构、思想意识里西学、现代的成分为多，不约而同地以世纪的"新人"的姿态出现，有浪漫的情怀和宽广的文化视野，充满自信和叛逆精神，表现出对中学、传统的轻蔑（从傅斯年、顾颉刚到殷海光、李敖），并将它视为历史的惰性和文明、进步的阻力。他们在办刊物时，始终将群体的内在精神贯注其中，"新"（《新青年》、《新潮》、《新月》）、"独立"（《独立评论》、《独立时论》）、"努力"（《努力》周报）、"现代"（《现代评论》）、"客观"（《客观》、《观察》、《世纪评论》）、"自由"（《自由中国》）的语词符号是同他们的身份和精神相吻合、协调的。

浓重的实用理性使自由主义大师胡适在中国 20 世纪自由主义的历史进程中，贡献的是一种自由主义的象征性形象和文化精神感召。他在不同历史时期干预政治的众多言行，表现出的是对现实的极大关注，具有较强的现实性和实用操作性。尽管有一定的理想的理性成分（这个成分如同洛斯基所谓的"具体理想现实主义的基础"，是同有机世界的现实存在相关联的），却没有形成完整、严密的自由主义的理论体系。因此也就较少思辨色彩。可以说，他留下的不是一些可供进一步探讨的关于自由的学理，更不是介绍、阐释西方的自由主义原典精神的文字,而是一些实在的、具体的对时政的批评和要求。

五四运动以后,胡适由文化上的自由主义向政治上的自由主义顺转。从 1920 年胡适签名(七人之一)刊出的《争自由的宣言》,1922 年列名(十六人之一)宣布《我们的政治主张》,及实际运作的《努力》周报,他都是在做一些实在的干预政治的工作,并在此基础上张扬自由主义的精神。他在新文化运动中倡导的"易卜生主义",也只是文化革命中蕴涵着"自由"的成分的发散,而非纯粹地对自由进行政治哲学的阐释。

胡适派文人中,陈源、徐志摩、罗隆基、王造时对自由主义大师拉斯基的政治哲学有较积极的响应,殷海光、夏道平(稍晚是殷海光的学生林毓生)对海耶克(哈耶克)的思想有明显的接受。而胡适对拉斯基、海耶克的"理论"本身表现出相对的冷静(他认为一切学理都要在实验之后才可有是否信任之说),他没有热情地去拥抱,只是支持学生的响应。

民主、自由、人权、约法、秩序这些基本的带有观念性的口号、术语,在胡适的一系列关注现实时政的文章中,都是同实际政治相关联的。当《自由中国》同人殷海光在 1953 年把海耶克 1944 年出版的《到奴役之路》[①] 译成中文时,胡适有专门的文章谈及(夏道平译了海耶克的《个人主义与经济秩序》,周德伟译了海耶克的《自由的宪章》)。他没有对海耶克政治哲学中"自由"、"个人主义"、"价值"的基本学理发生兴趣,只是对海耶克关于"社会主义"的本质属性和现实的异化的见解做出了反应。[②] 似乎在胡适看来,海耶克所说的自由

---

① 内地中译本名为《通向奴役的道路》(滕维藻、朱宗风译),商务印书馆 1962 年版。
② 胡适:《从〈到奴役之路〉说起》,《胡适作品集》第 26 册《胡适演讲集》(三)。另外,他在 1953 年 11 月 24 日的日记中记有对海耶克观点的认同。

主义、个人主义的基础就是把个人当作人来尊重，人的尊严仅仅在于他是一个人，法治意味着承认个人有不可剥夺的权利和神圣不可侵犯的人权等，这些都是自由主义学理上的常识，只是在中国的实际政治生活中难以兑现罢了。他们激烈的批判意识和反传统意识，致使无法认同怀海德、博兰尼、海耶克关于"丰富而有生机的传统"是维护自由与促导进步的基础这一纯正自由主义思想家的共识。

哥伦比亚大学和杜威为中国的高级知识分子阶层培养了三十多位教育家。这是中国现代史上文化自由主义的一支有影响的力量。杜威实用性的文化自由主义之于胡适、蒋梦麟、张伯苓、郭秉文、陶行知、冯友兰，拉斯基的自由主义（民主社会主义）议政之于陈源、徐志摩、罗隆基、王造时，海耶克的自由主义政治经济学之于殷海光、夏道平，都有显现的契合。海耶克出于伦理方面的原因，重视自由与个人的价值。所以，他十分赞同阿克顿勋爵的一句话：自由不是用于实现某一更高政治目标的手段，本身就是最高的政治目标。海耶克指出政治强制所以是邪恶的，恰恰就是因为它取消作为思维和价值判断主体的个人，把人沦为实现目标的单纯工具。自由并不仅仅是许许多多价值中的一个，而是一切价值的根源，是伦理上的最高原则，是一切道德得以发展的基石。只有当个人能够自由地作出选择，能够承担由此而来的内在责任，他才有机会肯定现存价值，并促进现存价值的进一步发展，在道德方面有所成就。①就作为道德、伦理力量和精神象征这一层意义上讲，胡适派文人中殷海光等人的响应是必然的。因为在无地自由的环境中，胡适时常是作为自由主义的一种道德力量和精神象征出现的。

---

① 参见霍伊：《自由主义政治哲学——哈耶克的政治思想》（刘锋译），三联书店 1992 年版，第 40 页。

同自由孪生的是民主。胡适派文人虽有过多次关于民主的论述和要求，但真正的学理意义上的探讨多是以"西方民主"作为参照系的。20世纪通向现代社会的政治道路在欧美、日本和亚洲"四小龙"各不相同（渐进的和平演变、激进的暴力革命、开明专制等）。"西方民主"式的"民主道路"的基本路向，依摩尔之说，应该是"一场漫长的而且必然是没有止境的斗争，旨在进行三项密切相关的事情：1.对专制统治者加以控制；2.以公正合理的统治取代专制统治；3.使基本民众在进行统治时分享统治权"①。

自由主义对即将摆脱和刚刚摆脱封建帝制的近现代中国人来说，表面上看去，是一个外来的文化因子（蒋介石在排斥自由主义时，也把它视为外来文化；一些学者在探讨中国现代自由主义的困境和失败时，同样把它视为无根之木，难以在中国生存）。其实，在胡适看来，"'自由'这个意义、这个理想，'自由'这个名词，并不是外面来的，不是洋货，是中国古代就有的"。"中国讲自由主义历史很久，远在两千五百年前的老子就开辟了自由主义风气之路"，孔子"是提倡自由主义的先锋"。但"中国历代自由［主义者］最大的失败，就是只注意思想言论学术的自由，忽略了政治的自由"。② 胡适在《中国文化里的自由传统》的讲演中，有详尽的解释：

> "自由"可说是一个倒转语法，可把它倒转回来为"由自"，就是"由于自己"，就是"由自己做主"，不受外来压迫的意思。……

---

① 巴林顿·摩尔：《民主和专制的社会起源》（拓夫、张东东、杨念群、刘鸿辉译），华夏出版社1987年版，第335页。

② 胡适1948年10月5日在武昌为公教人员作的《自由主义在中国》的演讲。见《胡适全集》第22卷，安徽教育出版社2003年版，第753页。

两千多年有记载的历史，与三千多年所记载的历史，对于自由这种权力，自由这种意义，也可说明中国人对于自由的崇拜，与这种意义的推动。……中国对于言论自由、宗教自由、批评政府的自由，在历史上都有记载。①

胡适认为，中国古代的谏官制度，相当于现在的监察院。这种谏官制度，确立在中国政治思想、哲学思想体系定型之前。谏官监督政府、批评政府，冒了很大的危险，甚至会坐牢，牺牲生命。古代的史官正如同现在的记者，批评政治，使为政者有所检点、畏惧。同时，胡适认为老子、孔子、孟子、王充、范缜的一系列文章中，都体现出"自由主义者的思想"。

在欧洲，近代自由主义的勃兴是有文化渊源和相应的时代精神作为基础的，以伏尔泰、卢梭、孟德斯鸠为主要思想家的18世纪法国式的自由主义，借自然法和社会契约，宣扬天赋人权、天生自由、平等的观念，并开启政治上的自由主义，导致激进的法国大革命。以边沁、穆勒、洛克、亚当·斯密、斯宾塞等思想家为代表的19世纪英国式的自由主义，以功利主义为基底，把自由当作多数人追求幸福的快乐原则，以确立英国走向现代化的秩序。② 在20世纪的美国，自由主义同实验主义结合、融会，由杜威加以学理的规范和张扬，成为

---

① 胡适1949年3月27日在台北市中山堂的讲演辞。转引自胡颂平：《胡适之先生年谱长编初稿》第6册，台湾联经出版事业公司1984年版，第2079—2081页。

② 哈耶克把欧洲自由主义的传统分为构造论理性主义和进化论理性主义。前者代表人物为笛卡尔、霍布士、卢梭、边沁；后者代表人物为亚当·斯密、柏克、芒德维尔、托克维尔、大卫·休谟。穆勒、斯宾塞同时兼有这两种传统。构造论理性主义是一个相信把演绎推理应用于人类事务的哲学派别，相信精心构造出来的秩序；进化论理性主义相信社会、语言和法律都是以演化的方式发展起来，而不是由任何人设计出来的。参见霍伊：《自由主义政治哲学——哈耶克的政治思想》第4—7、52—53页。

影响政治、经济、社会、人伦的文化精神，进而发展为现代行为科学。

　　自古希腊、罗马文明时代便萌生的自由主义文化精神之所以在近代欧洲复苏，主要借助于文艺复兴运动和启蒙运动。在胡适派文人中，以思想解放、个性自由为核心的自由主义信念的确立，是得势于新文化运动—五四运动这一犹如欧洲文艺复兴运动、启蒙运动的历史进程——是一个西学强化的现代中国社会历史的绝对给予。可以说，胡适和同人们是在中学同西学的撞击、冲突中，根据传统来确立对现代政治—社会的理解，在追求历史进步的现代化进程中找到了自己的位置。即借助时势，超越传统自由主义者只注重思想言论和学术自由，而忽视政治自由的误区，由思想文化的曲径通向政治。这个"位置"实际上是一种文化的承诺，也是一个浓得化不开的"五四情结"。这种承诺，首先由胡适开始——是一种借助思想文化以解决问题的方法取向。就是胡适所谓的：研究问题，输入学理，整理国故，再造文明。这又成为胡适派文人在新文化运动中的基本态度和行为指南，成为自由主义思想的具体体现。同时，胡适也把这视为"新思潮的意义"。其中"输入学理"在当时是对西学自觉的认同和接受，并以此来观照中学，批判传统，干预政治。这些学理中，突出的而又为知识界精英群体所普遍接受的，便是自由主义的文化精神。

　　就胡适时代的自由主义来看，它一方面是中国古代文化中传统型自由主义的复兴；另一方面是欧美现代思想的输入，并同广大知识分子产生了十分密切的亲和力。在当时，这种自由主义思想又是被夹杂在其他主义之中，成为一个异质同构的混合体。如受胡适影响的青年毛泽东当时也接受了自由主义，并且是一种杂糅式的自由主义。他说："在这个时候，我的思想成了自由主义、民主改良主义、乌托邦主义和旧式的自由主义等，我有一些模糊的情感。但是我是确定地反军阀反帝国主义的。"① 这说明自由主义在当时有十分明确的政治性的现实导向。

随着时代的变迁，胡适式的自由主义理念也逐渐明晰，并在不同的时期有所张扬，以致成为胡适派文人的精神导向。在胡适看来，自由主义的意义包括四个方面：自由、民主、容忍反对党、和平渐进的改革。他还进一步把自由主义看成"人类历史上那个提倡自由、崇拜自由、争取自由、充实并推广自由的大运动"。"自由主义的政治的意义是强调的拥护民主：一个国家的统治权必须操在多数人民的手里"。② 针对国民党的一党专制、压制民主，胡适借他山之石，攻中国现实的政治痼疾。他说西方自由主义在这两百年的演进史上，还有一个特殊的、空前的政治意义，就是容忍反对党的存在，保障少数人的自由权利。而东方的自由主义运动始终没有强调政治自由的特殊重要性，所以无法走上建设民主政治的路径。西方的自由主义者醒悟到，只有民主的政治才能够保障人民的基本自由，并将民主政治成为社会走向现代化的一个精神取向，所以，它在历史上有解除束缚的作用——有时不能避免流血的革命（如法国大革命）。胡适则强调"现代的自由主义正应该有'和平改革'的含义"。因为在西方一些现代化国家里，民主政治已上轨道，"自由与容忍铺下了和平改革的大路，自由主义者也就不觉得有暴力革命的必要了"③。

胡适的自由主义思想有过多的理想化色彩，有时显得十分理性，

① 《五四运动回忆录》，中国社会科学出版社 1979 年版，第 7 页。

② 胡适：《自由主义是什么》，《周论》第 2 卷第 4 期。《胡适全集》第 22 卷，第726 页。

③ 胡适：《胡适全集》第 22 卷，第 728 页。

有时又有浓重的实用意识。在新文化运动—五四运动时期，这种思想体现在"民主"、"科学"、"个性解放"、"妇女解放"上，随后他又加入了"人权"、"约法"的内容。新文化运动—五四运动时期他所张扬的思想解放、个性自由的自由主义精神，对青年人来说，最具有感召力和对旧传统的轰毁力，并成为一代知识分子在传统与现代、中学与西学的选择中所依托的具有积极进取导向的精神食粮。对旧的社会体制的批判，对传统的人伦文化束缚的解除，对人自身的认识和解放来说，以重个人的自我、独立、无阻碍为本的自由主义思潮最具有同人生的亲和力和对社会的穿透力。提倡科学、民主、人权、法治的终极目的，是要在社会文明、进步、秩序、宽容的前提下，让人追求自由、充分、圆满的发展，成为自由人。到了20世纪40、50年代，胡适的自由主义观念中增添了新的内容，即和平渐进，容忍反对党。

胡适在晚年曾为《自由中国》助威呐喊而写有《容忍与自由》一文。他引述康乃尔大学史学家布尔的话："我年纪越大，越感觉到容忍比自由更重要。"并进一步指出自由与容忍有一种相互的存在场，相对容忍的心理空间。他说："一切对异端的迫害，一切对'异己'的摧残，一切宗教自由的禁止，一切思想言论的被压迫，都由于这一点深信自己不会错的心理。因为深信自己是不会错的，所以不能容忍任何和自己不同的思想信仰了。"他认为容忍"异己"是难得的，是最不容易养成的雅量，"容忍是一切自由的根本；没有容忍，就没有自由"。"容忍比自由还更重要"。最后，胡适说道："我现在常常想我们还得戒律自己：我们若想别人容忍谅解我们的见解，我们必须先养成容忍谅解别人的见解的度量。"① 这也是伯林所说的"消极自由"的价值

---

① 《自由中国》第 20 卷第 6 期。

取向。

4

　　门径与目的：思想启蒙、文艺复兴。新文化运动—五四运动是在浪漫的启蒙时代知识分子对西方挑战的回应，一开始就对民主、自由有种偏至，呈高调、亢奋之态，具有悲壮乃至乌托邦的浪漫色彩。甚至在传统文化的偶像遭受重创以后，有将民主、科学、自由升格为新菩萨的倾向。自由主义对胡适派文人来说是一种人生信念和对政治—社会关注的思维导向、行动指南。因此，它首先是观念层次上的，其次才付诸于行动。思想启蒙、文艺复兴是中国自由主义知识分子关注人生、介入社会的门径和目的，但它最终没有能够化解强权政治而陷入失败。自由主义作为一种新的文化精神，在胡适派文人主体层面上的一个重要的心理机制，是超越"意图（目的）伦理"的境界，坚持"责任伦理"的原则。[①] 即理想化的个人自由、政治民主与社会改良，在稳定中求进步，要求个人负责任、担干系，而不是不择手段地实现某种意图（目的）。

　　胡适派文人的"行为"主要是通过舆论的公共空间，干预政治—社会，即对社会环境采取实用层次上的自由主义评判，以自由主义的社会类型、准则来组织言论。由于这种"行为"具有实用的自由主义的特质，他们在对政治—社会进行评价、批判时，所选择的特定手段

---

　　① 参见林毓生：《中国传统的创造性转化》，第 129 页。"意图（目的）伦理"和"责任伦理"是马克斯·韦伯宗教社会学中的两个重要的术语，他在《以学术为业》和《以政治为业》的两个重要演讲中有充分的展示。莫里斯·迈斯纳在《李大钊与中国马克思主义的起源》中较早地引用韦伯的"意图（目的）伦理"和"责任伦理"的术语，把胡适同李大钊的"问题与主义"之争解释为这两种对立的行为准则的冲突。迈斯纳认为胡适和李大钊分别代表了学者和政治家对"意图（目的）伦理"和"责任伦理"的选择。中共党史资料出版社1989 年版，第 121—123 页。

并不是完成这一目标的最有效的手段——自由主义分子最多是在政治参与层上，无法将自己的思想、观念渗透到决策层（这一层次上的人物容忍自由主义分子活动也是有限度的，或者意在对"政府形象"的装饰，如蒋介石到台湾后只容忍《自由中国》及雷震、殷海光等人有限的活动），且因民族的灾难和救亡的需要，他们的言论有时也自相矛盾（如在"人权"与"王权"、"民治"与"独裁"问题上，蒋廷黻、丁文江、吴景超、钱端升、罗家伦在抗战前一度放弃"民主"、"自由"、"人权"的要求，转向为当权者鼓吹"开明专制"。胡适因为同当局妥协而被中国民权保障同盟开除会籍）。由此可以看出，胡适派文人由于核心人物的"合理—目的的行为"在某一时期发生了变移，影响了他们群体的力量导向。

在 1949 年以前，社会机制是以国民党为主体形态的组合，思想形态实际上是传统的民族主义和权力意识的混成。因此，胡适派文人的"合理—目的的行为"主要是对国民党政府组合的社会机制产生舆论监督和社会批判。他们充当的社会角色是：一方面保持自由主义文人的基本身份，从事文化建设，为社会变迁"造因"打基础；另一方面通过自身的活动和自由主义思想的发散，释放政治能量，向政治—社会索取"合理"的要求，为实现"目的"作准备。他们的"角色"行为，在主观上调解了自我存在的社会境遇，在客观上取得了介入社会秩序的权利和资格。这正如彼得·伯格所说："个人通过扮演角色而参与社会世界。通过使这些角色内部化，这个世界对他来说是主观上实在的和有意义的。"[1] 由于时势的艰苦和救亡意识的强化，他们的"角色"有时显得苍白，甚至暗淡，他们的"行为"也异常得艰辛

---

① 转引自沃斯诺尔：《文化分析》（李卫民、闻则思译），上海人民出版社 1990 年版，第 47 页。

和寂寞。他们的力量时常显得微薄、无力。

1949 年以后，胡适等自由主义人士眼看他们赖以发生关系的人文基础、价值观念、社会秩序受到破坏，一方面（共产党）建立了新的政治—社会秩序（胡适视自由主义同共产党的执政是不相容的）；另一方面（国民党）败退到台湾，成了原内地政权秩序的延续，且更加专制，达到家族化、军事化（长期的戒严）。这便是胡适又不得不作后台，雷震转向自由主义，创办《自由中国》，干预、批评国民党政府的政治—历史背景。甚至连抗战后期及抗战胜利后一度崇信唯意志论、信奉法西斯主义的殷海光，也转向自由主义，归顺到胡适旗下，加入《自由中国》阵营。同时，由于胡适派文人原有的文化意义和价值观念的相关结构被共产党的新群体所占有（如文学的大众化），他们必然要随政治—社会秩序的突变而发生人生信念和价值观念的失落。因此，胡适派文人便呈两个极向的分化——一个向度如罗隆基、王造时、吴泽霖、吴景超、钱端升、周鲠生、沈从文、储安平等接受共产党的社会主义思想；一个向度如胡适、傅斯年、毛子水、梁实秋、雷震、杭立武、张佛泉、萧公权、夏道平等随国民党当局到了台湾。后者的"角色"感和"角色"的社会成分也就被引入台湾那特有的客观世界中，在自我调适和重新整合之后，借助美国朝野的舆论支持，以自由主义的群体力量再度介入政治—社会，并发挥作用。

再从学理上看胡适及胡适派文人的这一"行为"。

胡适把自己曾经置身其中且辉煌一时的新文化运动视为中国的文艺复兴①，认为后来政治运动（五四）的干扰，使这场思想文化运动

---

① "中国的文艺复兴"这一名词最早是著名记者黄远庸在 1905 年提出的。可见，它起初并不是指新文化运动。1919 年 1 月 1 日创刊的《新潮》，英文刊名为"The Renaissance"（"文艺复兴"）。胡适这里是一种特指。

中断了（胡适的这一观点，在 80 年代李泽厚的现代思想史研究视野里，被继承、发展，形成"救亡"压倒"启蒙"之说）。实际上，思想启蒙是他们"行为"的门径，文艺复兴是这个"行为"的目的。因此，说新文化运动是中国的"文艺复兴"或"启蒙运动"，都有一定的指示性，并且是在一种类比、参照中确立的。

在欧洲，从康德到卡西勒，每个时期都有权威的对启蒙运动的解释，并且这种"解释"都被不同时代赋予新的内涵和赖以承继的文化意义。启蒙运动只是一个呈现的历史过程，启蒙思想则是这个运动形态的精神指向。因此，卡西勒的结论是："启蒙思想的真正性质，从它的最纯粹、最鲜明的形式上是看不清楚的。"因为"在这种形式中，启蒙思想被归纳为种种特殊的学说、公理和定理。因此，只有着眼于它的发展过程，着眼于它的怀疑和追求、破坏和建设，才能搞清它的真正性质。整个不断起伏的过程是不能分解为个别学说的单纯总和的"①。在卡西勒看来，尽管启蒙思想千差万别，却存有一个作为这些思想活动的出发点和归宿的清晰可辨的中心，即启蒙思想家抛弃了17 世纪形而上学的抽象演绎的方法，走上分析还原和理性重建之路。因此，如今审视启蒙思想时，不仅要着眼于历史的进程，同时还要注重精神导向，并以此来观照中国的启蒙运动。

启蒙运动在欧洲的成功，主要得助于此前的文艺复兴运动和宗教改革运动。因此，彼得·盖伊明确地指出，启蒙哲学家们"向之讲道的欧洲，是一个已做好了一半准备来听他们讲道的欧洲……他们所在进行的战争是一场在他们参战之前已取得了一半胜利的战争"②。这

---

① 卡西勒：《启蒙哲学》（顾伟铭、杨光仲、郑楚宣译），山东人民出版社 1988 年版，第 5 页。

② 转引自格里德：《胡适与中国的文艺复兴》，第 334 页。

说明文艺复兴、宗教改革、启蒙运动三者的顺时承继性和文化变异的渐进性。启蒙哲学家康德在 1784 年对"启蒙"的解释是："启蒙就是人类脱离自己所加之于自己的不成熟状态。不成熟状态就是不经别人的引导，就对运用自己的理智无能为力。当其原因不在于缺乏理智，而在于不经别人的引导就缺乏通过勇气与决心去加以运用时，那么这种不成熟状态就是自己所加之于自己的了。Sapcre aude（要敢于认识）！要有勇气运用你自己的理智！这就是启蒙运动的口号。"[1] 启蒙精神就是要敢于认识。在这个比较文化的视野里，我认为新文化运动—五四运动具有类似欧洲文艺复兴、启蒙运动的精神历程。在欧洲文艺复兴运动中，有思想家、艺术家作为时代的先驱；在随后到来的启蒙运动中，也有启蒙思想家作为"他人的指导"。胡适在新文化运动—五四运动中，显然肩负类似欧洲文艺复兴运动中先驱型思想家、艺术家和启蒙运动中"他人的指导"的多种重任，即扮演不可轻视也不容置疑的思想、学术领袖的角色（取代康有为、梁启超和严复，走出传统）。

在欧洲，与康德、黑格尔等启蒙哲学家并行相重的还有歌德、莱辛、席勒等文学巨子的启蒙文学。在中国新文化运动—五四运动时期，胡适扮演的是启蒙哲学家和文学家的双重角色。只是基于社会的政治导向，启蒙思想家的队伍很快便分化，陈独秀、李大钊等欲走政治激进的捷径，胡适的启蒙任务没有完成，启蒙精神也没能充分体现，甚至连他自己内在的自由主义精神也因救亡的政治冲击而陷入了矛盾和困境。当"新启蒙"的呼声重新响起时（张申府、陈伯达于1936—1937 年间发动新启蒙运动，效法新文化运动—五四运动，试

---

① 康德：《答复这个问题："什么是启蒙运动?"》，《历史理性批判文集》（何兆武译），商务印书馆 1990 年版，第 22 页。

图借重文化革命，达到民族救亡），胡适派文人正倾心于鼓吹新权威主义（被称之为"独立评论"哲学），试图寻找社会重心和内凝力，从事抗日救亡。

任何一种意义上的文化变革，都是以知识革命为实在内容，以思想革命为先行导向的，即同思想的共时增值，目的是让民众向文明迈出新的一步。而承担知识革命的主体，往往要在知识与思想的共同增值时，首先确立体现自我价值的人文精神或科学精神。这种"承担"和"确立"具体地由天才或天赋出众的个人来实现，并借助文化与教育背景下潜移默化的"支援意识"，超越庸众，先由自己去承受变革的痛苦。这在西方自哥白尼、伽利略、牛顿、达尔文以下都被强烈地体现出来。启蒙思想的文化精神的实质是对理性和科学的推崇，对宗教神学、封建主义思想体系的批判，并且在理性地认识神学和否定传统、权威中，给人以应有的自由、平等的权利，建立人道的自由主义的生活秩序。在新文化运动—五四运动及此后几十年间，中国的自由主义者，尤其是胡适派文人所张扬的自由主义，在关注社会、直面人生、干预政治的许多方面都体现了类似欧洲启蒙运动的文化精神。而且因时势的催促，中国 20 世纪的头二十年试图走完欧洲文艺复兴、宗教改革、启蒙运动近三百年的精神历程（实际上是根本不可能的）。中西相比，只是类似而结果不同，这使胡适及五四一代启蒙思想家的努力无不陷入尴尬的困境，在此后的岁月里甚至遭到可悲的异化。

关于欧洲的文艺复兴，20 世纪英国著名哲学家罗素的解释是："文艺复兴通过复活希腊时代的知识，创造出一种精神气氛：在这种气氛里再度有可能媲美希腊人的成就，而且个人天才也能够在自从亚历山大时代以来就绝迹了的自由状况下蓬勃生长。"[1] 胡适之所以视

---

① 罗素：《西方哲学史》（马元德译）下册，商务印书馆 1982 年版，第 17 页。

新文化运动—五四运动为中国的文艺复兴运动，一方面是他自己有浓重的历史意识（历史的态度），虽然在学理上主张接受"西化"，号召全面反传统、反权威，但又无法也不可能从人格及情感上同中学、传统实行彻底的决裂，终致形成在理性上借助西方现代学理，而感情上又面向传统的矛盾现象；另一方面是"作为一个实用主义者，他信奉的信念是，新的东西只有把它移植到一种活的历史经验上时，它才能繁盛起来"，这是实验主义的历史观和实验态度的具体表现。因此，胡适"竭力要从中国那丰厚的历史遗产中精选出他认为将会与他希望在中国形成的现代观念完全一致的成分。他认为，未来绝不是以一种与过去的决裂来出现的，而应该是以对过去的诺言的实现而出现的，这个信念激励着他在中国的现代经验与欧洲的文艺复兴之间找到了数量众多的相似之处"①。1933 年 7 月，他在美国芝加哥大学作题为"中国文化的趋势"的演讲（共六讲，后结集为《中国的文艺复兴》由芝加哥大学出版部出版），意在阐明新文化运动—五四运动是中国的"文艺复兴"。胡适把"中国文艺复兴时期"从宋代算起，视宋人大胆疑古，小心考证的新精神为文艺复兴的第一时期。把明代王学之兴，尤其是市民文化中戏曲、小说的新精神视为第二时期。清学的勃起则为第三时期。1915 年以后的新文化运动为第四时期。真正意义上的"文艺复兴"是第四时期。他从文学—文化—民主—人权的递进层次，把这次新文化运动解释为一场"为了推动一种用人民的活语言的新文学去取代旧古典文学的有意识的运动"，"一场有意识的反抗传统文化中许多思想习俗的运动，和一场有意识的把个体的男女从传统力量的束缚中解放出来的运动"，"一场理性反对传统，自由反对权威，以及颂扬生活与人的价值与反抗对它们的压制的运动"。同时，

---

① 格里德：《胡适与中国的文艺复兴》，第 336 页。

胡适为了说明这是一种"复兴",自己是先知先觉的启蒙者,是扮演领导角色的,特意指出"这场新的运动却是由那些懂得他们的文化遗产而且试图用新的现代历史批评和探索的方法来研究这个遗产的人来领导的。在这个意义上说,它也是一场人文主义运动"。而复兴的"目标和前途就是一个古老民族和古老文明的再生"①。这是胡适在中学同西学交融、撞击下对中国传统文化所持的最为明确、基本的态度,由此产生了充满自信的最终目标:再造文明。这一切由胡适昭示出来,后来便奠定了胡适派文人的心理基础,甚至强化为一种信念和共识。

5

态度与风度:文化批判上的激进与时局批评上的温和、节制——文化上的自由主义与政治上的自由主义。胡适派文人的成员由于受胡适的"超凡魅力"的影响,更多地表现出以胡适式的自由主义的态度和风度来对待文化与政治。他们共同的文化倾向是"西化"的,因此,在文化批判上显得鲜明的过激和尖苛,表现出文化激进主义的倾向,而对政治、时局的批评却显得相对的温和、节制,总希望它变好,变得有序。只要从胡适个人的言行,就可以明显地看出对两者的不同:对贞操、礼教、孔教、国民性弱点持过激、猛烈的批判、抨击的态度;对时局、政治持"好政府"主张,主持《新月》、《独立评论》时持"补天"、"救火"的态度。在他影响下的朋友、学生,即他这一派的主要成员的态度和风度,也呈现这种鲜明的倾向性。

先看胡适在《新月》时期,即"人权与约法"论争之后的两段自白,可谓典型的抛却人权说王权。其一是在《独立评论》上对1933

---

① 转引自格里德:《胡适与中国的文艺复兴》,第336—337页。

年"福建事变"的公开表态：

> 在这个时候，无论打什么好听的旗号来推翻政府，都有危害
> 国家的嫌疑。……
>
> 必须先要保存这个国家，别的等到将来再说！这个政府已够
> 脆弱了，不可叫它更脆弱；这个国家够破碎了，不可叫它更破
> 碎。"人权"固然应该保障，但不可捐着"人权"的招牌来做危
> 害国家的行动。"取消党治"固然好听，但不可在这个危急的时
> 期借这种口号来发动内战……无论什么金字招牌，都不能解除内
> 战的大罪恶。①

这是胡适因日军入侵东北而对国事的表态。"救亡"意识的强化，
使胡适的自由主义信念发生了动摇，"启蒙"的高调也被淡化，因此，
"民主"、"人权"、"秩序"等自由主义的感念陷入了困境。这是他因
"救亡"而抛却"人权"要求的一段真心话。

另一段话是胡适在给汪精卫的私人信函中的独语，是对汪精卫拉
他入伙从政的推辞：

> 我终自信我在政府外边能为国家效力之处，似比参加政府为更
> 多。我所以想保存这一点独立的地位，绝不是图一点虚名，也绝不
> 是爱惜羽毛，实在是想要养成一个无偏无党之身，有时当紧要的关
> 头上，或可为国家说几句有力的公道话。……以此之故，我很盼望

---

① 胡适：《福建的大变局》，《独立评论》第 79 号。《胡适全集》第 21 卷，第 682—683
页。

先生容许我留在政府之外，为国家做一个诤臣，为政府做一个诤友。①

这里，既可见胡适的政治态度和风度，也可见出他对国民党政府的依附是自由主义知识分子政治神话的现实理性和荒谬性。再以胡适最得意的学生、朋友傅斯年为例。他对国民性弱点有激进的抨击，对政治、时势所持的态度却是"只反贪官，不反皇帝"。在抗战期间及抗战胜利后的国家、民族多灾多难的时刻，傅斯年同大贪官孔祥熙、宋子文展开了激烈的交锋。他在《这个样子的宋子文非走开不可》中说："政治的失败不止一事，而用这样的行政院长，前有孔祥熙，后有宋子文，真是不可救药的事。""孔祥熙……几乎把抗战的事业弄垮，而财政界的恶风遂为几百年来所未有。"今天的事"第一件便是请走宋子文，并且要彻底肃清孔、宋二家侵蚀国家的势力。否则政府必然垮台"。② 傅斯年这样做的目的，同胡适在《人权论集》序文中所说的"救火"③ 是完全一致的，被视为爱国的一片赤诚。他也自恃为最负责的言行。他在列举宋子文的五项罪状后说："当然有人欢迎他或孔祥熙在位，以便政府垮台。'我们是救火的人，不是趁火打劫的人'，我们要求他快走。"④ 他反对贪官时如此痛快，如此动气，但蒋介石出面干预时，他同蒋介石的这段对话却反映出了别一种心态，另一种人格：

"你信任我吗?"蒋介石问傅斯年。

————————

① 《胡适来往书信选》中册，中华书局1979年版，第208页。
② 《傅斯年全集》第5册，台湾联经出版事业公司1980年版，第317—319页。
③ 《胡适论学近著》第1集下册，商务印书馆1935年版，第625页。
④ 《傅斯年全集》第5册，第325页。

"我信任。"傅斯年答。

"你既然信任我,那么就应该信任我任用的人。"

"委员长我是信任的,至于说因为信任委员长就应该信任你所任用的人,那么砍掉我的脑袋我也不能这么说。"①

据傅斯年的同学、挚友罗家伦(两人都是 1927 年倒向蒋介石,由反对旧权威到信奉、依附新权威)在《元气淋漓的傅孟真》中所记,傅斯年在同孔、宋两家斗争时曾经表示:"我拥护政府,不是拥护这般人的既得利益,所以我誓死要和这些败类搏斗,才能真正帮助政府。"② 可见,傅斯年完全继承了他老师胡适的"救火"、"补天"精神和"好政府"主张。傅斯年在激烈、尖苛中蕴含着温和、节制、适度,这是胡适派文人群体意识中的"好政府主义"。

胡适在晚年,因《自由中国》同蒋介石发生冲突,关系紧张之时,他政治人格的软弱表现得尤为突出,而且仍是处于"补天"、"救火"、"劝谏"的基本心态。请看胡适与蒋介石在 1960 年 11 月 18 日晚的一段对话:

"去年□□回来,我对他谈起,'胡先生同我向来是感情很好的。但是这一两年来,胡先生好像只相信雷儆寰,不相信我们政府'。□□对你说过没有?"

"□□从来没有对我说过这句话。现在总统说了,这话太重了,我当不起。我是常常劝告雷儆寰的。我对他说过:那年(民

---

① 转引自马亮宽:《一个具有独特风格的知识分子——傅斯年社会活动述论》,《聊城师院学报》1991 年第 1 期。

② 《傅斯年全集》第 7 册,第 309 页。

国三十八年四月）总统要我去美国。我坐的轮船四月廿一日到旧金山。四月廿一日在中国已是四月廿二日了。船还没有进口，美国新闻记者多人已坐小汽轮到大船上来了。他们手里拿着早报，头条大字新闻是'中国和谈破裂了，红军过江了！'这些访员要我发表意见，我说了一些话，其中有一句话：'我愿意用我的道义力量来支持蒋介石先生的政府。'我在十一年前说的这句话，我至今没有改变。当时我也说过，我的道义的支持也许不值得什么，但我的话是诚心的。因为，我们若不支持这个政府，还有什么政府可以支持？如果这个政府垮了，我们到哪儿去！——这番话，我屡次对雷儆寰说过。今天总统说的话太重了，我受不了，我要向总统重述我在民国三十八年四月廿一日很郑重的说过的那句话。"①

罗隆基、王造时、梁实秋（《新月》时期）、雷震、殷海光、夏道平、李敖（《自由中国》、《文星》时期）等自由主义义士，虽然在实践上对胡适理性的理想式的自由主义有相应的超越，使他的自由主义象征形象因学生的务实而发扬光大，但他们却没有像共产党左派文人对国民党抨击的着实、深刻，而表现出相应的依附性、监督改良性。这一切又都来自胡适的影响、制约，源于自由主义的基本信念。胡适对 20 世纪中国自由主义贡献的是一个自由的象征性形象。殷海光可视为自由主义的一个道德力量。而罗隆基、王造时、储安平、李敖则是以自由主义同极权专制对峙前沿的斗士形象出现的。因为从《新潮》到《努力》周报、《现代评论》、《新月》、《独立评论》、《自由中

---

① 《胡适的日记》（手稿本）第 18 册（1960 年 11 月 18 日）。日记中的□□，据李敖研究，可能是蒋廷黻。有关的背景材料，参见拙著《无地自由——胡适传》，第 442—445 页。

国》，胡适始终是这些刊物的后台老板。如《新月》后期，罗隆基、梁实秋、王造时等人的火力更猛时，胡适妥协退缩了；《自由中国》同蒋家父子及国民党政府的冲突升级，并超出小骂大帮忙的"装饰"，走向政治斗争的前沿，欲成立反对党时，胡适又出面制止、劝阻雷震及《自由中国》同人。胡适在关键时刻的软弱，直接制约了他影响下的群体势力的进一步发挥，也给当局以相应的文人胆怯、"秀才造反"的显示。

再从胡适式自由主义的内涵看他们态度上激进与温和的两重性的文化基质。

胡适在美国留学时，正值美国的新自由主义思想随自由经济的空前高涨而走向极盛。他的导师杜威对自由主义的能动潜力特别重视，并加以实用主义的改造，进而使它成为现代行为科学的导引。杜威式的自由主义实际上有主客体的两个取向：作用于主体的是一种心态，作用于客体的是有助于维护民主社会结构的思想训练。这里，先看当时权威的自由主义思想家霍布豪斯对风行的新自由主义的解释：

> 自由主义是一种信仰，这种信仰认为社会是能够安全地建立在这种自我指导的人格力量基础之上的，只有在这个基础之上才能建立一个真正的社会，而且经过如此建立起来的基础是非常深厚的和广泛的，以致我们可以无限制地扩大这个建筑。这样自由也就不是作为一种社会必要的重要个人权力。自由的基础不是 A 可以不受 B 的干涉的权利，而是 B 把 A 作为一个理性的人对待的责任。……自由的作用正是理性秩序的应用。自由正是对理性、想象和社会感情的呼声敞开了大门；而且如果对这类呼声没

有这种反应的话，也就无法保证社会的进步。①

杜威对自由主义的解释则是赋予实用主义以实用理性：

> 作为一种社会哲学，"自由主义"贯穿的领域很广，一方面，它包括一种朦胧模糊的思想倾向——通常称作向前看的思想倾向；另一方面，它又包括一种关于社会行为的目的和方法的明确信条。第一种思想倾向过于模糊以致它不能提供任何可靠的行为指导；第二种倾向又十分具体和确切，以致会造成武断，所以都不是自由主义的思想。作为一种实验方法的自由主义是以对社会愿望和实际条件的正确见解为基础的，因而它可以避免这种二难境地。自由主义意味着，把科学的思想习惯运用到社会事务之中。②

在胡适看来，自由主义在中国的倡扬，一方面是二千五百年前的古典式自由主义的复兴，另一方面是欧美新自由主义的输入。除了自由、民主的意义外，胡适更强调现代自由主义中容忍反对党与进行和平渐进的社会改革这两项内容。在 1948 年国共内战面临战略决战的革命性变革时，他公开站出来反对共产党，表明他的政治态度。他申明："自由主义为了尊重自由与容忍，当然反对暴力革命与暴力革命必然引起来的暴力专制政治。"③ 这是中国自由主义代表人物的声音，也是他被政治现实夹击、排斥，陷入"无地自由"的悲壮情怀的自我

---

① 转引自格里德：《胡适与中国的文艺复兴》，第 347—348 页。
② 同上书，第 348 页。
③ 胡适：《自由主义》，1948 年 9 月 5 日北平《世界日报》。《胡适全集》第 22 卷，第 740 页。

造因。

从中国知识分子的传统文化心理看，现代自由主义知识分子这种反对革命与委曲求全（容忍的相对性）的心理定势是千年的文化"死结"。对此，海外学者杜维明有一个解释，不妨借来对胡适式自由主义态度的激进（文化）与温和（政治）的两重性作个注脚：

> 在中国文化的发展中，过分强调协同、和谐、渐进，以至于对既有的现实制度，对那些即使是最不合理的政治统治集团，也需以一些委曲求全的方式来容忍它，希望从内部来转化它。因此在中国这种类型的文化发展中，最大的恐惧就是农民革命。农民革命是大风暴，一切都得摧毁。知识分子即使中央政权腐败到了极点，自己深受其害，也不希望革命。……这也是中华民族得以源远流长的重要原因——是要求同存异，是要委曲求全，即使在最痛苦、最困难的情况下，也不能放任，让既有的积层解体，因而中国传统的知识分子一致认为农民革命是不幸的，甚至是不可容忍的。①

当然，自由主义知识分子厌恶暴力还有一种非文化传统的自我身份——自我价值体现的心理因素。因为自由主义知识分子在人际交流中对社会行为发出精神导向及监督批评时，个人只有在失去通过论理进行说服的能力时才诉诸武力。可以说，知识分子厌恶暴力，反对暴力的原因来自他们自我价值的现实性实现，即充当社会的良知。如果

---

① 薛涌：《中国传统文化纵横谈——杜维明教授采访记》，《社会科学》1986 年第 8 期。

使用暴力，就等于承认知识分子自身存在的失败，自我价值的失落。① 这种"失败"和"失落"在 1947—1949 年间表现得尤为突出。

自由主义作用于主体的是一种心态，而要保持这种心态，即独立、自主、自由的心境——思想的绝对自由，首先要从文化氛围上确立和创造，以展示文化上的自由主义的精灵。因此，胡适派文人的自由主义者批判阻碍他们自由心境的文化因素时，常常是刨根兜底，勇猛出击，不遗余力，不乏过激之处。自由主义作用于客体——他人、社会的层面，主要是一种解决政治问题、监督政府权利，完善社会秩序和引导公共生活的方式、方法，就是霍布豪斯所谓的"理性、想象和社会感情的呼声"，并明显地表现出追求公正的冷静的理解，寻求温和与节制的批评（他们对蒋介石政府的态度基本上是这样）。自由主义知识分子多是活动在意识形态领域的人物，在舆论的公众空间（报刊、讲台）指手画脚，是政治的参与者，而非决策层成员。他们批评政治、时势的言论也多是从帮助决策者、维持现政权考虑的，目的是期望和引导决策者通过渐进的改革和自我完善，走向"好政府"。所以这种自由主义的双重关注和价值追求，也是执政当局在很大程度上可以容忍的。

6

自我与社会：追求个人的自由、健全的发展与社会的文明、进步。胡适派文人是现实意义上的"问题派"。他们关注人生、学术、社会、政治等方面问题的逐步解决，在发现问题、指出问题、研究问题的同时，希望人的个性得到自由、健全的发展，民主政治得以逐步

---

① 参见丹尼尔·贝尔：《资本主义文化矛盾》（赵一凡、蒲隆、任晓晋译），三联书店 1989 年版，第 193 页。

实现，从而推动社会的文明、进步。

新文化运动—五四运动中的两大旗手陈独秀、胡适，最初是联手作战的，展示出所向披靡的神威。相对于北京大学的严复、黄侃、刘师培、林损、黄节、辜鸿铭、陈汉章、梁漱溟等"文化保守派"来说，陈独秀、胡适、钱玄同、刘半农、沈尹默、周作人、李大钊等具有浓重的"文化激进主义"的色彩，展示出文化上的自由主义。但随着五四高潮的渐逝，《新青年》革命阵营也逐渐分化，北京大学的"文化激进主义"开始分别以陈独秀和胡适为旗帜，由在他们影响下的学生重新划属营垒。一个更加激进——政治激进主义；一个趋向温和——政治改良主义。走向社会主义，思想上"左"倾，参与共产党的党团组织，执行党纲、党义的陈独秀派有：李大钊、张申府、张国焘、谭平山、高君宇、邓中夏、罗章龙、刘仁静等；走向政治上自由主义，思想趋于温和乃至守成，同时对国民党政府产生一定的亲和力（但大多数人并未参加组织）的胡适派有：周作人、傅斯年、毛子水、罗家伦、顾颉刚、程天放、段锡朋、何思源等。前者关注政治、社会，主张破坏现有的政体秩序，对政治—社会问题实行激进暴力的根本解决；后者置身于文化—学术，主张社会的改良，追求政治的清明、时局的渐变。前者的阵营逐渐强大，在组建政党的过程中，以消融自我、个性，谋求社会解放、人类大同为己任；后者则试图保持文人的自由主义精神，从思想文化建设入手，张扬个性观念、自我意识，并刺激政治—社会向民主秩序过渡。

胡适从倡导易卜生主义到争取个人的言论自由，提倡科学的人生观，主张人权与约法直至晚年呼吁自己要有"不说话的自由"，都是从研究社会、人生问题出发，追求健全的个人的发展。他的这种通过关注个体而介入社会的观念，也是在新文化运动—五四运动时期就已确立下来，并影响着广大青少年，尤其是作用于后来归顺他大旗下的一批自由主义文人，使他们在处理个体同群体、自我同社会、自由同秩序的关系问题上，首先关注个体、自我的价值取向。

《新青年》时期，胡适发表了《易卜生主义》，译介《娜拉》，写作《李超传》、《终身大事》、《非个人主义的新生活》，张扬易卜生的人生观、道德伦理观，抨击传统中国社会中违背人道的三大宗法势力（法律、儒教、道德），扶植"工读互助团"①，引导青少年认识中国的社会实情，确立"健全的个人主义人生观"，并在社会上找到实现自己人生价值的区位，把自己锻炼成有益于社会的人。

自由和责任所展示的"意图（目的）伦理"与"责任伦理"，是一对矛盾。处理这对矛盾不是易事。不同于陈独秀派政治上的激进倾向，胡适派文人关注社会问题的逐步解决。面对社会摧残人的个性，阻碍人的自由发展的现实，胡适提出了自由主义者自我实现的途径和价值取向——在保持个人有自由意志的前提下，"使个人担干系"，即便成为世界上最孤立的个人，也要保持自己的强硬的个性和自我人格，对社会负责任。这种"责任"便是批评、监督政府，指出社会问题，促进问题的解决，使社会向文明、进步的方向发展，创造能使个人自由、健全发展的外部环境。一方面奉行文化自由主义，坚守自由高于政治的学术道统，另一方面又演示政治自由主义，寄希望于政治清明的庙堂理想，这成了胡适派文人共同的价值取向。

就自由主义者自身的特性来说，汪荣祖在《现代中国》发表的《中国革命中自由主义的命运：储安平和他的集团》中认为：自由主义缺乏实现理念的政治性、制度性的机构，同时他们忌讳政治参与，

---

①　当时北京学生中的"工读互助团"，受胡适的帮助、影响最大。许多成员都给胡适写信，或登门求教、求助。胡适日记中记有详细的接待情况。如1920年2月24日记有："工读互助团员章钱民、施存统、傅［彬然］来谈甚久。"参见耿云志主编：《胡适遗稿及秘藏书信》第14册，第259页。

更爱好"社会贤达"的印象,不愿创设政治集团作为政治变化的准备,只要求变化中国文化,而他们的个人主义同传统的"公"的概念相对立,因此不能在中国生根。这种见解,正好概括出中国自由主义非政治化的一面。

四 机遇与过程:胡适派文人的会聚、流变

1

胡适派文人是不自由时代的自由主义知识分子群体,发出 20 世纪中国知识分子的一种声音,他们代表社会上一部分人的良知,成为沟通政治—社会的中介力量。

在复古主义和未来主义之间。五四高潮时,在北京大学师生中形成了以胡适、陈独秀、李大钊、刘半农、钱玄同、鲁迅、周作人、沈尹默、张申府、傅斯年、罗家伦、顾颉刚、毛子水等为主力的新文化运动的革命群体。他们的对立面,一是作为社会形态基础的整个传统文化和封建势力,二是北京大学的文化保守派。相对于陈独秀、胡适为首的文化革命派(文化激进主义)的严复、辜鸿铭、刘师培、黄侃、陈汉章、梁漱溟等(当然在北大之外还有林纾、杜亚泉及稍后的张君劢、"学衡派")文化保守派则趋向复古主义。这实际上是"一种想逃避没法容忍的现实,并在文明崩溃的社会里再建早期生活节奏的企图"①。显著特点是借弘扬国故,从民族主义的立场上来维护传统

---

① 汤因比:《文明经受着考验》(沈辉、赵一飞、尹炜译),浙江人民出版社 1988 年版,第 323 页。

文明（保守派攻击胡适的文学语言革命，说民族未亡而语言文字先亡）。随着文化革命派中陈独秀、胡适的分道，在北京大学中形成了以陈独秀、李大钊、张申府、黄日葵、范鸿劼、朱务善、何孟雄、陈公博、罗章龙、张国焘、高君宇、刘仁静、邓中夏、谭平山为主力的政治激进派，他们走向未来主义，成为试图建立理想的社会主义新体制的"未来派"。他们最初的共产主义理想实际上是未来主义的彼岸——陈独秀、张国焘、陈公博、张申府、罗章龙、刘仁静、谭平山等人最后的理想相继破灭，有的成了"托派"（共产党内的"反对派"），有的背叛了理想（张国焘），有的去寻找并组建"第三党"（谭平山），有的退回到学术研究（罗章龙、张申府）。李大钊、邓中夏因投身实际的社会政治活动而被敌对势力吞噬。但是这批理想式的"未来派"（由校园到广场，再到政党）却为后来立足现实的"国情派"（由政党到军事武装斗争）铺展了可资借鉴的前辙，成为探索真实的未来道路的先驱者。因此，可以说，以陈独秀为代表的"未来派"（政治激进）的这种理想是文化上的未来主义。在向政治的现实主义转折的关头，他们没有迈出更激进的革命的一步（陈独秀成了党内"反对派"）。汤因比把文化上的"未来主义"看成"逃避现实，跃入未知将来的黑暗中的一种企图。它含有中断与传统联系的意思，这事实上意味着一场革命"①。只是在中国后来发生的暴力革命，对陈独秀、李大钊他们这批属于文化上的"未来派"的先驱者来说，未能看到"未来"却都相继"跃入未知将来的黑暗中"了。而胡适、周作人、傅斯年、罗家伦、顾颉刚、毛子水、丁文江、钱端升、王世杰、周鲠生等北京大学的文人，作为趋于相对温和、节制的自由主义者，在无法超越的现实中追求理想化的社会改良、民主政治，试图建立现代资产阶级文明，

---

① 汤因比：《文明经受着考验》，第323页。

结果也失败了。

在五四前后，北京大学文人群体的这种急剧变化，是社会—文化"转型"时期知识分子"精神的分裂"，是面对西方挑战的必然回应。对这种"分裂"，有的人已清醒地认识到，并顺应这种"分裂"的发展，有的人没有、也无法认识到，便在后来的行为中趋向复古主义（文化保守）。这便是时代对个人的制约，也是个人无法完全把握自我的表现。社会转型对人的灵魂的冲击和撕裂，常常是具体的个人所无法完全承受和适应的。因为"当一个社会开始瓦解时，在成长阶段的个体的各种行为、感觉和生活特性将为一些可能的其他方式取代，一种是被动的方式，另一种是主动的方式"①。可以说，以陈独秀为代表的"未来派"和以胡适为代表的"问题派"，是属于"主动的方式"。

严复、林纾、辜鸿铭、刘师培、黄节、林损、黄侃等文化保守派的复古主义，企图将时钟拉停或倒转，结果陷入被动、孤立的独处，或退缩到心灵的隐蔽所中去，坚守自己原有的文化道统规范和行为准则，放弃了对未来新世界的追求。同时又一味地去幻想恢复被新文化运动破坏了的传统文化的价值体系，重建传统儒学的人文精神和文化空间。这正如黑格尔所说的，当重大事变纷乘交迫之时，"一个灰色的回忆不能抗衡'现在'的生动和自由"②。现实生活迫使他们在落伍中困顿。胡适派文人试图立足现实社会，探讨中国走向政治现代化的民主、自由、秩序之路，并以文化建设为立足点，力主政治民主、社会改良，而不是立即打碎他们赖以生存的社会机制和政治秩序。当然，他们的改良主义主张，在中国半个多世纪的社会实践中并没有行

---

① 汤因比：《文明经受着考验》，第 320 页。
② 黑格尔：《历史哲学》（王造时译），三联书店 1956 年版，第 44 页。

得通，到头来成为自由主义知识分子一个难圆的残梦，演示一个个无地自由的悲壮故事。

审视胡适和他所属的时代的历史变迁时，既要看到他在形式上鼓吹的"西化"，还应该从文化精神和传统观念上来看待这一置换。这实际上是一种艰难的开始告别传统，走向"现代化"。"现代化"是社会改革过程中呈现的一种发展形态，有历史的延续性和继承性，不仅是形式上，更重要的是文化实质的变更，人的精神上的变异和适应。"现代化"带来的所有问题中，根本性的问题之一是：新的生活方式的确立不可避免地带来旧的生活方式的破坏。即新的社会的整合和重建，必定会带来传统社会的解体。美国学者布莱克说："现代化是一个创造与毁灭并举的过程，它以人的错位和痛苦的高昂代价换来新的机会和新的前景。"① 新文化运动--五四运动因社会—文化转型带给许多人以"错位和痛苦"感；20 世纪末的社会，走向现代化的中国人又面临这类问题。

当然，确立一个现代化的完整形态，有赖于文化的理智创造、政治民主、经济增长、社会动员和人格调节等多种因素。研究现代化问题的学者艾森斯塔德特别强调"社会动员"这一现代化起步时文化的变革力量②。五四新文化运动正是中国告别传统步入现代之交的一次最具规模和实际效力的"社会动员"，并因文化激进主义的某些误导而显示出相应的偏至和断裂。胡适派文人在促进中国走向现代化的道路上所做的努力，是在"社会动员"之下，促使政治民主化与文化人格调节。他们的自由主义信念和思想的发散，首先是由他们作用的对

---

① 布莱克：《现代化的动力》（段小光译），四川人民出版社 1988 年版，第 38 页。

② 参见艾森斯塔德：《现代化：抗拒与变迁》（张旅平、沈原、陈育国、迟刚毅译），中国人民大学出版社 1988 年版。

象——他们立身的政治—社会形态所致。他们自身的价值也是通过这种发散来体现的。因为这个政治—社会不自由、不民主，缺乏基本的人权保障。在现代政治学的视野里，"民主的社会是政府依靠被统治者自由地表示同意的一种社会"①。专制政治同民主政治的区别在于，前者是政府统治人民，后者是人民监督政府。很显然，现代中国政治—社会不是胡适派文人完全"自由地表示同意的一种社会"。所以，他们要通过并借助言论的公共空间，来争取这些权利，他们要以实际行动向社会昭示：他们这样做的目的是让人的个性得以充分的发展，使社会走向文明、进步，以求得"社会动员"下的民众对现代化的响应，使他们的信念、思想由知识阶层走向民众（从讲坛到广场）。

2

"学阀"与"歧路"。在近代、现代思想史上，一批批自由主义者主要是在知识阶层中产生的，最初的表现都是文化上的自由主义，随后，将产生的能量发散到政治—社会。胡适派文人的初步的相互认同和会聚，是在胡适成为"学阀"并走上"歧路"之后。1922 年，因为朋友对他一脚踩在东街（学术），一脚踏在西街（政治）的看法不一，胡适写了篇《我的歧路》（即视治学术为正道，谈政治为歧路）作为答复。胡适的解释是"我是一个注意政治的人"。他说自己从美国回到故土本想在文化建设上做些努力，但是：

> 我等候了两年零八个月，实在忍不住了。我现在出来谈政
> 治，虽是国内的腐败政治激出来的，其实大部分是这几年的"高

① 悉尼·胡克：《理性、社会神话和民主》（金克、徐崇温译），上海人民出版社 1965年版，第 285 页。

谈主义而不研究问题"的"新舆论界"把我激出来的。我现在的
谈政治，只是实行我那"多研究问题，少谈主义"的主张。我自
信这是和我的思想一致的。①

胡适对政治的介入，完全基于知识分子的责任，是由文化层面向
政治领域的顺转。历史地看待胡适的"歧路"，即他干预、关注时政
的言论、著述，恰恰是他对中国现代社会的政治生活产生重大影响之
所在。文化建设，尤其是学术研究是他的立身之本。关注政治是他的
社会责任（一种"不感兴趣的兴趣"）。他在强人政治、独裁政权的不
自由的时代为社会和公民争取自由，这本身也是一种崇高的志业。讲
学复议政，是他学术人格、社会人格和政治人格的综合灵光的显现。
他的"歧路"实际上是学者干预政治的表现，最终使他成为最具社会
化影响力的学人。②

胡适的立身之本是学术（也是思想文化的载体，即他归国以前所
说的"造因"）。作为"学阀"，他在学术上自成一派，旗下聚有众多
门徒、同道，时常显示出群体的力量（"造势"）。这一点，他在正视
自己走上"歧路"以前，就认识到了。他在 1921 年 10 月 11 日的日
记中写道："人家骂我们是学阀，其实'学阀'有何妨？……我们应
该努力做学阀……学阀之中还要有一个最高的学阀。"③ 显而易见，
胡适以自己和北京大学能被人视为"学阀"而自豪，并向着"最高的
学阀"的境界奋进。事实上，胡适派文人的会聚，除了胡适个人的

---

① 胡适：《胡适全集》第 2 卷，第 469 页。
② 海外学者周质平在《胡适与冯友兰》一文中认为胡适的"歧路"正是他的"正途"。
李又宁主编：《胡适和他的朋友》第 2 辑，纽约天外出版社 1991 年版。
③ 《胡适的日记》（手稿本）第 2 册（1921 年 10 月 11 日）。这是胡适在北京大学开学
之日应蔡元培之请，即兴演说时说的话。

"超凡魅力"的吸引和自由主义精神的内在凝聚外，便是由于胡适在新文化运动—五四运动后期成为"学阀"并走上了"歧路"——这个特定历史时期的时势所造就的。

3

胡适派文人的流变。自 1919 年 6 月陈独秀被捕，胡适接办《每周评论》，并挑起问题与主义之争开始，胡适立身社会的羽翼已丰，"角色"鲜明，便扯起大旗，同陈独秀、李大钊分道。群聚门下的学生（多是新潮社成员）傅斯年、罗家伦、何思源、康白情、段锡朋、周炳琳、汪敬熙、许德珩、杨振声、俞平伯、姚从吾虽然相继出国留学（返回后，又聚于胡适的大旗下），但顾颉刚等仍在他的身边，还有钱玄同、周作人、刘半农、丁文江、朱经农、张慰慈、高一涵、陶孟和、张奚若等朋友，他们志趣相同，便在学术研究之外，公开向现政府进行政治干预。这一方面是他们的社会责任感有所强化，另一方面也是给黑暗政治逼出来的。1920 年 8 月 1 日，胡适联合蒋梦麟、陶履恭、王征、张祖训、李大钊、高一涵发表《争自由的宣言》，呼吁民主政治，要求保证个人的自由权利。1922 年 5 月，《努力》周报创刊，第二期便登出胡适、丁文江、蔡元培等十六人领衔签名的《我们的政治主张》，提出"贤人政治"、"好政府"的主张，开始了自由主义知识分子由文化转向政治乌托邦的最初试验，把他们由讲坛投向广场的政治—文化意识转向庙堂。

1923 年，随着胡适在"歧路"上的声誉鹊起，以他为核心的俱乐部性质的新月社又在北京宣告成立。在胡适作领袖的《努力》周报之外，胡适派文人吸纳了《太平洋》杂志的重要人物，又创办了《现代评论》（1924 年 12 月始）。于是又多了一些英美派朋友：陈源、徐志摩、张君劢、黄子美、林长民、叶公超、钱端升、王世杰、丁西林、杨肇燫、唐有壬、燕树棠、周鲠生、陈翰笙、彭学沛、凌叔华，其中多为北大教授。① 1927 年国民党政府定都南京，走向一党专制以后，胡适执教沪上，胡适派文人的主力群聚上海，旗下又加入了原清华学校出身（或与清华学校有关系）尔后留学美国（或英国）的罗隆基、梁实秋、王造时、潘光旦、闻一多、吴景超、吴泽霖、沈有乾、余上沅、叶公超等。其中，罗隆基、王造时为哲学博士，吴景超为社会学博士。于是，胡适派文人在上海以《新月》为阵地，平社（"新月派"内部的一批政治色彩很浓的学人，如罗隆基等仿效英国"费边社"的形式和拉斯基的议政方法，又组织了平社）为核心，扯起自由主义的大旗，同社会主义、三民主义三足鼎立，公开向国民党政府及三民主义挑战。尤其是胡适、梁实秋、罗隆基、王造时借民主、自由、人权、约法等题同政府展开了尖锐的冲突。也可以说，此时胡适派文人的自由主义旗帜高扬，是由原清华园的罗隆基、王造时、梁实秋、吴景超等归顺胡适旗下而促发的。

由于"新月派"自由主义核心人物胡适、罗隆基遭国民党当局的迫害，且胡适又向当局公开表示了"救火"的良苦用心，"新月"文人群体不得不暂时分散，把阵营转移到北平。随后，"新月"文人群体分化为议政派和文学派。前者以胡适为核心创办《独立评论》，在国民党"围剿"红军、日军入侵之时，表达了自己及一批自由主义文人的心声，形成议政的"独立评论"派。后者以叶公超、余上沅主编的《学文》、朱光潜主编的《文学杂志》、沈从文主持的天津《大公报》文艺副刊作为阵地，形成了文学上的"京派"。其后，又因民族

---

① 事实上，《现代评论》的作者群更大，当时还有汪敬熙、顾颉刚、张奚若、陶孟和、俞平伯、江绍原、杨端六、王星拱、吴稚晖、闻一多、高一涵、李四光、陈启修、冯友兰、竺可桢、周钟歧、杨杏佛、蒋廷黻、沈怡、张慰慈等。其中一部分又是《努力》周报的作者。可以说，《努力》和《现代评论》是两个刊物一班人马。

矛盾的激化，议政的《独立评论》同人胡适、丁文江、罗隆基、蒋廷黻、钱端升、吴景超、陶希圣、何浩若、任叔永、傅斯年、张奚若等的自由主义，发生了相对的收敛和向国民党政府的偏移，一部分人甚至转向替蒋介石政府鼓吹一党专政，开明专制，致使杨鸿烈在1938年7月16日给胡适的信中说，日本人认为蒋介石现在的政权是建立在胡适的"《独立评论》的哲学"[1] 之上的。

抗战时期，胡适出使美国，他的自由主义同人多流亡到香港和西南地区，除少数人（如罗隆基、闻一多、潘光旦、费孝通）加入中国民主同盟外，没有明显的群聚。抗战胜利后，因美国朝野人士对中国自由主义者的支持和共产党同国民党的抗争，"冬眠"八年之久的自由主义思潮得以再次抬头，并空前高涨。此时，因胡适执掌北京大学，他的不少学生便单独出击，不再靠胡适作自由主义者的"保姆"了。王造时早已加入了"救国会"，已加入"民盟"的罗隆基（任宣传部长）、闻一多、吴晗、李公朴、潘光旦等在昆明创办《民主周刊》。胡适在支持储安平的《观察》和张纯明、吴景超的《世纪评论》之外，曾邀集北平的四十多位大学教授及文化界人士组织"独立时论社"，试图以自由主义言论介入政治。但因时局剧变，难解的政治问题只好求助于武力、战争来解决，他们的群体力量便显得十分微弱。此时，力主自由主义思想的罗隆基、梁实秋、杨人楩、萧公权、孙斯鸣、周鲠生、周绶章、储安平、张纯明、傅斯年、韩德培、楼邦彦、吴恩裕、吴景超、何永佶、康永仁、严仁赓、李时友、崔敬伯、钱实甫、杨西孟、吴世昌、施复亮、杨端六、闻一多、吴晗、朱自清等，都发表关于时政的言论，探讨中国向何处去。很快，这批自由主义者随国共较量的成败又出现了分化，胡适派文人再次成为一种舆论力

---

① 《胡适来往书信选》中册，第375页。

量：胡适、傅斯年、萧公权、梁实秋、蒋廷黻、杭立武、张佛泉、徐道邻、叶公超、何浩若、毛子水、雷震等，反对共产党领导的无产阶级革命，倾向于国民党，随溃败的国民党政府到了台湾，或流亡美国、香港。

50 年代，美国、苏联两大军事集团形成政治—军事对峙，台湾与大陆难免成为这个"楚汉棋局"中的"棋子"，自由主义知识分子无法成为旁观者，试图介入其中一方，展示自由的精灵。胡适作为海外及台湾地区自由主义分子的精神导师和领袖，以《自由中国》为阵地，同风雨飘摇中的台湾当局展开了争民主、要自由、求人权的摩擦，并以当局容忍反对党的存在作为最高价码。群聚《自由中国》的自由主义者傅斯年、雷震、杭立武、毛子水、殷海光、夏道平、宋文明、张佛泉、朱伴耘、徐道邻、罗鸿诏、戴杜衡、傅正、蒋廷黻、徐复观（后来又反对胡适，成了传统文化的卫道士）等，多是胡适的学生、朋友。《自由中国》的文人群体由争取言论自由到联合台湾地方政治势力组织反对党，蒋家父子无法容忍，便釜底抽薪，把雷震等人下狱。于是，《自由中国》垮台，胡适派文人解体。随后，李敖单枪匹马地出现于《文星》，为胡适派文人画上光荣而悲壮的句号（李敖在雷震入狱、殷海光遭迫害、胡适去世后，很快也因自由主义言论触犯当局而被捕——当局因主张"台独"的彭明敏出逃而迁怒于李敖）。李敖自称是胡适的小学生，借重《文星》，以犀利、尖刻、泼辣的文笔力主"西化"，高扬自由主义，一度打破了《自由中国》停刊后的冷寂、沉闷。李敖入狱后，胡适派文人彻底散落。当李敖复出，回首胡适时，胡适已墓地拱木。胡适派自由主义文人的声音因李敖而未息，略呈一枝独秀之势。

没有跟胡适去台湾的罗隆基、王造时、储安平、彭文应、潘大逵、费孝通、吴景超、叶笃义、钱端升、潘光旦、楼邦彦、雷海宗、吴泽霖等，自由主义的思想与感念未泯，在 1957 年又纷纷想展示自由的精灵，结果在"阳谋"之下，成为另类。

五　无地自由：胡适派文人与中国自由主义的命运

1

波普尔认为，"一个自由主义的乌托邦——在一块无传统的白板上合理地设计的一个国家——是不可能的"①。在一个不自由的时代，胡适派文人逆流而上，要维护理性的尊严，争取思想、言论的自由，这可说是一项崇高的志业。可是，他们的悲剧也由此而生：面对一个衰朽的政治，无序的社会和无地自由的时代，他们偏要去做只有在正常有序的政治—社会中才能发挥积极作用的自由主义知识分子。角色的错置，便演出一幕历史的悲剧。这便是格里德所理解的胡适及中国自由主义的命运："自由主义在中国的失败并不是因为自由主义者本身没有抓住为他们提供了的机会，而是因为他们不能创造他们所需要的机会。自由主义之所以失败，是因为中国那时正处在混乱之中，而自由主义所需要的是秩序。自由主义的失败是因为，自由主义所假定应当存在的共同价值标准在中国却不存在，而自由主义又不能提供任何可以产生这类价值准则的手段。它的失败是因为中国人的生活是由武力来塑造的，而自由主义的要求是，人应靠理性来生活。简言之，自由主义之所以会在中国失败，乃因为中国人的生活是淹没在暴力和

① 转引自林毓生：《中国意识的危机》（穆善培译），贵州人民出版社 1988 年版，第435 页。

革命之中的，而自由主义则不能为暴力与革命的重大问题提供什么答案。"①

　　1949 年前后，是中国自由主义历史行进中的一个关键性转折，这个转折意味着自由主义知识分子的政治分化，由此决定了他们的历史命运。当国共内战行将实现"枪杆子里面出政权"时，自由主义知识分子的无力和软弱便显得十分突出。作为观念性人物，他们为社会—政治的变革曾提出种种假设和路径。观念和行动本是相辅相成的存在，当行动性人物得势时，又时常使观念人物陷入困境。对于中国革命来说，1949 年前后的重大变革有着观念性人物最初预设的思想路径的必然演进之导引，并完全超越了他们那最初的预设。

　　胡适派自由主义知识分子的知识背景和思想启动来自英美，他们的社会—政治观念更多的是对英美"自由与秩序"的渐进变革的经验的吸收、借鉴，取温和、自由的改良的路向。他们对国民党统治下的政治秩序是借助、批评和监督。这个借助乃至依附，最鲜明的表现便是前文所引述的胡适与蒋介石、傅斯年与蒋介石的谈话。

　　然而，残酷的社会现实，无法使胡适派文人的政治信念和自由主义思想继续付诸操练。国民党政府自 1927 年以后开始实行"党天下"。在 1945 年抗日战争胜利和第二次世界大战结束以后，它的政治专制主义统治容不下共产党，也限制"三派三党"联合的"民盟"等一大批自由主义知识分子的政治活动，终于迫使共产党采取政治激进主义的路向和以暴抗暴的方式来进行武力较量（当时在《观察》、《世纪评论》上，不少人都寄希望于和平建国，并把这个善意投向非暴力的政治改革。但形势迅速恶化。国民党逞一时之骄气而施展淫威。于是不少有识之士都看到并尖锐地指出国民党政府

————————————

　　① 格里德：《胡适与中国的文艺复兴》，第 368 页。

排斥中共，取消"民盟"公开活动，是把共产党逼向武力对抗的路，且培植了反对势力，迫使"民盟"及一大批自由主义知识分子倒向中国共产党①）。结果是：胡适派文人在温和的政治改良路线上彻底失败。

就自由主义自身的因素看。胡适派自由主义知识分子所占据、活动的"公众空间"（Public Sphere）主要是都市的报刊和大学讲台。而中国的"公民社会"（Civil Society）并没有真正形成。广大的没有现代文化意识和基本知识的农村（农民）及并不成形的近代工业（工人）对他们是冷漠的。因为他们自由主义的"政治神话"并不能给工、农带来"现实的承诺"，无法解决因"三座大山"的压迫而强加给工农的贫穷和饥饿。所以说，他们的"政治神话"和"现实的承诺"都只是作用于知识阶层（但效果并不明显）。而这个层次在中国社会结构中占据的势力是微弱的。在激进的暴力革命面前，这个自由主义知识分子阶层虽然代表一定的社会舆论和道义的力量，并被视为"中间路线"、"第三条路"、"第三势力"（"民主个人主义者"），却无力扭转时局。这一点，当时的自由主义学人如储安平、施复亮、朱自清等都有清醒的自知，毛泽东对这批"民主个

---

① 如储安平在《中国的政局》中指出国民党及蒋介石"两只手所做的却无一不是在培植共产党，替共产党制造有利于共产党的政治形势"。费正清在《美国与中国》一书中也揭示了战后自由主义知识分子同国民党、共产党的疏离、亲和关系。他说，国民党政府所面对的问题日益增多，它的领导日益向右转时，贪污腐败和恐怖政治的纪录也就成比例地急起直追。既然如此，中国知识分子在他们的政治思想上逐渐同国民党疏远是不足为奇的。中国共产党因此便能更易于从学生界中吸收人才，同时也获得教育界、自由职业界的知识分子和低级官吏的广泛的暗中同情。共产党对知识分子所提出的有代表性的号召正是国民党警察和官僚公然违犯的公民自由和社会正义。结果所造成的知识分子"开小差"成为 20 世纪 40 年代一个极为突出的现象。中国自由主义者常常由于他们自己的自由主义原则而被推到反对派的地位，而中国共产党人则急于把他们吸收到他们的事业中去。参见《美国与中国》（孙瑞芹、陈泽宪译），商务印书馆 1966 年版，第 206—207 页。

人主义者"也有明确的认识。可以说，在 1945—1949 年间的国共内战期间，自由主义知识分子被夹在争斗之中，并经受着灵魂的拷问，结果是由他们自己向左或向右倾斜，主动或被动地放弃自由主义的理想和行为准则。

2

抗日战争胜利以后，国共两党又开始了军事较量，军事争斗渐趋激烈。1947 年 12 月，胡适的学生、原新潮社成员、当时的大学教授朱自清对自身的存在危机便有了明确的认识，同时也对未来产生了"危疑"。他在《论不满现状》中说出了此刻内心真实的感受。他认为自由主义知识分子已经由昔日先觉者的辉煌走向困顿、沉默，如今则是被社会抛向行为的公众行列，出现身份的改变。他说：

> 早些年他们还可以暂时躲在象牙塔里。到了现在这年头，象牙塔下已经变成了十字街，而且这塔已经开始在拆卸了。于是乎他们恐怕只有走出来，走到人群里，大家一同苦闷在这活不下去的现状之中。如果这不满人意的现状老不改变，大家恐怕忍不住要联合起来打破它的。重要的是打破之后改变（成）什么样子？这真是空前的危疑震撼的局势，我们得提高惊觉来应付的。①

这个"危疑"不仅存在于朱自清一个人身上，而是具有相当的普遍性。因为一场伟大的社会变革将降临人间，每个自由主义知识分子都必须去正视，不容也不可逃避。张纯明、吴景超主持

---

① 《观察》第 3 卷第 18 期。

的《世纪评论》第一卷第三期的社论《为国家为人民为自己》中，尤其强调知识分子如今"为自己"着想（原来是以启蒙者的身份"为别人"着想）的必然性和必要性，并昭示他们处在左右夹击之中的不满：

> 一般人对于政府固然不满，所以对于国民党本身固然也无特别好感，但他们同时也深觉中共未必比国民党高明。

这种不满主要是自由主义者无可奈何的哀叹。在两者的夹缝下，他们感到无地自由，也无能为力。社论在最后充满疑问地说："难道中国人只会打破头而不知数头吗？"因为西洋人有句名言说："民主政治的特点是数人头，所以可以省却打破头的麻烦。"对这种暴力革命决定未来中国命运的现实，储安平在《中国的政局》中显示了更为明晰的认识。①

这种不满，使他们产生了智慧的痛苦。战争笼罩下的物价飞涨，衣食不足，又给他们增添了肉体上的痛苦。朱自清等人因无法承受这种痛苦而英年早逝。当然，自由主义知识分子的一部分人并没有完全对国民党失去信心，他们还试图寻找自己的出路，并把这绝望中的希望之感维系在国民党政府身上，希望它能作出一两件振奋人心的事来：

> 最奇怪的是，在目前什么人都不能忍受的状况下，居然还有人希望政府振作一下，挽回已失去的人心，挽回接近崩溃的局势。……我们就是这一种人。我们总不忍看见中华民国从此混乱

---

① 《观察》第 2 卷第 2 期。

到玉石俱焚的程度，我们总不愿见领导全国抗战胜利的国民政府就是断送国家命运的执行者。我们总希望国家好，政府好，大家都好。……人民对于政府的信仰快要完全失掉了，"饥者易为食，渴者易为饮"。只要政府能痛痛快快地作出一两件事来，人心马上可以兴奋起来。①

这是自由主义知识分子一厢情愿的虚幻之想。事实上，国民党政府是根本"兴奋"不起来了，连美国的"输血"也被腐败透顶的官僚政客中饱私囊。覆水难收，大势去矣！

面对残酷的现实，也有少数自由主义知识分子把由对时局的关注——批评、劝告、抨击转向对自身的反省和审视。施复亮本是"第三种力量"或称"中间派的政治路线"最为明确、有力的主张者，为此遭到当时"左"倾的朋友的"不停地抨击"。此时，他不得不在自我反省中检讨自由主义的内在局限和无法由观念人物向行动人物转变的现实。在《论自由主义者的道路》中，施复亮明确指出：

> 自由主义者往往过分高估知识或理性的作用，重视"理论是非之争"，轻视"力量强弱之争"。这也许就是自由主义者在政治上屡屡失败的主要原因。原来政治在本质上就是一种"力量强弱之争"，谁有力量，谁在政治上就有发言权。所谓"成则为王，败则为寇"这两句话，的确道破了政治上的秘密。……政治就是这么一回事，自由主义者不是不知道，不过总不大愿意这样作，又不大愿意跟别人去作"力量强弱之争"……

---

① 《作出一两件振奋人心的事来》，《世纪评论》第1卷第9期社论。

同时，施复亮也对自由主义者的自我价值实现和自我存在表明了态度：

> 在中国的具体条件之下，自由主义者也许永远不能掌握政权，甚至不一定能参加政权。"自由主义者的道路"不一定是夺取政权的道路，在中国尤其如此。自由主义者要有"成功不必在我"的气度，只须努力耕耘，不必希望收获一定属于自己。自由主义者应当努力促成自己的政治主张的实现，但不一定要在自己手里实现，自由主义者所应争的是实际的工作，不是表面的功绩。因此，不能以夺取政权或参加政权与否来判定自由主义者的成败。[①]

这里，施复亮实际上已承认自由主义对中国现实的无力介入，承认他们的失败。这是历史的必然。拯救中国，使民族强盛、富余，摆脱帝国主义百年奴役，自立于世界民族强国之林的重任，交付给中国共产党来承担。

3

事实上，自由主义知识分子（"民主个人主义者"）所谓的"第三条路"（"中间路线"）是无路之路。在学理上讲得通，但实际生活中却根本无法成行。在 1949 年，他们不得不面对国共两大政体作出最终的依附性选择。因为这意味着他们主动或被动地放弃自己独立的信念，承认自己的失败。这一点很快得到证实。毛泽东通过评论美国国务院的白皮书和艾奇逊的信件，对自由主义知识分子来了一次思想上

---

① 《观察》第 3 卷第 22 期。

的清算，这是继延安整风以后①，对来自国统区的"民主个人主义者"的自由主义思想的全面清理。毛泽东连续发表了《丢掉幻想，准备斗争》、《别了，司徒雷登》、《为什么要讨论白皮书?》、《"友谊"，还是侵略?》、《唯心历史观的破产》五篇文章。② 毛泽东在《丢掉幻想，准备斗争》中点名批评了胡适、傅斯年、钱穆。这是因为他们三人"不食周粟"，分别去了美国、台湾和香港。留在大陆的大批自由主义知识分子，虽然改食"周粟"，但毛泽东还是在文章中尖锐地指出："有一部分知识分子还要看一看。他们想，国民党是不好的，共产党也不见得好，看一看再说。其中有些人口头上说拥护，骨子里是看。正是这些人，他们对美国存着幻想。……他们的头脑中还残留着许多反动的即反人民的思想，但他们不是国民党反动派，他们是人民中国的中间派，或右派。他们是艾奇逊所说的'民主个人主义'的拥护者。"③ 毛泽东已经把来自国统区的自由主义知识分子视为右派。结果留给了 1957 年。

毛泽东把自由主义知识分子称为旧民主主义者，视他们为"杜鲁门、马歇尔、艾奇逊、司徒雷登们所瞩望的和经常企图争取的所谓'民主个人主义'的拥护者"④，号召共产党人和觉悟了的工人、青年学生"用善意去帮助他们，批评他们的动摇性，教育他们，争取他们到人民大众方面来，不让帝国主义把他们拉过去，叫他们丢掉幻想，准备斗争"⑤。这对于曾是一代启蒙知识分子来说，历史在给他们重

---

① 1942 年文艺界被批判的有王实味、丁玲、罗烽、舒群、艾青等。丁玲、罗烽、舒群、艾青在 1957 年反右派斗争严重扩大化时再次遭到批判。
② 《毛泽东选集》第 4 卷，人民出版社 1991 年版。
③ 同上书，第 1485—1486 页。
④ 同上书，第 1487 页。
⑤ 同上书，第 1488 页。

新确立身份。

在《别了，司徒雷登》中，毛泽东明确地指出人民解放军横渡长江时，"中国的自由主义者或民主个人主义者们也大群地和工农兵学生等人一道喊口号，讲革命"[1]，但同时又要"那些近视的思想糊涂的自由主义或民主个人主义的中国人"[2] 消除糊涂思想，放弃幻想。对自由主义知识分子来说，这意味着放弃自己的思想，在共产党的"说服、争取、教育和团结"下，"站到人民方面来，不上帝国主义的当"[3]。

毛泽东的这一系列文章，给自由主义知识分子定了性质，也决定了他们未来的政治命运。他们在以后的社会主义建设中，在共产党的改造、教育之下，大都放弃了自己的个人主义思想，站到人民方面来，积极地投身到祖国的各项建设中去。

至于 1927—1949 年间国民党政府权力政治的代表和重心、军事强人蒋介石，对自由主义更是深恶痛绝。他从维护民族文化的立场出发，以文化保守主义的态势，认为自由主义是外国的文化，把它和共产主义视为一类，斥为异端。他从反对新文化运动到反对自由主义，完全站在新文化倡扬者的对立面。在 1941 年 7 月发表的《哲学与教育对于青年的关系》一文，是继 1934 年他发起对抗新文化运动的"新生活运动"以后，公开又对新文化运动进行清算：

> 我们试看当时所谓新文化运动，究竟是指什么？就当时一般
> 实际情形来观察，我们实在看不出他具体的内容。是不是提倡白

---

① 《毛泽东选集》第 4 卷，第 1496 页。

② 同上书，第 1495 页。

③ 同上书，第 1496 页。

话文就是新文化运动？是不是零星介绍一些西洋文艺就是新文化运动？是不是推翻礼教否定本国历史就是新文化运动？是不是打破一切纪律、扩张个人自由就是新文化运动？是不是盲目崇拜外国，毫无抉择地介绍和接受外来文化，就是新文化运动？如果是这样，那我们所要的新文化，实在是太幼稚、太便宜，而且是太危险了。①

蒋介石这是自我设靶，把新文化运动推向错误的极致，然后否定新文化运动。两年以后，他在《中国之命运》② 一书中，强化了上述提法，并且口气十分强硬：

> 五四以后，个人本位的自由主义与阶级斗争的共产主义二种思想，突然输入于我学术界之中，流行全国。然而一般学术界对于中国的文化，大抵只是求其变而不知其常的。他们对于西洋各种的学说，大抵是只仿其形迹，而不求其精义，以裨益中国的国计民生的。致使一般文人学子，对于西洋文化，袭取了糟粕和皮；对于中国文化丧失了自尊与自信。其流风之所致，一般人以为西洋的一切都是好的，而中国的一切都是不好的。……但是他们的思想和主张，在客观上是与我民族的心理和性情，根本不能相应的，而在主观上更没有什么根基，不过是人云亦云……至于所谓的自由主义与共产主义之争，则不外英美思想与苏俄思想的抄袭和附会。这样抄袭附会而成的学说和政论，不仅不切于中国

---

① 转引自周策纵：《五四运动：现代中国的思想革命》（周子平、彭吉兴、金来顺、付维军、万亭译），江苏人民出版社 1996 年版，第 474 页。
② 这本书由曾是胡适派文人的陶希圣代笔。他后来投入蒋介石的幕府，为蒋介石捉刀剿杀自由主义文人。

的国计民生，违反了中国固有的文化精神，而且根本上忘记了他是一个中国人，失去了要为中国而学亦为中国而用的立场。其结果他们的效用，不过使中国的文化陷溺于支离破碎的风气。[1]

蒋介石的这番话是在抗战期间的 1943 年说的。1945—1949 年间，蒋介石在内战中也没有放松对自由主义知识分子的迫害，著名民主人士李公朴、闻一多就倒在国民党特务的枪口下。1949 年以后，跟随蒋介石政府到台湾的胡适（先到美国，后返台）、雷震、殷海光、柏杨、李敖等自由主义分子，无不受到蒋家父子比在大陆更加严厉的制裁和政治迫害。

现代自由主义知识分子 20 世纪 50、60 年代的命运，在中国是地分南北而难显轩轾的，曾经是近于神话的理想之梦，被一个个近乎悲壮的故事所取代。

两代自由主义知识分子对自由的守望，不是神话，是可触及的历史。回眸胡适派自由主义文人，不是在为他们谱写挽歌，也不是重新批判，是在追溯这段历史的原生形态，展示中国知识分子道路的艰辛和坎坷，以期为我们明天更好地生活而祝福。

---

[1] 蒋介石：《中国之命运》，美国三藩市少年中国晨报 1945 年版，第 57—58 页。

第二章　新人文精神的确立与胡适派
文人的形成
——时代氛围和内在理路

一　留学生：开放与群聚

1

从新文化运动到五四运动，中国崛起新一代知识分子，由此产生了特有的新的人文精神：入世的社会使命感。这种使命感的具体表现便是高调地呼唤自由、民主、科学、秩序，并灌注强烈的批判意识，进而试图去圆改造国民、强盛国体的再造文明之梦。

1915 至 1923 年，中国自由主义知识分子展示了最初的辉煌。他们上承严复、康有为、梁启超等老一代"过渡"型知识分子，接受新知，走出传统，演示出激烈的全面反传统的态势，并由此营造现代新文化。

胡适派文人的开放性和流动性，决定了他们发生、发展过程中的相对模糊性和发散性。如果要确认他们最初的雏形，可以追溯到1914 年 6 月成立于美国绮色佳城留学生中的"中国科学社"，成员包括胡适、赵元任、杨杏佛（杨铨）、周仁、胡明复（胡达）、秉志、章元善、过探先、金邦正、任叔永（鸿隽）等。不过真正意义上的文人群体的形成、确立，则是在新文化运动—五四运动的高潮之中。

新文化运动—五四运动的原动力及大本营可谓"一刊一校（《新青年》与北京大学）"。因此，审视北京大学及《新青年》（同时也观照一下影响所及的清华学校学生的最初觉醒及活动），感受特定的时代氛围，对认识胡适派文人会有明确的文化背景上的帮助。

沃斯诺尔在分析彼得·伯格的文化现象学时指出，制度秩序受到破坏，即某些意义和价值（相关结构）为某些群体所占有，但不为别的群体所占有，这种多元的情景，也是可以想象的。一旦有结构的活动、思想或信念丧失主观的可信性，一旦个人允许思考开放的可能行动范围，制度逆转或非制度化的过程也就可能实现了。20世纪初的二十多年间，中国文化的中心在北京，北京大学又作为走出传统的自由主义文化精英的群聚之地，主导发起了新文化运动—五四运动。因此，北京大学成为现代自由主义的策源地。自由主义的基质在这时主要是文化上的自由主义。汪晖审视"赛先生"在中国的命运时，指出与前文所引的邹谠相似的看法。即清廷倒台之后，中国现实生活中出现了在传统社会中从未出现过的一个"知识分子集团"，这是中国文化从传统走向现代的一个重要中介："他们通常聚集在当时的大学体制（大学可被视为准科学共同体）中。由于科举制的废除，这批知识分子失去了进入中国政治体制的途径，而他们与西方文化的接触使之成为一个介于两种文化之间的特殊角色：他们在一个正在改变的社会中寻求一个与他们的兴趣一致的知识结构，并以此为依据进行其思想的和智力的活动。"[①] 对此，尽管有学者曾指出，"作为运动引导力量的新知识分子集团，由于尚处于

---

① 汪晖：《无地彷徨——五四及其回声》，浙江文艺出版社1994年版，第89页。

'前党派时期'，本身取一种结社与联盟态度，很难从政治角度严格定义"①，但我认为，在政治的定义之外，还可以追寻到一些历史的和文化的意义。

尽管胡适在一系列文章中指出自由主义的传统自先秦便播下了种子，历代的谏官、史官都不乏自由的意识和言行，但是作为一种文化思潮的高涌和有意识的思想驱动，并对政治、社会产生重大的影响，则是近代以来，尤其是在新文化运动—五四运动时期达到鼎盛。可以说，近、现代中国自由主义知识分子的文化精神是一种外来的文化刺激和绝对给予，很少传统的继承。清末出国留学有两大流向：日本与欧美。留学日本的大批留学生，对孙中山及国民党的革命运动起到巨大的助动作用，从而成为一支强有力的革命力量，以后在国民党政府中也占据有十分重要的地位——在国民党政府 1927 年实行专制、独裁，"党天下"以后分享"革命"成功所带来的利益。留学欧美（英、法、德、美）的大批知识分子在孙中山的后继政体的金融、外交、文化、教育领域发挥了较大的作用。而自由主义意识较强的知识分子，则只能立足于思想文化变革的"造因"，或在政治的边缘，行使监督、批评的权利（有时连这点权利也没有）。

北京大学的自由主义知识分子群体形成于民国初始至五四前夕，主要成员是留学日、美、德、英、法归来的学人，如今意欲在文化思想建设上有所作为（这些文化上的自由主义分子，当然呈现出不同的派系属性）。

在新文化运动—五四运动这个文化转型时期，中国文化结构中呈三派互动的多元发展趋势：激进派、自由派、保守派。胡适派文人也正是处在这个互动的变异中，以自己的张力向社会发散文化功能。三

---

① 赵一凡：《海外祭五四》，《读书》1989 年第 5 期。

派相竞，都是在寻找自己的归宿，都是在危机之中寻找对西方文化挑战的回应。中国文人一向有家法之尊、师承之恃、门派社团之分。这种风气，在北京大学初创时期及五四前夕仍旧表现得十分明显，在五四高潮时又因学生社团的组合、分化而影响社会，形成多家竞相争鸣的局面。

2

对 20 世纪中国思想文化界产生过重大影响的知识分子，多是归国的留学生（像梁漱溟、熊十力、钱穆等未出国的学者只是少数，且集中在传统的国学研究领域，这三人都呈文化保守主义倾向）。在中学与西学、传统与现代之间，他们是一个相当重要的文化中介。这是开放和向西方学习所带来的必然结果。早期（1911 年前）的留日学生，因为同反清的革命运动相关，多同政治发生较为密切的联系。而早期（1911 年前）留学英、美的中国学生，人数不多，同中国革命的关系相对疏远和淡薄（像顾维钧这样较早参政者只是少数）。

在美国的中国留学生中，先后有过"大卫与约拿单"弟兄会（简称"D and J"）、"十字架与宝剑"弟兄会（简称"C and S"）、"FLip Flap"弟兄会（简称"F. F"）等。这种以"弟兄"之情结谊的学生组织，在当时具有联系乡情、民族情，相互帮助，排遣异国他乡寂寞的功用。当他们返回祖国后，无形中又有近乎同学会性质的特殊维系，相互提携、关照。当时在美国，"D and J"与"C and S"一度还合并为"成志会"（简称"C. C. H"）。这些组织都不是政治性的，也没有成文的纲领，只是以爱国标榜，求日后回归故里能"实业救国"、"教育救国"，同时以"弟兄"之情守望相助。这些留学生归国后，除少数参政外，多数在文化教育界或实业界工作。① 在这些留学生中，日后出了几个有名的校长，如清华学校校长周诒春、南开大学校长张伯苓、东南大学校长郭秉文、燕京大学校长陆志韦、晓庄师范学校校长陶行知等。出了金融专家陈光甫、同蒋介石联姻的宋子文、孔祥熙等。出了外交家顾维钧、王正廷、蒋廷黻等。这些人大都同北京大学没有什么关系。但在随胡适派文人活动于中国思想文化界，又影响政治时势时，他们便同胡适产生了相应的亲和性，显示出自由主义的必要张力，成为文化自由主义的生存的主要土壤和发散社会效应的一个外在辅助势力（像蒋廷黻则是胡适派文人的重要成员）。

二　集团与群分：北京大学的文人脉络

1

北京大学本是清末维新运动的产物，由京师大学堂到 1917 年新文化运动高涨时的北京大学，中间经历了由胡仁源、蔡元培主持的两次改革。

20 世纪初第二个十年，中国历史上经历了清廷覆灭、民国创立、

---

① "D and J" 会员：周诒春、王宠惠、王正廷、贝松荪、陈光甫、聂云台、余日章、颜福庆、胡诒毂、谢元甫、王景春、刁敏谦、董显光、孔祥熙、孙多钰、韩竹萍、王正黻、郭秉文、朱友渔、阎宝航、张伯苓、陶行知、黄炎培、刘鸿生等。

"C and S" 会员：何廉、蒋廷黻、朱继圣、凌其峻、沈克非、廖世承、陆志韦、刘廷希、徐淑芳、萧蘧、洪煨莲、胡经甫、周学章、晏阳初、刘湛恩、孟宪承、孟治、冀朝鼎、茅以升、张子高、余羽卿、陈序经、方显廷、张纯明、黄子坚、刘崇铉、刘崇乐、李道南、王志莘、孙瑞璜、陈鸣一、戴子骞、刘树镛等。

"F. F" 会员：宋子文、顾维钧等。

袁世凯复辟、新文化运动、五四运动，以及域外的第一次世界大战的影响。其中新文化运动、五四运动都同北京大学有关。在这个世纪的近百年间，北京大学作为中国思想界变革的潮头，曾经是新文化运动、五四运动、"一二·九"运动直至"文革"群众运动的前驱力量。尤其是在新文化运动—五四运动时期，北京大学是全国文人精英的群聚之地，也是当时中国思想的策源地。从文化上的自由主义到政治上的自由主义，一直是北大的时代精神导向。

在1916年底蔡元培入主北大之前，北大文科基本上是先由桐城派后学（由于张百熙主持京师大学堂时，聘请桐城派传人吴汝纶为总教习，桐城派后人入学堂讲学从此开始）吴汝纶、张筱浦、严复、林纾、马其昶、姚永概、姚永朴等把持，以桐城古文独尊。继而以浙江派取代而新生——留学欧美的胡仁源代理校长后，重用夏元瑮（浮筠，留学日本）、夏锡琪分别主长理、文两科。胡仁源是浙江湖州人，因此把文科师资的重心转向多是留学日本的浙江籍（少数不是浙人）章太炎的同学（俞樾门生）或弟子：陈介石、崔适、黄侃、刘师培、沈士远、沈尹默、沈兼士、马裕藻、马叙伦、朱希祖、钱玄同、章士钊、黄节、刘三、贺之才、叶翰、朱宗莱等。

浙江派取代桐城派文人，相应地在北大呈现出新旧的分野。浙江派文人，多是反清民族革命的革命分子或倾向革命的有识之士，是从反清政治运动中分化出来的文化建设者，甚至都具有强烈的民族主义色彩，以至在日后新文化运动的冲击下，除沈尹默、钱玄同等少数人步入文化激进之列外，多数人坚守文化民族主义的道统，成了文化保守主义者。

2

1917—1923年间，在原浙江派文人的基础上，北大文科师资队伍脉络分明，派系也昭彰：

（1）蔡元培、吴稚晖、李石曾等留学德、法（在法曾结为"华法教育会"，这是当年在上海的"社会改良会"的继续）；

（2）黄侃、刘师培、朱希祖、钱玄同、周作人等留学日本的章太炎弟子；

（3）胡适、任鸿隽、王星拱等留学美国（在美曾结为"中国科学社"）；

（4）章士钊、李大钊、陈独秀、高一涵、程演生、刘文典等留学日本的"甲寅"——早期"新青年"（"青年杂志"）派。

同时，理科还群聚了一批立身科学，关注时政的留学欧美的李书华、翁文灏、丁文江、李四光等；政法科先后还招揽了一批政治兴趣较浓的学人，如陶孟和、周鲠生、陈启修、王宠惠、马寅初、张耀曾、王世杰、陶希圣、顾孟余（兆熊）等。

这其中的大部分人，都是清末民初的革命志士，极少纯粹的文人名士。如蔡元培、吴稚晖、黄侃、任鸿隽、刘师培、章士钊、李大钊、陈独秀等，他们都是因革命的热情失落而赴海外求学，或者脚踩革命、学术的两条船，如今，试图以思想文化为路径来解决中国的现实社会问题。当然，其中也有革命派的叛徒刘师培，因为同蔡元培曾共同从事反清义事而被蔡元培兼收至北大（蔡元培的宽容，在这一点上尤为明显）。文化保守主义的怪杰，前清文化的小"遗民"和精神贵族（这里指"文化"上的）辜鸿铭也被蔡元培并包进来。就连1922年入北大讲授哲学、佛学的熊十力，也是在狂热的革命激情退却以后，深感"革政不如革心"，慨然弃政，转向哲学。

1917年北京大学新生以前，有一批介于新旧间的过渡式人物从中起承转合，这便是从民族革命转向学术研究的"国粹派"中人。

他们为旧北大向新北大过渡作了相应的准备。这批人是文化上的民族主义者，经政治的宦海之波，在革命成功后便隐匿于学院从事国学研究，固守文化之本。而原来的国学研究只是政治上的曲径取向，借弘扬汉民族文化而反清。1902 年 4 月，蔡元培、蒋智由、黄宗仰、林獬在上海发起成立了中国教育会，"表面为办理教育，暗中鼓吹革命"。它同属下的爱国学社、《苏报》三位一体。据郑师渠考察，"在中国教育会的成员中，就包括了章太炎、林獬、刘师培、柳亚子、陈去病、马君武、朱少屏等后来组成国粹派的大部分中坚分子"。1902 年 12 月，同盟会成员（也是南社成员）黄节与邓实在上海创办《政艺通报》，取径学术。1905 年初，邓实、黄节等又在上海成立国学保存会，以"研究国学，保存国粹"为目的，并于 2 月 23 日正式出版发行会刊《国粹学报》。在"保种、爱国、存学"的招牌下，集政治与学术为一体的"国粹派"正式崛起。原国粹派中人，黄节、刘师培、马叙伦、黄侃等都进入北京大学，在 1919 年又都成了新组合的具有文化保守倾向的"国故社"的中坚力量。

可以说，1917 年以后北大的新生，是由从国外回来的一批新式留学生带进的西方现代文化精神而始的，北大的新生又同新文化运动的勃兴相生相伴。尽管他们门派所属、社团聚合的脉络不一（"国粹派"、"革命派"、"甲寅派"、"科学社"等），但文化思想上有一个共向倾向，即新人辈出。相对于吴汝纶、严复、林纾、辜鸿铭、孙诒让等前辈，他们是这个世纪的文化新人，由此呈现现代与传统的相对文化分界，并由他们主导这个世纪 20 年代的文化变革的新潮。

三　文人的自觉、独立：新文化运动、五四运动的兴衰、转折

1

新文化运动、新文学运动、五四运动本是不同的所指，但它们有内在的血脉相连关系和必要的发展路径。前者的重心在于"文化批判"和"文化重建"，具有反传统、反权威、反封建的文化启蒙的精神导向，是一场文化上的自由主义运动。后者是一场政治运动，显现救亡的激情，重在反对帝国主义侵略，强烈地表现出救亡图存的爱国主义精神导向。新文学运动则是文化变革、思想革命的一部分，是发展，是结果，也是深入的文化见证，并反过来促进文化革命的深入、普及。同时，新文学革命带来的大众文化传媒的进步（语言文字的变革，白话文学运动）及舆论的"公众空间"的开阔，又使文化革命向政治运动作相应的顺转，成为一种文化中介。

文化运动通常是上一个政治运动的结束性反省，又是下一次政治运动的理性开启。新文化运动也是如此。如从 1915 年的新文化运动开始，到 1919 年 5 月 4 日向政治运动的转折，两者有内在理路上的相互贯通。回眸百年文澜，类似的现象当然也是不难看到的。

开始于 1915 年的新文化运动，上承辛亥革命前的维新变法及袁世凯复辟的政治曲折斗争，是知识分子对政治不满而欲有所作为的表现。从精神导向上看，它既是对西方现代文明挑战的回应，又是对内部复辟、倒退的反省、批判。这场文化运动的新值和新质，实际上表现出的是对现实逆境的反弹，因而呈现偏至的激进和整体震撼的

走势。

新文化运动的参与者，多数经历了清末民初的民族革命，甚至同崛起的国民党有着党派关联。从政治革命转向文化思想革命的路径，是他们这一大批自由主义或无政府主义知识分子的集体意识，并成为共同的价值取向及文化运作的意图伦理。因此，可以说他们的行为有一种群体性——尽管思想上异质，却能在新文化运动中同构，呈多元的混合，表现出彼此的宽容和相应的心理空间上的自由、开放。作为这个新世纪的文化先驱——文化承受主体、反叛主体、创造主体，他们的社会角色是那个时代文化大舞台的主角，占尽了风流。这个角色是一个集体的文化承诺，一个多元聚合的文化主体。因此，在他们面前，不是某一个人或某一群人的心理驱使和奋斗所能达成的。启蒙的理性使他们认识到，只有以一种民众协同、社会动员的方式，走出政治运动的虚浮、强权、功利，进而开掘脚下的文化岩层（重在扬弃传统的惰性），化解文化心理上的情结（文化守成的千年死结），才能取得社会、历史、文化提供给他们达到满足的途径。

就这个开放的自由主义文人群体来看，他们文化思想建设的门径颇不相同，思想的异质在这个特殊的环境中却能够相互兼容，同构共处。同时，任何意义上的文化革命，在行进的过程中必然会遭到来自各方面的阻力，而必要的对立、冲突反倒会使文化革命派的感情与理性呈现更大的张力（在一时还没有阻力时，钱玄同、刘半农以唱双簧戏的办法，有意制造阻力）。

在具有浓重民族主义色彩的政治革命中，文人之间基于民族情感有可能取得政治上的共识，文化思想上的矛盾和分歧也往往会由暂时的政治斗争需要而掩映、搁置。一旦政治问题解决或政治运动结束，文化观念上的矛盾和分歧往往会立刻凸现。20世纪中叶中国知识分子面临的大难题之一是救亡同启蒙的矛盾，且因民族主义的浮化、突兀，这个矛盾性的难题时常超越中学与西学、传统与现代的两大文化难题，折腾着一代又一代的自由主义知识分子，使他们不少人出现人格的分裂，或今日之我同昨日之我的疏离。同时，也造成知识分子间的分分合合，或互相攻讦、诋毁、残杀。这是一个多灾多难（1840—1949 年百年间）的民族的不幸。自由主义知识分子的不幸又是这场重大历史悲剧的一幕。

绕过政治的分野（晚清革命派或倾向革命者同文化遗老的政治对立）看北大文人群体的文化态度，当时最明显的是文化激进主义与文化保守主义之间的对立（从现代化意义上看，这是文化上的世界主义与文化上的民族主义的一对矛盾）。一方如辜鸿铭、林纾、陈汉章、章士钊、崔适、黄侃、刘师培、梁漱溟、黄节、林损等；一方如陈独秀、吴稚晖、钱玄同、刘半农、胡适、周作人、李大钊、张申府等。他们虽然在文化思想上对立，但个人私谊有的还相当亲睦。如章士钊、李大钊本是《甲寅》一派，李大钊出任北大图书馆主任，还是由章士钊举荐接替自己的。梁漱溟、张申府本是顺天中学的同学、好友，一个保守①，一个激进。梁漱溟并无学历而入北大讲授印度哲学、佛学；张申府由北大数学系毕业（1917 年）留校任教，并加入《新青年》阵营。张申府介绍、研究罗素思想，与李大钊、陈独秀共同创办《每周评论》，随后又成为北京共产主义小组的发起人。陈汉章、崔适是章太炎的同学，黄侃、朱希祖、刘师培与周作人、钱玄同、鲁迅又同出章太炎师门，同门弟子处在

① 美籍学者艾恺认为梁漱溟的文化保守主义是世界范围的保守主义在中国的一个具体反应。参见艾恺：《最后的儒家——梁漱溟与中国现代化的两难》（王宗昱、冀建中译），江苏人民出版社 1993 年版；艾恺：《世界范围内的反现代化思潮——论文化守成主义》，贵州人民出版社 1991 年版。

同一个文化变革的时代和环境中，却有着相互对立的思想观念和文化态度。

2

事实上，政治有时又是绕不过去的。北大新知阶层——新文化阵营的联合、同构只是暂时的联盟，因为他们的思想态度毕竟存在着很大的差异。知识分子的这种因政治斗争（革命）结束而转向变革文化思想的路径，最终又遭受五四激进的政治运动的冲击，文化激进派又一分为二，形成政治激进派和政治改良派——陈独秀、李大钊、张申府等与胡适、周作人、沈尹默、高一涵等人的政治分野。文化激进派的分化，作为政治革命的新起点自然也就成了新文化运动的终结。

新文化运动中的激进思潮，虽然只是自由主义知识分子的文化精神取向，但思想观念作用于实际行动时，往往会有相当大的激活力。陈独秀、胡适、李大钊、鲁迅、周作人等人的文化激进思想，首先作用于他们的学生（"新青年"），使他们从课堂走向广场——上街、下乡、进工厂，继之散布影响到整个社会。新文化运动的中坚分子（北大教师）在五四运动中并没有走上街头，上街的是他们的学生。学生背后是相对理性的老师。但五四大游行一个月以后，陈独秀在书斋、讲台上呆不住了，于是直接走上街头去散发传单。这一点，可见新文化运动与五四政治运动的现实顺转性。同时也进一步说明，新文化运动的核心人物在文化思想革命这一点上，是相互效应下的观念上的存异求同，思想上的异质合成。

若进一步发展下去，有政治革命的机会，必定要走向文化精神上的分裂。这种分裂最明显的是 1918 年底，陈独秀、李大钊、张申府在《新青年》之外又创办专门谈时政的《每周评论》（1918 年 12 月 22 日—1919 年 8 月 30 日，共出版三十七期）。当 1919 年 6 月陈独秀被捕后，胡适接办《每周评论》，又挑起了新文化阵营内部的"问题与主义"之争（文化激进派分裂的标志：胡适派温和的政治改良与陈独秀、李大钊派激进的政治革命），使分裂公开化。从胡适与陈独秀、李大钊、张申府对待《每周评论》的不同态度，足见双方政治兴趣的差异。

随着五四以后新文化阵营（以《新青年》为阵营的北大文人群体）思想的裂变，《新青年》1920年也分裂为自由派与共产派，于是陈独秀干脆把刊物迁回上海，使它成了共产党的核心机关刊物。与之伴行的是1919年7月1日在北京成立了"少年中国学会"，创办《少年中国》。由于李大钊牵头，北京大学许多学生参加了该会。《新青年》内部分化后，"少年中国学会"也相应地分化为共产派（李大钊、张申府、邓中夏、黄日葵、高君宇、刘仁静等）和国家派（李璜、曾琦、王光祈、左舜生等）。

这里需要指出的是，胡适和李大钊虽然在政治精神上分裂，但在知识分子基本的民主、自由的价值取向上还有诸多一致的地方，且在1923年以前还有过多次合作的意向和尝试。这种合作的意向和尝试，又超越了单纯的政治激进（革命）与温和（改良）的裂隙，成为有良知的知识分子在社会责任感上的心灵之约。例如1920年8月1日，胡适与李大钊等七位教授联合发表《争自由的宣言》，1922年5月14日胡适与李大钊等十六人领衔签名的《我们的政治主张》。

3

就新文化运动中这个革命群体的内在基质看，他们全面吸收了西方现代文化（完全超越了清末"洋务运动"及"中体西用"派只重西方器物，而鄙视西方精神文明的局限)①，以此作为参照系批判性地否定中国传统文化的劣根性和惰性。他们一方面继承、发扬梁启超"新民"说，唤起、造就了一代"新青年"——这批"新青年"在几年后的五月四日便走上街头，当然更参与了随后的政治斗争，同时也实践性地体认了康有为在"维新变法"时提出的"全变"、"速变"的观念；另一方面，强化了谭嗣同"冲决罗网"的反叛精神，还认同尼采的"重估一切价值"的否定、批判态度，打"孔家店"，宣判封建社会"吃人"，轰毁传统文化的价值体系，进而造成一个时代的文化断裂和精神、信仰的真空状态——新思潮（种种主义）也就乘虚而入。其中，社会主义压倒众数，主宰了以后半个世纪大多数中国人的命运。这正如一位学者所言："在信仰问题上，社会从来不会留下空白。所谓信仰危机在实质上是主体信仰受到挑战。中国的实际情况是，一旦允许对信仰和权威发起怀疑，外来的思想和理论就会迅速地涌入以填补真空。"②

从《青年杂志》创刊伊始，新文化运动的核心领袖们便把唤醒人、改造人的启蒙工作当作自己的神圣职责，尤其是把树起"新青年"作为自己的目的，进而达成现代新文化的创造。

陈独秀、胡适、鲁迅、李大钊、蔡元培、周作人、吴虞、吴稚晖等都把文化思想革命的重心落在"人"——"新青年"身上。曾为袁世凯鼓吹称帝的著名记者、政论家黄远庸在忏悔自己的过失时，明确主张中国的前途不在政治革命，而在改造人：

---

① 胡适派文人中，丁文江、唐钺、任叔永、丁西林、翁文灏、胡明复等都是知名的自然科学家，思想上取向于自由主义。他们从事自然科学，从器到技，进而入道、论道，介入政治。

② 洛伊宁格尔：《第三只眼看中国》（王山译），山西人民出版社 1994 年版，第 217页。此书实际上是王山假托德国人所著的。

　　今日无论何等方面，自以改革为第一要义，夫欲改革国家，必须改造社会，欲改造社会，必须改造个人……提倡个人修养，提倡独立自尊，提倡神圣职业，提倡人格主义。[①]

　　这是 20 世纪中国启蒙运动的先声。"改造个人"即需要非政治运动的文化革命运动，因为这个社会已成为"国人之公毒"，腐蚀着人的个性和灵魂：

　　　　又以中国之社会制度言之，无复个性之存在，大抵人之一身，为其祖父之奴隶（奴隶与孝义不同），为其家族之奴隶，为其亲党之奴隶，为其同乡之奴隶。其柔懦者，则拘挛束缚，安于乡愿。其桀黠者，则恣睢暴戾，牺牲一切，并其人生应尽义务而不尽。张公百忍，千古传为美谈。忍！忍！忍！一切皆忍，是可名为忍的笼统主义。故由家而国，乃以相忍为国也。[②]

　　黄远庸的这些言论，被陈独秀、胡适、鲁迅在《青年杂志》—《新青年》上尽情发挥，更具有针对性和批判性。

　　黄远庸还基于改造人的思想观念，写了一系列呼唤文学改革的论文，明确主张文学的最终变革应从思想革命入手，并尽可能创造性地产生"一种近世之体"，使新思想、新文体有机地结合起来。因此，胡适在《五十年来中国之文学》中认为黄远庸是在新文学运动开启之前就已觉醒的旧派文人，称他的《致〈甲寅〉杂志记者》一文为"中国文学革命的预言"。

---

① 黄远庸：《远生遗著》卷 1，商务印书馆 1920 年版，第 134 页。
② 同上书，第 151 页。

由此可见，新文化运动、新文学运动不同于以往的维新改良、变法革命和随之而来的五四政治运动，它的重心及精神实质是对国民的启蒙。随后，救亡运动的空前高涨，使这场文化思想启蒙运动也就成为"未竟之作"。启蒙运动的夭折是救亡的政治运动的必然结果，因为现实的关系民族生存的大事推到了广大自由主义知识分子的面前。面临民族危机，他们大部分人作出了新的选择。这是一种民族责任感的强化，并成为不可抗拒的时尚。胡适晚年在自传中曾说五四运动对整个新文化运动是一项历史性的政治干扰，把一个思想文化运动转变成为政治运动。所以，新文化运动的一些参与者，如张申府在脱离政治以后，于 1936—1937 年又和陈伯达、艾思奇一起呼唤过"新启蒙"。只是这个"新启蒙"的声音因抗日救亡而再度中断。直到 20 世纪 80 年代末这个"新启蒙"的呼声又在中国思想文化界响起，但很快又在非文化的特殊状态下歇息。

至此可以明显地见出中国启蒙运动的艰辛历程，同时也可显示以启蒙为己任的自由主义知识分子的生存困境。

还需要指出的是，20 世纪中国自由主义知识分子文人（尤其是新文化运动中的北大文人群体，及随之形成的胡适派文人群体）与历史上的文人集团有很大的不同，他们在人格上有了相应的独立。同时，启蒙的历史使命也是自觉的意图驱动，文人的自觉和相对独立，成了他们言论自由的基础，也成为他们身份符号所指示的象征物。他们之所以能够传达出属于自己的声音，一个重要的因素则是他们借助现代大众传媒的报刊、出版物等舆论的"公众空间"。事实上，自新文化运动始，自由主义文人群体便围绕着一个相应的刊物，形成传达自己声音的阵地。这在政治边缘活动的胡适派文人的经历中尤为明显：《新青年》、《新潮》、《努力》、《新月》、《独立评论》、《观察》、《世纪评论》、《独立时论》、《自由中国》、《文星》。

胡适派自由主义文人同历史上的文人集团还有一点不同，即从整体上来说他们不是某一政治集团的附庸，也不是某一权贵、政客门下的食客，更不是当局设置的装饰品。他们借助自己的学识立身学界，或以笔耕度生，有生活的独立性（"讲学复议政"）。因此，这种自由便具备了人格上的自主性。

四　走向现代化的精神变革：人的自新与社会批判

1

民国初年孙中山的政治体制的新创与新文化运动的全面展开，是中国告别传统走向现代的开始，也是中国现代化的真正起步。新文化运动中的知识界精英，在告别传统和"社会动员"这一人文精神取向上，特别钟情于尼采和易卜生，尤其是认同尼采的偶像破坏、价值重估和易卜生的个性主义的张扬，同时又超越尼采、易卜生，一方面揭示"独异个人"、"超人"同"庸众"、"伪士"的对立，另一方面又试图化解这种矛盾，由个体借助群体，走向大众启蒙，以期全面地获得"社会动员"。

新文化运动造就了胡适、陈独秀、鲁迅等一代启蒙思想家，他们本身的文化存在意义就是这一运动的辩护词。胡适、陈独秀、鲁迅都从尼采那里找到了出击传统文化的有力武器。尼采认为"伟人必然是怀疑论者（这意思不是说他一定会如此），前提是：这样做会成就伟业，即愿意完成一种伟业和想找到为此的手段"①。这个

① 尼采：《权力意志——重估一切价值的尝试》（张念东、凌素心译），商务印书馆1991年版，第254页。

"怀疑"是建立在个人的"精神自由"之上和社会的逆境的刺激、压力之下的。

在美国，以费正清为代表的学人，受汤因比文明论的影响，把近、现代中国历史研究放置在"挑战—回应"的模式上。日本学者竹内好、伊藤虎丸等把鲁迅等文化典范的思想演示放置在"冲击—回心"的模式上。① 事实上，陈独秀、胡适、鲁迅都有十分明确的"回心"倾向，即对历史、文化的反省、自审。因"抵抗"失败而反省自己的短处，而不是一味地责骂、排斥西方文化。如陈独秀的"偶像破坏"，胡适的"民族反省"，鲁迅的"国民性批判"，都是这一倾向的具体表现。相对于近、现代思想史的基本主题线索——"反帝"（救亡）、"反封建"（启蒙），他们都侧重于后者，甚至都倾心于尼采。胡适、陈独秀、鲁迅等置身新文化运动中，他们在西方现代文明的挑战、刺激下，由于对民族文化传统的"怀疑"，欲作告别的挥手而认同尼采的"重估一切价值"。这种具有理性的现实主义的自由意志，使他们一方面施展摆脱外部社会的自由，另一方面试图以全面反传统而显示自己摆脱过去的自由。他们在对传统的"批判"、"重估"、"整理"中，在自由主义的精神氛围下，尝试确立新的文化典范（出现了愈爱国则愈破坏的价值取向同文化保守主义的愈爱国则愈保守的取向的对立）。

尼采把传统的"道德"观看成是"消耗"个人身心与自我意识的最大恶习，"因为它有权始终如此"。他并且认为"人是一种平庸的利己主义者：人是最聪明的，他把自己的习惯看得比自己的长处更重要"②。在胡适看来，传统的伦理、道德对中国人是灵魂的腐蚀，神

---

①　参见伊藤虎丸：《鲁迅、创造社与日本文学》，北京大学出版社 1995 年版。

②　尼采：《权力意志——重估一切价值的尝试》，第 556 页。

经的麻痹。个人与世俗之间，存在着由人为的迷信导致的无数压制个性的"公论"——"多数人"（"伪士"、"庸众"）对"少数人"（"独异个人"）的压制。因此，他和陈独秀、鲁迅、李大钊、周作人、吴稚晖、钱玄同、刘半农、吴虞、傅斯年、顾颉刚等都把革命的对象瞄准了传统文化的那张无形的网络——儒教的伦理、道德。他们以近乎机械的果断，把（在他们看来）是传统文化中的负面因子用清晰、准确、简明的意象（"吃人"、"阿Q精神"、"差不多先生"……）展示出来，最大限度地为"国民"创造出一个现实性的真实——尼采式的解说："从情感方面来说——它是最能激发情感的'东西'（自我）；——从思维角度来说——它是赋予思维以最大的力感的东西；——从触觉、视觉、听觉来说——在这方面会引起最强烈的反抗。"[①] 这种"力感"和"反抗"是十分公开化的（文化激进派认为传统文化中的许多东西没有价值，不彻底摧毁就会亡族亡种；文化保守派正好相反，认为许多东西有价值，值得全力保护。两者价值取向不同，但爱国的目的相同——这种"爱国"实际上是民族主义精神的强化。他们爱的，不是政体意义上的"国家"，而是民族意义上的"国家"，就是英文中的 state 和 nation 之别）。

由于重估一切价值的理性是建立在怀疑之上，以摆脱社会和摆脱过去作为自己的自由意志导向的，他们的思想和言论就具有片面的深刻，有让当时人——文化保守派的不满和反攻，有让后人的修正和重新整合，甚至有让这个世纪的"新儒家"不绝如缕的感伤和痛心疾首的收拾、修补、重整。

然而，除了陈独秀具有尼采式超人的意志和破坏能力外，胡适、鲁迅、李大钊、吴虞、钱玄同人等都不是尼采——没有尼采的个性极

---

① 尼采：《权力意志——重估一切价值的尝试》，第 258 页。

度膨胀和文化观偏至，同时又相对清醒地认识到"娜拉走后怎样"的现实问题。

在"上帝死了"以后，必然是一场自发的运动——新的、未来的、更强大的。"皇帝没了"，胡适、鲁迅、钱玄同、李大钊等人倡扬的新文化运动却因他们"自身还没有达到自觉"而显示出历史的惰性和惯性，以及文化发展的绵延性（甚至是心理上的阴影）。

这是他们一代自由主义知识分子作为历史"中间物"的时代属性，即他们还无法达到摆脱自己性格及心理积淀的自由，从而显示出他们内在理路和心态上的复杂性、矛盾性。

2

仅就新文化运动中他们对孝道、自由恋爱和婚姻这三个人伦因子的态度、行为而言，陈独秀既可以对父辈、家庭的背叛，毁孝于伦常之中，又能进行"婚姻革命"，再自由娶小姨子为妻，游戏爱情于常礼之外。胡适、鲁迅、李大钊、钱玄同等偶像破坏论者于此却"革命"止步，就范于包办婚姻，殉孝道，尊伦常。历史传统的惰性和惯性在他们身上显示十分特殊的文化意象，出现思想同行为的逆差、冲突。他们呼喊自由恋爱，反对包办婚姻，痛斥礼教吃人，却无力对自己的包办婚姻进行革命性的破坏。他们批判传统文化中"以礼杀人"的非人道恶习，自己却不得不被"杀"。因此，他们的行为又显示出一种历史的悲壮，成为一个时代的文化复杂性的生动注脚。

因此，又可以说他们的反传统只是片面的、部分的，或者说是功利性的，超自我的。他们走向现代时，同传统文化无法完全"断裂"，面对西方，面向未来，他们自身的文化危机并不是建立在自我的精神"真空"之中。尤其是他们自身的性格决定了各自的命运——他们都背着因袭的重担，活得很累。自由需要一定的代价，同时需要一定的容忍。他们的性格和处境，又使自己无法完全获得自由的权利。

许多思想家的灵魂深处总是矛盾的。他们的思想外化有时很片面，但又是深刻的。伟大的思想有时是同道德规范相矛盾的（社会的公德及自我的私德），同时也可能同自己的行为相冲突。这种内在的紧张常常使思想家变得复杂、痛苦。

尼采以哲学家的思辨，偏至地认为超人式的思想家的素质绝对有异于庸众。易卜生则形象地揭示"独异个人"同"庸众"的敌对（如《人民公敌》）。新文化运动中的思想家，都是作为启迪民众的蒙师出现的，并同民众（"新青年"）有相应的时代的亲和力。他们思想发散的一个重要对象和途径，是自己教鞭下的学生，以及自己言论作用所及的一代社会青年。因此，可以看出，他们从尼采那里得到相应的文化精神和自由意志，在中国特定的历史时代发挥了巨大作用，自己却无法成为尼采式的超人。尼采要求那些担当"重估一切价值"的大任者，必须具有比普通人更多的才华，尤其要具备站在社会的对立面，不自相矛盾、不自我毁灭的才能，要处在才能的最高级阶段，要同庸众有距离感，要有在保持距离时又不树敌的艺术，且在"重估"的战斗中绝不含糊其辞，毫不妥协、调和。

如果依据尼采的这种要求，胡适、鲁迅都无法完成重估一切价值的重任，因为他们缺少这方面的个人基质。但他们却偏要去重估，要在新文化运动中一展雄姿。尽管鲁迅的特立独行具有"独异个人"的诸多气质，但他的人间情怀使他无法成为"超人"。因此，他们的内心深处就发生矛盾冲突，就会出现内在的紧张和痛苦，同时，他们自身作为历史的存在，也就成为一个复杂的矛盾实体，给新文化运动本身留下一个最好的注脚（鲁迅后期在个体与群体、自我与社会的矛盾、夹击中，对早期排斥物质、众数的见解进行了矫正，赞扬中国的脊梁，对劳动者的群体力量和中共的党团群体产生敬意）。谁要去了解新文化运动的实质，谁想窥视内在的丰富性、矛盾性、复杂性，还非得从胡适、鲁迅的个性，从他们自身着眼不可。文化承受主体难以超越时代界域，这在胡适、鲁迅身上表现得尤为明显。清理传统文化，营造"新青年"的思想家，却无力清理自己的精神家园，也无法使自己摆脱传统的绝对给予，成为真正的现代人。这便是历史的"中间物"的丰富内涵。

由此可以看出，在 20 世纪初走向现代的起步阶段，一代启蒙思想家也处在需要自新和痛苦地告别传统的艰难境地中，他们忍受自身的痛苦，清醒地认识到自己肩住黑暗闸门的悲剧性和必要性，却又时常显示出自己的不甘——一种无可奈何的艰难的选择，表现出的是一个"无地自由"的胡适，"无法直面人生"与"无地彷徨"的鲁迅。仅就婚姻状况而言，鲁迅挣扎了二十年，多少次欲作影（没有实际内容的"婚姻"像一个摆脱不掉的阴影）的告别而不能，只好长叹欲行一世之牺牲，而直到生命结束的前十年才挣脱"包办"的枷锁，感到有"我可以爱"的权利，求得婚姻的新生。胡适为此反抗、斗争了十年，最终只好把门关上，让爱情生生地饿死，"情愿不自由，也是自由了"！

为寻求社会的文明、进步，他们必须先从政治专制的权威下解脱出来，并向自身浸润其中的文化传统挑战。他们用具有"科学"启示的理性和"民主"启开的感性去指导"新青年"，唤起国民的自觉。他们激烈开战的是国民沉睡其中的迷信和无知状态。

传统作为社会结构的一个向度，一个相对稳定的状态，联系着每一个人。而"每个人都有一个富有潜力的个性，它寻找着实现的机会，但却为社会强加的规范、信仰和社会角色所束缚"①。因此，胡适、鲁迅的反传统便是试图为人的个性解放铺平道路。

胡适、鲁迅清醒于现实社会，作用于他人，却难以对自我超越。痛恨当代社会的胡适、鲁迅，的确又眷恋着传统社会家庭的人伦关系，即便是反抗也是有限的。这就是希尔斯所说的："信奉一种相当新颖的观点并不意味着，这种创新倡导者的所有观点都与过去实行了决裂。"②

由尼采的启示，胡适、鲁迅都对易卜生的创作投入极大的关注。胡适、鲁迅在张扬易卜生主义的同时，还在创作实践中给以回应，如《终身大事》、《伤逝》。胡适竭力推崇易卜生所谓的健全的个人主义，尖锐地指出社会对个人的摧残、迫害，揭露属于迷信的"庸众"的"多数人"对"先觉"的"少数人"的戕杀。他尤其偏爱《人民公敌》中敢于坚持真理、正视现实的主人公斯铎曼医生，认同易卜生在剧中所崇尚的"天下之最强者，乃能特立独行"的"精神反叛"的个人主义思想。鲁迅从《摩罗诗力说》、《破恶声论》开始便有意识地对"独异个人"进行心灵上的体认，把自己对未来的希望寄托于少数的"个"（"超人"，是多数和公理所压迫、排斥的"个"）的"心声"、"内曜"之上。在随后的小说创作和文化反思中，他便创造出"独异个人"、"精神界之战士"与"庸众"、"伪士"（无独立个性和思想的知识分子）的群体对立的形象系列。

走向现代化的时代变革，表面上是要寻求人与社会的新生和社会的革命性转型，但深层结构上却是要对文化载体进行创造性转化。这是一场十分艰难的革命。从晚清（1840 年始）到五四，中国

---

① 希尔斯：《论传统》，第 13—14 页。
② 同上书，第 53 页。

知识分子面对内部的危机和西方的挑战，回应的文化策略有托古改制论——向传统寻求，有中体西用论——向西方寻求，有中西调和论——折中求变。在经过辛亥革命这段政治解决的路径以后，一代新式知识分子感到这场政治革命并没有为中国走向现代化而更新、转变文化载体，一切都可能回到从前。于是，他们把破坏和重估落实到文化载体上，借助尼采式的自由意志和反传统战斗精神以及易卜生主义，为一个转型的时代投下了他们面向未来的关注和热情。

五　《新青年》：一个文化精英群体演示与发散的载体

1

有的学者在重新解释新文化运动的历史动因时，提出了三种历史演变的综合："辛亥后绅权扩张及社会整合之失败，游离于传统结构之外的新知识分子阶层出现，以及他们特殊的成长经历使得突破伦理中心主义成为可能。"① 这里，我尤其认同他们所提出的"走出传统角色的新知识分子群体"的兴起，并向传统绅士争夺文化领导权之说。随着传统知识型文人对社会文化载体的失控，现代知识型的自由主义文人便在新的历史时期同文化载体确立了新的权力关系。他们占有新知，便控制了左右舆论公共空间的权力，他们话语便成了大众话语。这种话语充分体现了作用于人的能量。它一方面瓦解了传统在人们心中的谱系，同时又发挥了创新的文化功能。《新青年》、《新

---

① 金观涛、刘青峰：《中国文化的意识形态牢笼》，香港《二十一世纪》1992 年 2 月号。

潮》、《国民》在北京大学（大到整个社会）对青年学生的争取，胡适在讲哲学史时对傅斯年、顾颉刚的心灵震撼和从旧派文人门下对傅、顾等人的吸引，文学革命对一代学子现代观念的形成的启动，特别具有文化转型时期新知的权力显示意义。因此，接下来将着重演示《新青年》文人群体和《新潮》、《国民》文人群体的身份转换与精神变异。

在 20 世纪的中国思想文化界，恐怕没有一个可以超越《新青年》的独特地位的刊物。1936 年，上海亚东图书馆重印《新青年》杂志时，胡适特为题词："《新青年》是中国文学史和思想史上划分一个时代的刊物。最近二十年中的文学运动和思想改革，差不多都是从这个刊物出发的。"作为盗火的和被缚的"普罗米修斯"，陈独秀的一生，是一曲世纪的悲歌，他最初的辉煌和最后的悲壮，使他成为现代史上一个特殊的存在。他是《新青年》的灵魂，也是新文化运动的主帅。从《民国日日报》、《安徽俗话报》，经协助章士钊创办《甲寅》杂志，到《青年杂志》创刊，并在首卷六期以后改为《新青年》，陈独秀是以激进的老革命党人的身份来从事文化思想事业的。可以说，办刊物、制造舆论的公共空间，唤醒新青年，并非陈独秀的本意，只是他的一种手段或曲径。就连当北京大学文科学长，他也是三心二意，视为权宜之事。

从《安徽俗话报》一开始，陈独秀便因同学、好友汪希颜的关系，背靠汪希颜的胞弟汪孟邹创办的芜湖"科学图书社"。当他因政治失意到日本协助章士钊办《甲寅》时，汪孟邹的"科学图书社"迁到上海，扩大为名为"亚东图书馆"的图书出版发行机构，1915 年《青年杂志》创刊便是依托这个出版机构的。稍后，皖籍文人胡适就是因这家出版社而同陈独秀及《新青年》发生关系的。陈独秀、胡适暴得大名后，他们的书稿结集（《独秀文存》、《胡适文存》等）也多由亚东图书馆出版发行（亚东图书馆老板汪孟邹为胡适的绩溪同乡）。同时这家出版社因胡适的关系，成为早期白话新诗出版的最重要阵地。

经过同章士钊、张继等合作编辑《民国日日报》，及创办《安徽俗话报》的初试，再经协办《甲寅》的实践，到《青年杂志》创刊时，陈独秀身边已经群聚了一批相当成熟的皖籍或准皖籍（长期在皖生活的外地人）文人。《青年杂志》（1915 年 9 月 15 日—1916 年 2 月 15 日）的创刊发行地点在大都市上海，但首卷六期的作者，日后有名望并被舆论界注意的，几乎是清一色的皖籍或准皖籍文人：陈独秀、高一涵、汪叔潜、潘赞化、陈嘏（陈独秀之侄）、李亦民、彭德尊、易白沙（湖南人，在皖任教）、谢无量（四川人，父辈在皖任职）、刘叔雅（文典）、孟明、高语罕、薛琪瑛、萧汝霖等。这批人，多是从《安徽俗话报》、《甲寅》时期因反清政治革命同陈独秀合作共事，如今又共同为新文化建设而撑起《青年杂志》，并使刊物具有相应的同仁性和地域性。

自晚清新闻出版业的兴起，至"皇帝没了"后，中国的报刊出版物迅猛增加，在上海、北京两大都市有广泛的文化市场。在报刊如林的大上海，又多一分《青年杂志》出来，本没有什么惊奇，关键是它要有自己的特色和行高于众之处。《青年杂志》的着眼点是"青年"最关心的人生问题，是他们切身关注的道德、伦理、家庭婚姻问题。第一卷六期办下来，陈独秀感到刊物还不够激进，焦点还不够集中，因此将刊物易名，并在作者队伍及刊物内容上向前迈出一步，追求更富刺激性的热点，以图在舆论界站稳脚跟，吸引读者。对此，香港学者陈万雄在《五四新文化的源流》一书中有详尽的探究。这里多循陈著思路，只演示其中的关系。

1916 年 9 月 1 日，停刊了半年的《青年杂志》易名为《新青年》，作为第二卷在上海复刊。在原皖籍文人群体的基础上，作者队伍有所壮大，新进作者除胡适、李光升、张纪南、程宗泗（演生）为皖人外，其他非皖籍的有名望的有李大钊、吴稚晖、刘半农、马君武、苏曼殊、杨昌济、陶履恭（孟和）、陈钱爱琛、康普、陈其鹿、吴虞、常乃德等。第二卷的作者群有两个变化：一是逐渐扩展出皖籍文人的圈子，走出地域文人界限；二是大多是留学日本（除胡适少数人），同陈独秀有革命的同志情谊。作者不只是集中在上海，同时，因北方文人的加盟而使刊物在北方的影响扩大。第二卷中的文章较前明显具有新质和新值：吴虞的反孔，胡适、陈独秀点燃的文学革命之火，一下子使《新青年》引人注目，在文化思想界成为最闪耀的明星。

2

1917 年初，陈独秀被蔡元培聘为北京大学文科学长，《新青年》因此也被带到北京。第三卷（1917 年 3 月—1917 年 8 月）的新进作者有蔡元培、钱玄同、章士钊、恽代英、毛泽东（二十八画生）、凌霜、刘延陵、俞颂华、方孝岳等。陈独秀主持北大文科后，《新青年》的队伍因北大新派文人加入而进一步壮大，且因文学革命之火自这年 1 月由胡适点燃，而使刊物影响与日俱增。从此，北京大学成为新文化运动的大本营，"一刊一校"同新文化运动成了不可分割的有机整体。

又经过四个月的短暂停刊，《新青年》在第四卷（1918 年 1 月—1918 年 6 月）复刊时，新进作者大都是北京大学的新派文人和被新文化运动唤醒的学生：周作人、鲁迅、沈尹默、沈兼士、陈大齐、林损、张祖荫、王星拱、俞平伯、傅斯年、罗家伦、袁振英、林玉堂（语堂）。鲁迅的小说，周作人、沈尹默、俞平伯、傅斯年的新诗，作为对文学革命的响应，显示了新文学革命的实绩。《新青年》因首倡新文学革命的成功，而招致更多的读者，文学在社会上的辐射力和震撼性也更强、更大。同时，《新青年》也成了新文学革命的第一块阵地，俞平伯、傅斯年、罗家伦等北大学生的投稿，预示着该刊在北大的影响日重，《新青年》阵营也因学生加入而出现文化思想启蒙的师承效应——俞平伯、傅斯年、罗家伦作为胡适的得意门生和挚友，进而成为胡适的影子与和声。新文化运动在师生两代知识分子之间形成的承传和共识，又使新文化运动的力量得到更为顺畅的发散。

《新青年》的影响在思想文化界如日中天，成为北京乃至全国思想文化界的舆论核心。自 1917 年 1 月文学革命之火及时、成功的爆发，该刊的语言文字也有了相应的全新的变化，随着各种专号的相继推出，它成了主导中国思想文化界的先锋大旗。第五卷（1918 年 7 月—12 月）的新进作者欧阳予倩、吴弱男、朱希祖、任叔永、陈衡哲、宋春舫、李剑农等又在文学创作上为该刊增添了活力。尤其是陈衡哲作为中国现代第一位女作家、女教授（当教授是稍后的事）出现于《新青年》，为推进妇女解放和新文学运动的深入发展，起到了更加积极的作用。专门致力于现代话剧创作的欧阳予倩、宋春舫最初是从介绍、翻译外国戏剧开始的，是从创作甚至演出清末民初"文明戏"走过来的。《新青年》及新文学运动为他们提供了由戏剧改良到戏剧革命的最佳机会，使他们和胡适一道为推进现代中国话剧创作的转型作了中介工作。

由于《新青年》的影响逐日增大，来稿颇多，陈独秀一手主持的局面难以应付，于是，自第六卷（1919 年 1 月—11 月，中间有停滞、拖时）开始成立了编辑部，由陈独秀、胡适、钱玄同、高一涵、沈尹默、李大钊六人轮流担任主编。写稿的新作者又增添了张寿镛、张崧

年（申府）、刘秉麟、王光祈、周建人、陈启修等。其中，王光祈为
"少年中国学会"的发起人，周建人为鲁迅、周作人的胞弟，陈启修
为政治经济学的社会主义者，张寿镛 20 年代末、30 年代初执掌上海
光华大学时，胡适、罗隆基、王造时、徐志摩、储安平都在该校执教
或就读。

《新青年》第六卷期间由北大教授成立编辑部，这一方面显示该
刊的鼎盛，也显示北大新派文人在新文化运动最高涨时期的群体集
结。另一方面又预示新派文人群体内部的紧张（结合只是暂时的）。
此时成立编辑部，由六人轮流主编，一个直接的原因是陈独秀在
1918 年 12 月 22 日与李大钊、张申府另扯起一杆旗子，创刊了专门
谈论时政的《每周评论》，相对游离于《新青年》这个专注思想文化
（非政治）的革命阵营。1919 年 5 月出版的《新青年》第五号中，有
一半篇幅是介绍马克思及其学说的，其中有李大钊的《我的马克思主
义观》。除李大钊外，宣传马克思主义的作者还有顾兆熊（孟余）、凌
霜、陈启修、渊泉、刘秉麟等北大师生。也可以说，自这一卷开始，
一方面是北大新知阶层最大的集结，另一方面因陈独秀等对政治的介
入，《新青年》阵营内部的分裂已成必然的趋势。加上 1919 年 5 月 4
日爆发的政治运动的冲击，和这一年初《新潮》、《国民》两大子弟刊
物的创立，《新青年》在第六卷达到鼎盛后开始走向下坡。一个最为
现实的问题摆在《新青年》同人的面前，也显示在北大新派文人眼
前：陈独秀自 5 月 4 日以后，政治兴趣日浓，认为点燃新的政治大火
的时机将至。一个月之后，他又亲自走上街头，以至被捕。作为《新
青年》的灵魂和创办人，陈独秀个人的变化，势必会影响《新青年》
下一步的色彩。

3

经过《新青年》第七卷（1919 年 12 月—1920 年 5 月）的表面相对平静而内部危机、分裂的演示，在北大文人文化思想革命与政治革命两派之间的冲突以后（在此之前，胡适与李大钊之间已有过"问题与主义"的论争），新文化运动的倡导者们开始了公开的裂变，分别形成了走向相对温和的自由派与走向相对激进的共产派。第七卷的新进作者中，杜国庠、张慰慈、孙伏园、高君宇等，也于日后分别归顺胡适与陈独秀、李大钊两个阵营。

因为阵营内部的分裂，《新青年》自第八卷（1920 年 9 月—1921 年 2 月）开始，从北京迁回上海。同时，《新青年》也开始同新文化运动脱离，走向政治斗争的鼓吹、宣传，从此成为在中国宣扬共产主义（社会主义）的专门刊物。在陈独秀、李大钊的带动下，它的新进作者也几乎成了红一色的共产主义信仰者：李季、李汉俊、杨明斋、周佛海、李达、沈玄庐、沈雁冰（茅盾）、陈望道、沈泽民、陈公博、施存统等。其中多数人成为中共建党时期的骨干分子，即南方势力（当然，这批最早的信徒后来又有较大的转变，沈玄庐较早脱离共产党的阵营，李季、施存统、陈望道等在 1927 年国共分裂后成了脱党分子，周佛海、陈公博在脱离共产党后加入国民党，到抗战时又沦为汉奸）。这些人，是中共初创时陈独秀身边（在上海）最有力的宣传骨干，也是《新青年》由文化激进走上政治激进的基本作者队伍（即以上海为中心的南方势力；陈独秀、李大钊在北大的一批政治信徒，可谓北方势力：张国焘、张申府、邓中夏、刘仁静、高君宇、黄日葵、范鸿劼、朱务善、罗章龙、何孟雄、黄凌霜等）。

《新青年》的思想文化革命，起始于上一次政治运动的受挫和由此产生的失望及反思，终止于下一次政治运动的发动。在《青年杂志》—《新青年》第一至二卷的作者中，大都是和陈独秀一起参与反清政治革命斗争的激进分子，随后加入的作者也多是从政治舞台转向文化思想战线的。在它的兴盛时期，北大学生的加入，使思想革命和文化革命的力量得到最大范围的汇聚。到了第八卷，则又完全回到政治斗争的宣传和政治激进主义理论的张扬上，并成为为下一次政治运动服务的工具，从而结束了它的文化使命。

《新青年》的作者群体，由以陈独秀为核心的自发形成，到有组织地成立编辑部，以至很快分裂，演示出一个文化激进派（群体）的形成、分化过程。《新青年》文化革命阵营的分化，即胡适派自由主义文人的形成，进而出现了胡适派文人的政治改良主义（政治上的自由主义）与陈独秀、李大钊派文人的政治激进主义（政治上的社会主义）的分化。由"问题与主义"论争始，胡适同李大钊、陈独秀逐渐从思想信仰及学理的分歧走向实际政治态度的相背。

在《新青年》作者队伍及文化—政治倾向的演示过程中，1917年是胡适人生旅程中关键的一年。时代的机遇使他因《新青年》及"文学革命"的首倡而暴得大名，新文学运动也由此开始。胡适以白话文学作为工具的文学革命，是借助陈独秀及《新青年》而发动成功的。在这一阵地上，吸引了鲁迅、周作人、钱玄同、刘半农、沈尹默、欧阳予倩、陈衡哲、宋春舫及学生辈的傅斯年、俞平伯、罗家伦、袁振英、林语堂、沈雁冰等人的响应并参战，使文学革命成为新文化运动中最有实绩的显现性收获。这支新文学的力量，成为当时文学革命的核心实力。

文学革命运动的发动及高涨，又极大地推动了思想文化革命向深度和广度发展，在文化思想走向农工及市民大众的同时，为政治革命铺平了道路。《新青年》文化激进主义的高扬，尤其是对传统文化的批判、否定，加快了反封建、反权威的斗争进程，使传统文化的价值体系崩溃，造成中国文化发展中传统同现代的相对断裂，从而使社会主义乘势而入，在 1921 年以后形成了文化思想界三民主义、社会主义、自由主义三足鼎立的格局。政治上的自由主义思潮因新文化运动而强化，同时，也因随之崛起的政治上的社会主义、三民主义的争雄，而陷入两大主义的左右夹击之中。政治上的自由主义作为知识分子的精神支柱和社会—政治的监督批评武器，日后的作用越来越局限于知识阶层。自由主义知识分子在对抗国民党的极权、专制等非民主、非自由的政治斗争中，又逐渐陷入自我意识与社会时尚中救亡与启蒙的两难境地，最终也无法和无力化解国民党的强权政治。自由主义在现实政治斗争中的无能与无力，连自由主义知识分子自身也有清醒的认识。

4

《新青年》文人群体由文化激进逐步走向政治激进的过程，是十分明显的，对 20 世纪中国社会的影响是至深至大的。因此，对激进主义、保守主义和自由主义的反思，首先是知识分子的自审和内省。保守主义对现代化的抗拒、排斥和激进主义对乌托邦蓝图的迷恋，在知识分子身上分别是一种文化守成和原创的启动。政治激进主义带来的群体性的非理性掩没了作为个人的人性和价值，使他们处于由文化上的激进主义所产生的"意志自由"到政治上的激进主义所设置的"意志奴役"之中。因此，德国的雅斯贝尔斯和法国的萨特在对法西斯主义进行清理和反思时注意到了"个人责任和自由"①的哲学问题。美国学者研究李大钊、胡适时有意借鉴马克斯·韦伯关于学者学术生涯与政治家政治生涯的所谓"意图伦理"与"责任伦理"的内在

① 赵敦华：《法西斯主义引起的哲学反思》，香港《二十一世纪》创刊号（1990 年 10 月号）。

紧张和关联。中国知识分子在反思新文化运动—五四运动，尤其是反省 1957 年以后的"左"倾和十年"文革"时，也有必要正视自身的意图、目的和责任问题。

从文化上的自由主义到政治上自由主义的内在理路，并不为胡适派文人所清醒地把握（当然也有无力把握的特殊情形）。文化上的自由主义的激进思想的极向发展，往往会朝着政治上的自由主义，乃至激进的政治革命变移。文化激进思潮的勃兴是由社会危机和政治无能（知识分子对政治革命的失望）逼迫出来的，它的演进最终必然会走向激进的政治革命。因为政治激进主义的价值取向和意图伦理，在于它以谋求权力和体制的全面更替来摆脱社会的深刻危机。而社会政治机制的大变革需要以广泛的社会动员作为基础。这个基础包括群众心理、公共空间和文化土壤。"文化激进主义的意义在承担这个广泛的社会动员的使命"①。自由主义知识分子最初因政治革命失意而进行的文化革命所产生的文化激进思潮的反叛、批判行为，本身就蕴含巨大的道德热情，最终必然要有一个宣泄的途径，即通过一个明确的政治目标来寻找归宿。因此，革命的暴力的政治激进主义理所当然地成了文化激进主义的后继。

六　北大学生：结社、群聚与精神取向

1

北京大学教师队伍在文化、精神上的差异，影响所及是学生中有

---

① 林岗：《激进主义在中国》，香港《二十一世纪》1991 年 2 月号。

相应的社团、派系的出现。新文化运动在北京大学最初的"显灵"便是对学生的影响：唤醒一代新青年，师生形成文化变革的合力。在新文化运动—五四运动时期，北大学生的社团、派系有三个明显的价值取向。作为同学，他们彼此又有兼容、串联。

《第三只眼看中国》的作者注意到了青年学子在中国现实政治中的独特行为。他认为青年知识分子（学生）犹如飘荡在社会上空的云雾，起初，他们并不一定代表什么文化倾向和政治势力，也不一定有明确的目的和意图，他们的自我激情有时是连自己也难以完全把握的。初始的一些过激行为只是反映社会的情绪，并从混乱中希望达成自己的一些意义不明的目标。这种目标最初是朦胧的，或游离于自我价值观念之外的。但有一点是相对明确的，即他们渴望自由，对权威和传统有一定的反叛倾向，容易感情用事，感性胜于理性而呈激情与浪漫的态势。

具体来看：

1. 新潮社。刊物：《新潮》，1919 年 1 月 1 日创刊。

指导人：胡适、周作人。成员：傅斯年、罗家伦、徐彦之、康白情、顾颉刚、李小峰、潘家洵、毛子水、张崧年、何思源、孙伏园、郭绍虞、朱自清、冯友兰、高君宇、叶圣陶、吴康、陈达材、叶石荪、刘秉麟、江绍源、刘光颐、黄建中、高元、成舍我、戴岳、潘元耿、陈嘉蔼、谭平山、汪敬熙、俞平伯、陈兆畴、杨振声、刘敌、王星汉、宗锡钧、王伯祥、孟寿椿、赵承易、孙福熙等。

宗旨：批评的精神；科学的主义；革新的文词。

特色：文学团体，关注文学、哲学（"新潮"的英文译名意思为"文艺复兴"）。

2. 国民社。刊物：《国民》，1919 年 1 月 1 日创刊。

指导人：蔡元培、李大钊、陈独秀等。成员：邓中夏、许德珩、周炳琳、陈钟凡、黄日葵、廖书仓、孟寿椿、陈宝锷、谢绍敏、张国焘、段锡朋、常乃德、高君宇、顾颉刚、李泽彰、易君左、曾琦、吴载盛、周长宪等。

宗旨：增进国民人格，研究学术，灌输国民常识，提倡国货。

特色：关注社会问题，热衷政治。

3. 国故社。刊物：《国故》，1919年3月20日创刊。

教师：刘师培、黄侃、黄节、林损、马叙伦、陈汉章、唐宝忠等。学生：俞士镇、薛祥绥、杨湜生、张煊、罗常培等。

宗旨："慨然于国学沦夷，欲发起学报，以图挽救"，"昌明中国固有之学术"。

特色：国学（旧学）的研究与张扬。

在这三个以北京大学师生为主体的学生社团（极少数非北大学生，如叶圣陶）外，还有一个很重要的社会性社团同北大有关，但成员复杂，北大师生只占一部分，就是"少年中国学会"。该会1919年7月1日正式成立于北京，编辑出版刊物《少年中国》。因李大钊的关系，编辑部一度设在北大，北大许多学生及部分教师都加入此会，如黄日葵、邓中夏、张申府、高君宇、刘云汉、刘仁静、康白情、孟寿椿、周炳琳、易克嶷、徐彦之、许德珩等。两年以后，同样因李大钊的关系，该会分裂为国家派和共产派时，一部分人走向寻求共产主义理想的征程。

但就"少年中国"最初的精神，胡适有基本的，也是明快的概括。1919年，少年中国学会请胡适、章太炎演讲。在章太炎概括"现在青年的四种弱点"以后，胡适提出了他认为是积极的"少年中国之精神"。演讲词登在《少年中国》创刊号上。他认为"少年中国的逻辑"应该是：注重事实，注重假设，注重证实；"少年中国的人生观"应该是：须要有批评的精神，须要有冒险进取的精神，须要有社会协进的观念。胡适最后指明"少年中国的精神"应该是借鉴英国宗教革新运动（"牛津运动"）的领袖人物纽曼所摘引的荷马的诗句："如今我们回来了，你们看便不同了！"①

2

北京大学这三个社团，基本上三分了北大文科的学生队伍，呈现出关注文艺、社会、国学的三个取向。同时，"新潮社"、"国民社"和"国故社"又明显地分别呈现文化激进和文化保守的格局。尽管社团之间的人员有串联、兼容，但基本的派系之分是相对清晰的。

1919 年五四运动高潮时，新潮社和国民社的成员都走上街头，成为北京五四学生运动的主力（最重要的组织者、领导者）。在五四政治运动过后，这两个学生社团出现了相应的分化倾向。一部分人围绕胡适，核心人物因胡适的推荐，都出洋留学，接受英、美、德现代资产阶级文明的洗礼，取政治改良的自由主义路径，成为日后强化的胡适派文人的基本队伍（未外出留学的，如李小峰、孙伏园、朱自清、顾颉刚等，又得到了钱玄同、鲁迅、周作人的支持，一度维持《新潮》出版。随后又创办北新书店及《北新》杂志，组织语丝社，出版《语丝》杂志等，继承"新潮"的文学精神。这批人在思想上又多同胡适的自由主义精神相亲和，如顾颉刚、周作人。后因《语丝》与《现代评论》之间的论争而再度出现分裂）。另一部分人倾向于陈独秀、李大钊，取政治激进（革命）的社会主义—共产主义路径。

五四运动高潮过后的 1923 年，学生运动的活跃分子、北大学生中第一批共产党员之一的黄日葵，在为《北京大学廿五周年纪念刊》所写的《在中国近代思想史演进中的北大》一文中，对新潮社和国民

---

① 胡适：《胡适全集》第 21 卷，第 169 页。

社成员的思想倾向和人生态度有所评说，由于身在其中，有较亲切的实感：

　　五四运动之前年，除《新青年》杂志为教授所主持者不计外，学生方面，有两种大的倾向，……一种倾向是代表哲学、文学一方面，另一种倾向是代表政治社会的问题方面。前者是新潮杂志社，后者是国民杂志社。《新潮》于思想改造、文学革命上，为《新青年》的助手，鼓吹不遗余力，到今这种运动已经普遍化了。国民杂志社的一群，始初以反抗国际帝国主义（日本）之压迫这点爱国的政治热相结合。在杂志上可以看出他们对于政治问题、社会问题是特别注意的。……五四运动之后，这一群的倾向越发分明了，他们显然是社会主义——尤其是布尔札（什）维克主义的仰慕者了。……新潮社一派，隐然以胡适之先生为首领；国民杂志社一派，隐然以陈独秀先生为首领。前派渐渐倾向于国故整理的运动。……陈独秀先生的一派，现在在做实际的社会革命运动。①

国民社是在前一年北大的"学生救国会"的基础上成立的。在国民社的主要成员没有走向政治激进以前，又因内部成员较多（一百八十人以上），纷呈三方面的异质同构。请看当事人张国焘的一段回忆文字：

　　国民杂志社的社员们都是狂热爱国的人物，后来成为五四运

---

① 张允侯、殷叙彝、洪清祥、王云开编：《五四时期的社团》（二），三联书店1979年版，第35页。

动的发动者和组织者，但他们对新文化运动的意见却有纷（分）歧，并常因此引起争论。大别之可分三派：一是少数的保守派，以陈钟凡、黄建中为代表，主张保存国粹，反对白话文；二是几占半数的调和派，以易克嶷为代表，他是国民杂志社的主要发起人，提倡一致救国，同时也是一个新旧学说并行，东西文化并重的调和论者；三是与调和派几乎势均力敌的急进派，我和许德珩常是这派的发言人，我们主张革命救国，同时拥护新文化运动。①

国民社的政治倾向明显而文化倾向却有相当大的分歧。相比之下，新潮社此时的政治倾向稍淡，对待新文化运动的态度却是一致的，呈文化激进主义倾向，有相当明显的西化色彩。少数成员如黄建中等趋向守旧，退出新潮社，却不影响社团的整体走势。在日后国民社的成员多走向政治路途，并加入共产党的政治激进阵营时（当然也有走向国民党的，如段锡朋），新潮社成员（如傅斯年、罗家伦、何思源）发生相对于国民党政府的政治倾斜，除少数如何思源从政当上北平市市长外，多数在教育、文化思想战线上继续努力，成为文化上自由主义的一股重要力量。其中，出现了几个有名的新进作家，如叶圣陶、汪敬熙、杨振声、俞平伯、朱自清等，成就了几个有名的大学校长，如傅斯年执掌北京大学、台湾大学，罗家伦执掌清华大学、中央大学，杨振声执掌青岛大学等，还成就了几个大学者，如哲学家冯友兰、史学家顾颉刚、文学史家郭绍虞等。

国民社的成员，一部分人受蔡元培的影响，经过组建"平民教育团"的社会实践，日后多因李大钊、陈独秀的关系走上社会主义—共

---

① 张国焘：《我的回忆》（一），香港明报出版社 1972 年版，第 45—46 页。

产主义的政治道路。

一、学理上。

(1) 北京大学社会主义研究会。1920 年 12 月成立。

成员：李大钊、何恩枢、徐其湘、陈学池、郭梦良、陈顾远、费秉铎、梅思平、鄢公复等。

(2) 北京大学马克斯（思）学说研究会。1921 年 11 月成立。

成员：李大钊、张申府、顾孟余、陈启修、高一涵、高崇焕、王有德、邓中夏、罗章龙、吴汝明、黄绍谷、王复生、黄日葵、李骏、杨人杞、李梅羹、吴容沧、刘仁静、范鸿劼、宋天放、高君宇、何孟雄、朱务善、范齐韩、张国焘、毛泽东等。①

二、实践上。

(1) 北京共产主义小组。1920 年 10 月成立。

成员：李大钊、邓中夏、罗章龙、张国焘、刘仁静、黄凌霜、张伯根、袁明熊、陈德荣。稍后加入的有：张申府、高君宇、何孟雄、黄日葵、朱务善、刘云汉、李骏、缪伯英、张太雷、范鸿劼等（张太雷为北洋大学学生，缪伯英为北京女子高等师范学校学生）。

(2) 北京社会主义青年团。1920 年 11 月成立。

成员：李大钊（指导人）、邓中夏、罗章龙、高君宇、黄日葵、何孟雄、刘仁静、范鸿劼、朱务善、罗汉、李骏、吴雨铭、王有德、高崇焕、杨人杞、缪伯英、黄绍谷、郑振铎、张国焘等。②

从学理和实践两个方面看，北大教师中的陈独秀、李大钊、张申

---

① 1921 年 11 月 17 日《北京大学日刊》登出的启事中，有十九位发起人的名单。罗章龙在《回忆北京大学马克思学说研究会》一文（《新文学史料》1979 年第 3 期）中有详细解说。

② 上述四组名单据张允侯、殷叙彝、洪清祥、王云开编《五四时期的社团》，萧超然《北京大学与五四运动》，北京大学出版社 1986 年版。

府和国民社中的骨干力量，在日后成了北京共产主义运动的基本分
子。在逐渐壮大的共产党的领导群体中，从北大走出来的教师和"新
青年"占有相当大的比例。

　　由北大学生社团、流派的演示中可见，新文化运动在北大首先唤
醒了青年学生。在文化激进的思想革命进程中，北大教师中新派文人
和被唤醒了的学生结成了一个有机的整体。随着五四运动的冲击，陈
独秀、李大钊同胡适、高一涵、沈尹默、钱玄同、周作人等人的分
裂，学生队伍也产生了分化。新文化运动也就终结于这种政治冲击下
的裂变。北大学生群体的这种变化，同《新青年》作者队伍的演变相
映成趣，可以明晰地展现新文化运动开始于一代知识分子的政治挫
折、失意，结束于下一次政治运动冲击的这一历史线索。

七　清华学校：自由主义知识分子的第二个摇篮

1

　　人们通常把新文化运动—五四运动同北京大学联系在一起，特别
是把北大视为新文化运动的大本营，视蔡元培为新北大的"保姆"。
清华学校同新文化运动—五四运动的关系较淡，而且滞后，一向被人
所忽视。

　　1909 年 6 月，清政府利用美国退还的"庚款"在北京设立了
"游美学务处"。8 月，将清华园拨给游美学务处作为游美肄业馆馆
址。同时招收第一批留美学生。第二年的招生考试中，胡适榜上有
名。1911 年 2 月，游美学务处和肄业馆全部迁入清华园，改名为清
华学堂，1912 年 10 月改"学堂"为"学校"。到 1928 年方有"国立

清华大学"之名。改制为清华大学后的首任校长是胡适的得意弟子罗家伦。有人把胡适说成是"清华"出身也有一定的道理。因为在1909 年至 1911 年招的三批一百八十名留美学生中，有胡适、梅贻琦、梅光迪、赵元任、竺可桢等后来的学界名人。清华人通常把这三批学生视为校友，并给以"史前期校友"的雅称。

清华学校的学制为八年，直接从小学毕业生中招考，分四年中等科和四年高等科两个阶段学习，毕业后送往美国公费留学。新文化运动高涨时，也曾波及清华学校，并有所反应。5 月 4 日大游行时，清华学校没有人参加。清华学校同五四运动的关系是自 5 月 5 日始，并在"六·三"前后达到高潮。清华园的学子在五四运动中虽没领风骚，但 1927 年以后他们相继从美国学成归来，因高扬自由主义而成为 20 世纪 20 年代末和 30、40 年代中国自由主义运动的主力军。

1919 年"五四"这一天，北大学生出尽了风头。1935 年"一二·九"运动，也是北大学生作领头羊的。可以说，北大学生浓重的政治意识，使他们在中国 20 世纪历次学潮中成为先锋。相比之下，清华学校的学生在日后则多从学理上为自由主义呐喊、助威。北大出身的张起钧在《西南联大纪要》中比较了北大、清华校风之差异。一、中西的不同。清华肇始于用"庚款"成立的留美预备学校，有西方的色彩和向往，外语成绩总体上也强于北大。二、老少的不同。清华招收各省保送的学童，自然是朝气蓬勃，轻快活泼，心情奋发不已；北大学生中往往有娶妻生子的成人，在心情方面也往往孤芳自赏，自命不凡，往往老气横秋。清华的学生往往活泼而有钱，有学问又会玩。三、政学的不同。清华是本分的文化学术机构，北大自始就有浓厚的政治意味。

清华园出来的自由主义知识分了，在中国思想文化界占有举足轻重的地位。仅从胡适派文人这一视角看，20 世纪 20 年代末、30 年代初在《新月》上展开的人权与约法论争，胡适靠的是清华园出来的自由主义文人：罗隆基、梁实秋、王造时和以罗隆基、王造时为主力，仿英国议政群体"费边社"而成立的平社。平社成员除罗隆基、梁实秋、王造时外，还有清华园出来的潘光旦、吴泽霖、吴景超、沈有乾、刘英士、闻一多、张禹九，以及曾任教于清华的徐志摩、叶公超、丁西林等。30 年代在《独立评论》上展开的民主与独裁的论争中，同胡适对阵的除丁文江外，关键人物是清华三教头：蒋廷黻、吴景超、钱端升。40 年代"民盟"中的风云人物也是清华出身的，如罗隆基、潘光旦、闻一多、费孝通等。

清华的民主、自由校风并不比北大差（30 年代，因清华文人群体在学术上卓然独立，所谓"北大出政治家，清华出学问家"之说就由此而起）。只是这所学校相对年轻，在五四运动中还不是一所大学，日后有影响的自由主义知识分子当时都是学生，还没到美国留学。1919 年五四运动以前，在校内较活跃且日后同胡适有相应关系的学生可数罗隆基、王造时、闻一多、潘光旦、吴泽霖、吴景超、何浩若、杨廷宝、浦薛凤、吴国桢、沈有乾、李济、萨本栋、钱宗堡、陆梅僧、刘崇铉、汤用彤、吴宓、段茂澜、周兹绪、梁实秋、顾毓琇、吴文藻、张忠绂等。他们留学归来，几乎都受到胡适人格魅力的感召，或者被他自由主义思想的内在凝聚力所吸引，或者在言论上同胡适式的自由主义议政认同，或者在学术研究上同胡适产生相应的关联。

5 月 4 日是星期天，清华学校远在城外西北部。北京大学里胡适的几个高足——傅斯年、罗家伦、毛子水、杨振声等人和国民社的主要成员都上街游行了。这一天，北大学生显示了时代的辉煌，历史的光亮。而清华学生却错过了这一历史性的辉煌时刻。据王造时的遗稿《在五四运动中》中所示，他们的行动是这天晚上才开始的：

一九一九年五月四日正是清华建校八周年纪念日，我身着童子军制服招待来宾忙得不亦乐乎。下午五点钟左右，忽然传来消息，说北京城内各校学生举行了示威游行，打了卖国贼，烧了卖国贼的房子，后来许多学生被捕了⋯⋯我听了立即找罗隆基、何浩若商量。三个人都主张马上派人进城了解情况，于是同去找高等科四年级级长乔万选。乔胆小怕事，拿不定主意。罗、何二人便自告奋勇立即进城。七点钟吃晚饭的时候，罗隆基在电话里告诉我："今天下午北京专科以上学校学生，为争回青岛和山东权益问题，举行示威游行，走到赵家楼，打了卖国贼章宗祥，并把卖国贼曹汝霖的房子烧了。三十多个学生被捕，有性命危险，情形非常严重。北京各校正在设法营救，决定明天罢课，望你马上向同学报告。"我丢下电话筒，马上跑到中等科食堂，拿了一条长凳放在食堂门口当中地方，跳上去大声叫道："同学们！有重要消息报告。"接着把罗、何两人打听到的消息告诉了大家。我说："同学们！北京各校同学已经起来救国了，我们应该急起响应。望同学们注意时局的发展，并提出救国的办法，我还要到高等科去报告。"同学们听了之后，大为震动，议论纷纷，并且高呼："罢课！罢课！"我随即跑到高等科食堂作了同样的传达报告。①

随之，校园里出现了闻一多手书岳飞的《满江红》的大幅张贴。5月5日，以罗隆基、王造时、何浩若、闻一多为首的清华学生行动

---

① 转引自叶永烈：《斯人独憔悴——王造时传》，《沉重的 1957》，百花洲文艺出版社 1992 年版，第 91—92 页。

起来了，同整个北京学潮汇合。

　　5月7日，清华学生代表团正式成立，以领导学校的学生爱国运动。在由五十七人组成的代表团中，罗隆基、王造时、何浩若、闻一多、潘光旦、刘聪强、吴泽霖、黄钰生、罗发组、段茂澜、钱宗堡、周兹绪、陆梅僧等为核心力量。在6月3日北京各高校学生再次上街游行演讲时，后起的清华学生成为急先锋。王造时在演讲时被捕，被军警关了五天。6月16日，全国学生联合会在上海成立，清华学生中罗发组、闻一多、罗隆基、钱宗堡、陆梅僧被选为"学联会"代表。

2

　　清华园的学生社团起步在五四运动以前，五四以后有所壮大，虽说不如北大活跃，又较少政治色彩，但有两个社团日后同胡适关系密切，且颇具特色：清华文学社和天人学会。

　　清华文学社的前身为小说研究社，成立于1920年12月，成员有梁实秋、顾毓琇、翟桓、张忠绂、李迪俊、吴文藻、齐学启等。他们编写出版了《短篇小说作法》一书。1921年11月20日，小说研究社正式改名为清华文学社，第一批十四位成员是：闻一多、时昭瀛、陈华寅、谢文炳、李迪俊、翟桓、吴景超、梁实秋、顾毓琇、王绳祖、张忠绂、杨世恩、董凤鸣、史国刚。第二年入社的有饶孟侃、朱湘、孙大雨、杨子惠、胡毅、吴文藻、梁思永、盛斯民等人。文学社成员中日后成为名作家的有闻一多、朱湘、饶孟侃、孙大雨、梁实秋。他们曾计划编辑出版清华文学丛书，后因相继赴美留学，只自费印行了闻一多、梁实秋合著的《〈冬夜〉、〈草儿〉评论》。当时文坛上的个人新诗集有四部：胡适的《尝试集》、郭沫若的《女神》、康白情的《草儿》、俞平伯的《冬夜》。除《女神》外，其他三部都出自北京大学的师生之手。作为师长辈，胡适最先为他的学生俞平伯、康白情的诗集写了诗评。闻一多、梁实秋的评论，就是代表清华学生对新文学创作的回应。康白情、俞平伯为北大新潮社的成员，胡适为该社的导师。闻一多、梁实秋的诗评可谓清华文学社与北大新潮社在新文学上的关联及心路上的相通。同时，清华文学社的吴景超还为北大的《新潮》第五期写了题为《平等谈》的论文，作为对新潮社同仁思想启蒙工作的回应。闻一多、梁实秋、吴景超出国前曾共同主持《清华周刊》，这为他们日后出任《新月》（梁实秋、闻一多）、《学文》、《民主周刊》（闻一多）、《新经济》月刊、《世纪评论》（吴景超）的主编打下了最初的基础。1927 年后，胡适同清华文学社的成员在《新月》、《学文》、《文学杂志》上又建立了良好的文学关系（从"新月"派到"京派"）。

　　1915 年冬在清华学校成立的天人学会是一批有志治学的青年学子的最初结合，基本成员是丙辰级（1916 年夏毕业）学生，代表人物为吴宓、汤用彤、黄华（叔巍）、向哲浚、薛桂轮。吴宓对"天人学会"的解释是："天者天理，人者人情。此四字实为古今学术政教之本，亦吾人方针所向。至以人力挽回天运，以天道启悟人生，乃会人之责任也。"他们发起"此会用意，即意欲得若干性情德智学术事功之朋友，相助相慰，谊若兄弟，以共行其所志"。"会之大旨，除共事牺牲、益国益群而外，则欲融合新旧，撷精立极，造成一种学说，以影响社会，改良群治。又欲以我辈为起点，造成一种光明磊落、仁心侠骨之品格，以期道德与事功合一，公义与私情并重，为世俗表率，而蔚成一时之风尚"[①]。几年以后，汤用彤、吴宓、楼光来、林

---

　　① 吴学昭：《吴宓与汤用彤》，汤一介主编：《国故新知：中国传统文化的再诠释》，北京大学出版社 1993 年版，第 27 页。

语堂都到了美国，在哈佛大学新人文主义（新古典主义）大师白璧德的教鞭下就读，同先人师门的梅光迪、张歆海和随后来美的陈寅恪、梁实秋一起在哈佛形成了新人文主义的中国传人群体（梁实秋到哈佛时，梅光迪、吴宓都已回国执教）。梅光迪、吴宓、楼光来 1922 年 1 月于南京东南大学创刊《学衡》，形成了同北方新文化群体相抗衡的"学衡派"，主要对立面是以胡适为代表的新文学革命群体（对"学衡派"的反击主要是胡适、鲁迅、周作人）。"学衡派"的主要人物先后有：梅光迪、胡先骕、吴宓、刘伯明、柳诒徵、缪凤林、汤用彤、楼光来、林宰平、王国维、刘永济、黄节、吴芳吉、景昌极、李思纯、陈寅恪、张其昀、叶玉森、孙德谦、郑鹤声、马承堃、萧纯锦、瞿方梅、林损、邵祖平、向达、张荫麟等（主要指在该刊发表文章，具有相当的学术身份和学术志向，以及相同的文化精神）。在思想上，他们承继中国文化传统，又接受白璧德的新人文主义（吴宓称自己的文化保守主义并不是直接承受中国文化的传统，而是"直接继承西洋之道统"），成为当时独特的，有别于林纾、严复、章士钊、刘师培、黄侃的文化保守主义群体。在文化精神上，他们上承《国粹学报》、《国故》，反对新文化运动，尤其不满胡适的白话新文学主张。当时在美国的大学校区中，白璧德的新人文主义同杜威的实验主义是分庭抗礼的。占据北京大学的蒋梦麟（继蔡元培后执掌北大）、胡适师从杜威，执教南京东南大学的梅光迪、吴宓、汤用彤师从白璧德（胡适在北京《新青年》等刊物上大力介绍杜威及实验主义，并迎接杜威来华讲学布道；梅光迪、徐震堮、吴宓、胡先骕、汤用彤则在南京《学衡》上大量介绍白璧德及新人文主义）。因此，1922 年开始在中国爆发的"学衡派"对新文化运动的清算及胡适派文人的反攻，被称为"谱写白（璧德）杜（威）辩论的中国版"①。白璧德的学生②对胡适及新文学运动的清算、反思，火力最猛是在 1922—1923 年间（其中有的文章是《学衡》从其他刊物上转载的。如吴宓的《论新文化运动》初刊于 1921 年春季的《留美学生季报》，《学衡》第 4 期转载）。随后的批评一直没断，代表性的文章可数 1926 年梁实秋的《现代中国文学之浪漫的趋势》，1933 年易峻的《评文学革命与文学专制》。梁实秋虽然在自由主义议政上受胡适的感召，同胡适站在一起，但在文学观念上却同胡适大相径庭，属于"学衡派"。③

胡适同"学衡派"的关系，实际上是他同清华自由主义文人中的文化保守派的冲突（他同清华自由主义文人中的文化激进派则趋向一致）。

梅光迪是《学衡》派的主要人物之一。他本是胡适的朋友，一起参加 1910 年的留美考试落榜，1911 年自清华学校赴美留学（晚胡适一年）。1915—1917 年间，他在美国西北大学、哈佛大学学习时，同胡适展开过有关文学的文言与白话的死、活之争，以及白话入诗的辩论，把胡适"逼上梁山"，并诱发了故国的文学革命。梅光迪是竭力反对胡适的新文学主张的。可以说，他是胡适早期（酝酿、讨论过程中）文学革命主张的主要反对者。矛盾的对立与发展，却促使一方由

---

① 孙尚扬：《在启蒙与学术之间——重估〈学衡〉》，香港《二十一世纪》1994 年 4 月号。

② 白璧德著名的中国学生有八人，依次是梅光迪、张歆海、吴宓、汤用彤、林语堂、楼光来、梁实秋、郭斌龢。陈寅恪并未正式投入白璧德门下，却在哈佛大学受到白璧德及新人文主义的切实影响。

③ 梁实秋的思想模式可谓"政治上的自由主义，文化上的保守主义"。美国颇负盛名的批判社会学家丹尼尔·贝尔在《资本主义文化矛盾》的 1978 年再版前言中明确表示自己"在经济领域是社会主义者，在政治上是自由主义者，在文化方面是保守主义者"。贝尔的这种"现代思想模式"已成为一个典型。

最初的改良之动议到革命之举。1922 年以后的反对新文化运动—新文学运动，是梅光迪在美反对胡适的继续和扩大化。

作为《学衡》杂志的实际主持者和最有影响力的核心人物的吴宓，在胡适回北京大学任教时方自清华园赴美国。梅光迪在文学革命的酝酿讨论过程中败于胡适，且对胡适因"文学革命"在国内暴得大名，借势掀起一场文学革命运动而心怀愤懑，便在美"招兵买马"，搜求人才，准备回国与胡适大战一场。据《吴宓自编年谱》所示，吴宓是由施济元牵线搭桥，同梅光迪相识、相知，引为同志。因为吴宓的文学思想和态度，正合乎梅光迪的理想标准。

梅光迪不满于胡适与陈独秀联手所推进的新文化运动，尤其对胡适"声势煊赫，不可一世"的虚名感到不平（他先揭胡适的老底。当时"胡适博士"在国内被舆论界炒得很红，梅光迪便捅出胡适是博士论文没有通过的"假博士"的实事）。1918 年 8 月初，梅光迪同吴宓"屡次作竟日谈"，对此，吴宓记述道："梅君慷慨流涕，极言我中国文化之可宝贵，历代圣贤，儒者思想之高深，中国旧礼俗，旧制度之优点，今彼胡适等所言所行之可痛恨。昔伍员自诩'我能覆楚'，申包胥曰：'我必复之'。我辈今者但当勉为中国文化之申包胥而已。云云。宓十分感动，即表示：宓当勉力追随，愿效驰驱，如诸葛武侯之对刘先主'鞠躬尽瘁，死而后已'"[1]。

这是梅、吴缔结义盟的开始。随之，吴宓同在哈佛的陈寅恪、汤用彤、楼光来、张歆海（鑫海）、顾泰来等人因"志同道合，情趣相投"而结为好友。其中清华学校 1918 年的毕业同学张歆海，师从白璧德，得文学博士学位，为哈佛同学中第一个获文学批评博士学位的

---

[1]　《吴宓自编年谱》，三联书店 1995 年版，第 177 页。

清华学生。吴宓称道张歆海"年少美才,学富志洁,极堪敬爱"①。
闻一多在致梁实秋、吴景超信中称许张歆海的英文,"外国人无以过
之"②。张歆海以题为《马修·安诺德的尚古主义》的论文获博士学
位,吴宓引为清华人的骄傲。据吴学昭在《吴宓与陈寅恪》一书中所
示,张歆海当时即表示欲在他年同胡适等"鏖战一番"。吴学昭写道:
"父亲说,诸君多具有深厚的国学基础,对西方文化也相当了解,在
对待祖国传统文化的问题上,不赞成胡适、陈独秀等的全面抨击、彻
底否定,重视传统与现代之间的继承性,在现有的基础上完善改进。
又说当时在哈佛大学诸君,学深品精者,均莫不痛恨胡、陈。张君鑫
海表示,'羽翼未成,不可轻飞。他年学问成,同志集,定必与若辈
鏖战一番'。"③

　　由此可见,《学衡》杂志与"学衡派"的基本力量(海外)1922
年之前已在美国形成。这是胡适同清华文人的一种特殊关系。这里值
得一提的是,白璧德的这几位学生大多是胡适的朋友,学术思想上的
分歧和对立并没有影响他们的朋友之谊。这也是那一代人特有的胸襟
和习性。据胡适的日记和保留的来往书信所示,1924 年东南大学风
潮时,张歆海于 3 月 24 日致信胡适,希望胡适能促使北京大学聘请
汤用彤为北大教授,讲授哲学与梵文。梅光迪在抗战后期病逝时,胡
适曾着手为这位朋友做传(后因太忙而未成)。在胡适的来往书信中,
还保留了梅光迪的朋友、同事郭斌龢为梅光迪写的传略。

　　《学衡》杂志能在南京东南大学创办,且群聚梅光迪、胡先骕、
吴宓、汤用彤、楼光来、李思纯(留学法国)等一批留美、法学

① 吴学昭:《吴宓与陈寅恪》,清华大学出版社 1992 年版,第 19 页。
② 《闻一多全集》第 12 卷,湖北人民出版社 1993 年版,第 68 页。
③ 吴学昭:《吴宓与陈寅恪》,第 19 页。

生，逆新文化运动—五四运动的文化激进主义主流而行，公开同以胡适为核心的新文化主力军交战，是同主持东大校务的刘伯明分不开的。刘伯明同《学衡》及"学衡派"的关系，如同蔡元培与《新青年》及新文化运动。刘伯明早年留学日本，为同盟会成员，1911年赴美深造，获西北大学哲学博士学位。此时他为东南大学校长办公室副主任兼文理科主任，著有《西洋古代中世纪哲学史大纲》、《近代西洋哲学史大纲》等专著。刘伯明参与创办《学衡》杂志，并在该刊发表多篇文章。刘伯明虽属"学衡派"，却有异于吴宓、梅光迪、胡先骕那样完全同胡适派新文化运动主力的对立。刘伯明的"兼容并包"，同蔡元培有相似之处。仅就他对激进的新文化运动的评价和对文化保守主义者梁漱溟的态度，可见他同"学衡派"中其他人物吴宓、胡先骕、梅光迪的差异。他认为，"今日吾国主新文化者，即法之百科全书派也。今之浪漫思潮，即德之理想主义运动也。其要求自由，而致意于文化之普及，藉促国民之自觉，而推翻压迫之制度"，"由是观之，新文化之运动，确有不可磨灭之价值"。他声称五四运动乃是"激于世界之民治新潮，精神为之舒展，自古相传之习惯，缘之根本动摇。所谓五四运动，即其爆发之表现。自是以还，新潮漫溢，解放自由之声，日益喧聒。此项运动，无论其缺点如何，其在历史上必为可纪念之事"①。他批评此时文化保守主义者梁漱溟的重要学术成果《东西文化及其哲学》中将西方文化简约化的做法，并指出梁漱溟的许多谬误，如"其谓西洋文化，通是科学与德谟克拉西，厥后又缩小范围，而以希腊、罗马及近世文化为限，中世文化不在此范围以内。不知中世文化，为西洋文化紧要元素之一，而希腊文化又与中世文化不同也"。最后他认为"梁君所述，

---

① 《共和国民之精神》，《学衡》第10期。

率皆偏而不全，易滋误解"①。正是这种一方面积极支持《学衡》杂志所持的特立独行的文化态度，一方面又清醒于文化时势的胸襟，使他能团结一批学人，在东南大学形成一个虽逆新文化运动之大势，却又有独特学术个性的文人群体。只因刘伯明 1923 年 11 月英年早逝，东南大学便呈"崩坏"之势。群聚东南大学的"学衡派"文人也散落四方。《学衡》杂志由吴宓勉强支撑。自 1925 年始，《学衡》便由执教于清华学校的吴宓在北京组稿编辑，上海中华书局印刷发行。

3

具有独特学术个性、道德情操和文化理念的"学衡派"，在 1989 年以前的六十多年里，一直受到文化自由主义和政治激进主义的批评、讥讽。1989 年以后"国学热"的升温，学界才开始重新认识文化保守主义的另一面（即李泽厚所说的思想家淡隐，学问家凸出）。当然，这也很容易让人想起当年吴稚晖对"国故的臭东西"的责难，的确也有人在继续责难。吴稚晖说"国学大盛，政治无不腐败"。此话不无道理。因为国学之盛同政府倡扬有关，同官方意志相投。官方意志越重，就越会潜生腐败。这自然是国学之外的事，似乎也更不该让"学衡派"受连累。

《学衡》是作为以陈独秀、胡适为代表的新文化运动—新文学运动的激进主义思潮的反对势力出现的，在新文化运动的时代主潮中，只不过是一股小小的逆行之流，在强大的时代主潮的冲击下，在社会由传统向现代的转型过程中，并未形成一股有碍历史大变局的力量，只可算作时代之波中的几朵浪花。但作为一种文化保守主义思潮，它自有学理上的价值。在 20 世纪世界反现代化的保守主义思潮中，中

---

① 《评梁漱溟著〈东西文化及其哲学〉》，《学衡》第 3 期。

国的"学衡派"（主要是以留学欧美归来的学人为主体）是属于"新保守主义"〔哈贝马斯将西方的保守主义分为"老保守主义"、"新保守主义"和"青年（激进）保守主义"——抑或称"后现代主义"〕，它有别于试图搞专制复辟和做着帝制梦想的政治保守主义（"老保守主义"），其主要表现是文化上的保守，而无政治企图。作为世界反现代化思潮的一部分，它受美国新人文主义的影响，在中国迈向现代化的初始，表现出美国"新保守主义"的某些倾向。它是在接受现代性的政治（民主、自由，如刘伯明所主张的"共和精神"、"自由与责任合"）、经济（科学的时代赐予）和技术特征的同时，试图从文化发展的承继性和规范化上，制衡文化激进主义、唯科学主义带来的社会文化观念和人生信念的现代失范，尤其是文人精神、伦理道德的沦丧或异化。

《学衡》创刊号中《学衡杂志简章》的第一项"宗旨"，称他们"论究学术，阐求真理，昌明国粹，融化新知，以中正之眼光，行批评之职事。无偏无党，不激不随"。卷首的插图是孔子像、苏格拉底像，这两者并重相提，也可显示良苦用心。批判胡适及新文化运动的主要论文，多出自梅光迪、吴宓、胡先骕之手，如第一期上梅光迪的《评提倡新文化者》、胡先骕的《评〈尝试集〉》，第四期上吴宓的《论新文化运动》。刘伯明的文章则相对具有中和、兼容的态势，如第一、二期上的系列文章——《论学者之精神》、《再论学者之精神》，第三期上的《评梁漱溟著〈东西文化及其哲学〉》，第五期上的《杜威论中国思想》，第六期上的《非宗教运动平议》，第十期上的《共和国民之精神》等，对中西、古今各家学说一视平等，并加以学理上的阐释、评说。

认识胡适及胡适派文人，自然不可绕过文化保守主义的"学衡派"。过去对"学衡派"及文化保守主义的批评，常常立足于现实而少学理上的对话，将胡适同"学衡派"完全对立。讨论"保守主义"
的立场和态度时，首先要涉及一个"政治原则"，因为"政治原则必
须符合某种是非标准"①。民国初年及五四前后"中国的保守主义也
主要是一种文化保守主义，它很少涉及传统的政治秩序是否延续的问
题"②。因为吃够封建帝制奴役之苦的知识分子，不论新旧，都会珍
视自由。这里，我说"学衡派"上承"国粹派"、"国故派"，主要是
指文化精神上的。因此我界定"学衡派"是文化上的保守主义，而非
政治学上的。就政治思想体系而论，自由主义和文化保守主义都尊重
自由，并对自由加以维护和支持。保守主义同自由主义的对立，是由
于后者对历时的传统文化和共时的文化传统的批判、否定。当时"学
衡派"中也有原"国粹派"和"国故派"中的人，乃至前朝皇室的侍
从文人，但他们已没有多大的政治影响。晚清"国粹派"及新文化运
动—五四运动中的"国故派"，虽然也是一股文化上的保守思潮，但
主要还是政治的势力（此时的王国维虽同溥仪有所交往，却无政治势
力；黄节从"国粹派"到"国故派"，如今又加盟"学衡派"，政治色
彩越来越淡），因此，有学者视这种借助文化取向政治革命的文化保
守主义为"文化的民族主义"③。他们两者的区别在于政治与文化的

---

① 休·塞西尔：《保守主义》（杜汝辑译），商务印书馆 1986 年版，第 46 页。

② 汪晖：《无地彷徨——五四及其回声》，第 201 页。

③ 同上书，第 27—28 页。关于"文化民族主义"一词的使用也颇有不同，林毓生
认为胡适的思想信念上存在着"作为一个世界性的现代知识分子"同"作为一个文化民族
主义者"的冲突（《中国传统的创造性转化》，第 186—187 页）。民族主义与民主在历史的
进程中往往是冲突的。艾克顿公爵指出过："民族主义使得民主变得无效。因为它限制了
大众的民意，并使民意被一个更高原则所取代。"托克维尔则把民族主义视为"本能的爱
国主义"。参见《殷海光林毓生书信录》，上海远东出版社 1994 年版，第 19 页。民族主义
凌驾于民主之上时，便会出现"极权主义民主"，背离"自由主义民主"的传统。这一问
题雅各布·托曼在 1952 年出版的《极权主义民主的起源》一书中有系统的阐释。

重心不同。[①]

美国学者夏洛蒂·弗思（汉译名为傅乐诗）在《近代中国保守派的文化和政治》中对"国粹运动"进行考察时，注意到了其中的"政治原则"：

> 国粹运动的革命派所起的作用是把古典主义同社会达尔文主义糅合在一起——它对反满革命的支援是主张国粹系汉民族的创造，是他们的种族天资和历史经验的有机产物。在 1911 年以前的数年中，国粹派一度主张一种民粹主义——它祈求一个基于种族、土地和历史的国民社团；不久这一社团要求就同组织人民作为一个民族起义反满的努力携起手来了。然而，对于国粹古典派来说，种族神话比文化神话难以持久，后者于 1912 年后很快重新夺得优势。[②]

"学衡派"的文化保守主义群体则完全没有现实政治的企图和依靠。他们抗拒新文化运动，主要是一种文化精神上的守成。因为此时已不是"国粹派"的政治革命（反清）时代，他们同从政治运动中分离出来的章太炎一样，只关注文化本身，而无力关注现实政治。他们

　　[①]　伊藤虎丸在《鲁迅、创造社与日本文学》中认为鲁迅也是"文化上的民族主义"者，核心主旨是文化上的独立要求和民族灵魂的觉醒及民族精神的更新。这个"文化上"的民族主义并不是"政治上"的民族主义的反对物，只是两者有些差异罢了。在清廷倒台，民国初立那个转型时代，民族主义与爱国主义是同一指示。文化上的民族主义与文化上的保守主义，政治上的保守主义与政治上的民族主义常有杂糅、含混。事实上，就文学观念而言，鲁迅与"学衡派"是完全不同的。因此，若同时使用"文化上的民族主义"的概念，必须区别其中的保守与激进的差异。

　　[②]　转引自魏斐德：《关于国民性的探索》，《中国传统文化的再估计》，上海人民出版社 1987 年版，第 162—163 页。

同处"在一个文化—道德与社会政治秩序已不再被理解为是统一的革命的世界，文化成了一种精华"①的时期，而且捍卫文化道统（而非政治的旧道统）。自由主义大师海耶克对欧洲的保守主义的学理上的探讨、批评"正好也同样适用于批评中国的保守主义"，且很深刻。这里抄录一些，权作透视的参照：

> 正格的保守主义确乎是一种反对激剧变动的广泛态度。这种态度是健全的，也许是必要的。②

海耶克同时强调保守主义是有相应的使命感和道德情操的，他说："典型的保守主义者的确常常是真有极强烈道德信守的人。"③ 这个"道德信守"也可理解为相关的"道统"。这一点，有"学衡派"的陈寅恪、梅光迪、吴宓、胡先骕、汤用彤、王国维的个人经历和情感体验作证，笔者另有专文讨论。

将保守主义与自由主义、激进主义一同比较考察，海耶克发现保守主义"并不能防止时流趋向之继续发展。于是保守主义总是不由自主地受时代的拖曳而行。保守主义和进步主义者之间的拉锯战只能影响现代社会发展的速度，而不能影响它的方向"④。因为保守主义者对社会的自由成长的称道，一般而论，只适用于过去。他们时常缺乏勇气迎接同样未经计划的变动。而人类努力所采用的新方式正是从这些未经计划的新变动里产生的。就社会变革而言，自由主义者会毫无

---

① 转引自魏斐德：《关于国民性的探索》，《中国传统文化的再估计》，第 163 页。
② 转引自殷海光：《中国文化的展望》上册，台湾桂冠图书股份有限公司 1990 年版，第 294 页。
③ 同上书，第 300 页。
④ 同上书，第 294 页。

瞻顾地去接受，即使是尚不知作必要的适应，也会首先接受。而保守主义者"只有在他能确定有较高的智慧来监视社会变动时，他才感到安全和满足"①。这就需要借助官方的政治权威和社会结构的"有秩序"。

事实上，自由主义与激进主义对传统的批评、扬弃，是要解除传统的束缚和惰性，以确立新的文化规范。而保守主义借助传统，又是防止自由、激进思潮导致的文化失范。取向不同，因此命运也就有异。这是胡适同清华文人的一种特殊关系。

4

清华学校的清华文学社和天人学会这两个社团以外的诸多学子，到美国后所学的专业各异，但从事政治学、哲学、社会学与人类学的罗隆基、王造时、吴景超、吴泽霖、吴文藻、沈有乾、潘光旦，和从事文学艺术的梁实秋、饶孟侃、朱湘、闻一多等，归国后都有强烈的政治责任感，尤其是罗隆基、王造时自威斯康星大学获得博士学位后，还游学英伦，师从著名政治学家拉斯基，体验过以拉斯基为核心的"费边社"议政方式，并在 1929—1930 年《新月》时期，跟随胡适试图在中国推行"费边社"的议政方式。《新月》时期的核心人物除胡适、余上沅、徐志摩、叶公超外，从事文学和从事政治评论的，几乎都是清华园出来的。清华园的一部分人，在美又因共同的政治兴趣内凝为信仰国家主义的大江会，并创办《大江季刊》。这个政治性较浓的原清华学生的结社，宗旨为"对内实行改造运动，对外反对列强侵略"。大江会的宣言、纲领是由有浓重政治意识的罗隆基、何浩若起草的。大江会最初的二十九位成员

① 转引自殷海光：《中国文化的展望》上册，第 297 页。

是：王化成、孔繁祁、何浩若、吴文藻、吴景超、吴泽霖、沈有乾、沈宗濂、沈镇南、胡毅、胡竟铭、徐宗涑、时昭瀛、陈钦仁、陈华寅、浦薛凤、顾毓琇、梁实秋、张继忠、黄荫普、闻一多、熊祖同、潘光旦、刘聪强、蔡公椿、翟桓、罗隆基、薛祖康、魏毓贤。[①] 其中，有七人在 1929—1930 年间加入了以胡适为核心的《新月》内部的自由主义议政团体平社。

清华学校欲改制为大学，设置研究院实行导师制时，清华当事人曾有意请胡适去主持研究院。而胡适不愿意离开北大，推举梁启超、王国维、陈寅恪、赵元任为导师——形成清华大学日后的国学研究群体。随后，冯友兰、金岳霖、吴宓、朱自清、杨振声、叶公超、李济等执教清华，使人文、社会学科初具规模（也有人认为这是“清华学派”的形成），在 20 世纪 30 年代则蔚然成荫，泽被学界。

八　精神感召：浓得化不开的情结

1

在 1915 至 1923 年那些思想激荡的岁月，中国思想文化界空前活跃，形成了新的知识分子阶层，并营造出一种新的人文精神（批判的，干预政治的）。这个新的精神状态也是空前地亢奋。激进、浪漫的情绪和开放、宽容的胸怀，在一代启蒙思想家和新青年身上体现得尤为明显，以至在许多人的心中留下了浓得化不开的五四情结。那个

---

① 转引自闻黎明：《闻一多传》，人民出版社 1992 年版，第 82 页。

特有的时代精神氛围成了知识分子关注现实生活的参照系。知识分子对新文化运动—五四运动的缅怀，成为历经岁月的沧桑也抹不掉的记忆，而对那个时代的回忆则成为民族的历史之鉴。[①]

伯纳德·刘易斯在《历史：记忆、再现和创造》一书中谈到："记忆的历史可以说是一个社会或一个民族的集体记忆——它的统治者和领导者、诗人和智者，选取了一些有意义的东西，包括真实的和象征的，把它们记下来。"[②] 事实上，中国人对新文化运动，尤其是五四运动的认识，更多的是取"象征"的意义。作为这个民族的诗人和智者，张爱玲 60 年代移居美国时在《忆胡适之》的文章中谈到了对五四的历史记忆："我屡次发现外国人不了解现代中国的时候，往往是因为不知道五四运动的影响。因为五四运动是对的，对外只限于输入。我觉得不但我们这一代与上一代，就连大陆上的下一代，尽管反胡适的时候许多青年已经不知道在反些什么，我想只要有心理学家荣（Jung）（通译荣格——引者）所谓民族回忆这样东西，像五四这样的经验是忘不了的，无论湮没多久也还是在思想背景里。"[③]

1949 年以后毛泽东文艺思想的权威阐释者，执掌宣传、理论建设大权的周扬，以刘易斯提到的那种"统治者和领导者"的身份在

----

① 对新文化运动—五四运动的历史回忆和评价有不同的观点：周策纵在《五四运动：现代中国的思想革命》中分为自由主义者、保守的民族主义者和传统派、共产主义者三种解释；微拉·施瓦支（又译名为薇娜·舒衡哲）在《中国的启蒙运动——知识分子与五四遗产》中分为官方的政治解说和知识分子五四观。汪晖在《无地彷徨——"五四"及其回声》中概括两者之说，分解为文化批判的或启蒙主义的、民族主义的或文化保守主义的、新民主主义的或共产主义的。

② 转引自薇娜·舒衡哲：《"五四"：民族记忆之鉴》，《五四运动与中国文化建设——五四运动七十周年学术讨论会论文选》，社会科学文献出版社 1989 年版，第 147 页。

③ 《张爱玲散文全编》，浙江文艺出版社 1992 年版，第 309 页。

80 年代初有一段对五四的重新认识，这是立足于思想的"批判"、"启蒙"这些文化深层的变革，从"象征"意义上着重谈了五四启蒙运动的未竟使命，以谋求现实中的实现：

> 思想批判的声音被紧迫的抗日战争淹没了，但它仍留下了重要的启示⋯⋯以后中国的一切民主运动都受惠于五四。但是，都没有完成任务。虽然一些知识分子在 40 年代曾想解决封建思想的问题，但他们并不成功。甚至在 50 年代中国共产党领导的土地改革运动中，也没有触及文化最深层面的问题。与旧的思想习惯作斗争，靠单纯的勇气是不够的⋯⋯尽管做了扫除落后和愚昧的多次努力，但迷信仍然存在。思想的启蒙仍是需要的，因为旧思想习惯的势力比其他的势力更强大。它是无形的。①

至于其他的回忆、纪念文字那就更多了。

新文化运动、新文学运动、五四运动本是三个不同的所指，却又有内在的关联。在新一代知识分子中，反封建传统是大家共同的心理趋向，也是主导中国知识界的文化意识。就新文化运动而言，《新青年》同它不可分离。在五四运动前夕，陈独秀在《新青年》第六卷第一期上发表的《本志罪案之答辩书》中，就把新文化的基本精神概括为"科学"与"民主"。随后，胡适在《〈科学与人生观〉序》中，认同并进一步强化了陈独秀之说，使"科学"和"民主"成了新文化运动的精神实质的最好概括。十几年后（1935 年 5 月），他又以"思想的解放与个人的解放"从另一个方面作更具体的概括：

---

① 转引自薇娜·舒衡哲：《"五四"：民族记忆之鉴》，《五四运动与中国文化建设——五四运动七十周年学术讨论会论文选》，第 148—149 页。

我们在民国八、九年之间，就感觉到当时的"新思潮"、"新文化"、"新生活"有仔细说明意义的必要。无疑的，民国六、七年北京大学所提倡的新运动，无论形式上如何五花八门，意义上只是思想的解放与个人的解放，蔡元培先生在民国元年就提出"循思想自由言论自由之公例，不以一流派之哲学一宗门之教义梏其心"的原则了。他后来办北京大学，主张思想自由、学术独立、百家平等。……我们在当时提倡的思想，当然很显出个人主义的色彩。①

新文学运动开始于 1917 年，经胡适、陈独秀、钱玄同、鲁迅、刘半农、周作人等文学先驱者的努力，"活的文学"与"人的文学"成了新文学运动的价值取向。追求"白话文学"的"活"与"人的文学"的"毁道"，也就成了新文学的基本精神导向。随之勃发的文学的现实主义、浪漫主义、象征主义、唯美主义、现代主义等思潮，都是在这一历史新起点上展示各自的文学精神与表现形式的灵活，以及由此表现出作为创作主体人的自由精灵。

2

对五四学生运动最先肯定的是胡适的学生、5 月 4 日天安门大游行中散发的《北京全体学界通告》的起草人罗家伦。尽管在以后的岁月里，胡适、孙中山、蒋介石、毛泽东等各式人物都就五四运动发表过各自的意见，且多带有个人的色彩，或赋予某些政治的内容，但罗

---

① 胡适：《个人自由与社会进步——再谈五四运动》，《独立评论》第 150 号。《胡适全集》第 22 卷，第 283—284 页。

家伦最初的意见尤为可贵，他使"五四运动"一词继 5 月 18 日在以"北京学生联合会全体学生"名义发表的《罢课宣言》中显示后，再次见诸于文字，进一步强化形成一个专有名词。罗家伦在 1919 年 5 月 26 日《每周评论》第二十三期上发表的《"五四运动"的精神》①中，指出五四运动产生了"三种真精神，可以关系中国民族的存亡"。他把这三种"真精神"概括为："学生的牺牲精神"，"社会裁制的精神"，"民主自决的精神"。即后来人们习惯上称说的"反帝爱国精神"。

一年以后（1920 年 5 月），罗家伦写了《一年来我们学生运动的成功失败和将来应取的方针》，以五四运动划分中国社会的"静"和"动"：

> 从前我们中国的学生，口里法螺破天，笔下天花乱坠……惟有这次一班青年学生，奋空拳、扬白手，和黑暗势力相奋斗……总之五四以前的中国是气息奄奄的静的中国；五四以后的中国是天机活泼的中国。"五四运动"的功劳就在使中国"动"！②

从新文化运动开始，经过新文学运动的推波助澜，至五四运动，中国思想文化界的精神状态达到了高度亢奋的境界。由思想文化的剧变到对政治的介入，使大批知识分子共处的那个多元的思想精神状态产生了相应的迷乱和分裂。信仰的多元化，使他们从学理的探求走向行动的实践，有的试图以自己的那份近于宗教狂热的虔诚，去为实现

---

① 署名为"毅"，在《每周评论》头版"山东问题"的讨论栏目中与陈独秀的《山东问题与国民觉悟》、《外交失败声中的怪现象》一起刊出。
② 《新潮》第 2 卷第 4 号。

自己的理想（"主义"）而奋斗。也有的在民主、自由的感念中，去追求现实"问题"的理性解决。当然，也有逃避现实，退回到心灵的独处，在传统文明那脉脉温情中寻求灵魂的慰安，以抗拒现代文明对他们的异化，并从文化保守主义（民族主义）的立场去批判新文化运动对中国传统文化产生的破坏作用，和由此导致的文化失范。

"文艺复兴"、"启蒙"、"新启蒙"（1936—1937）、"埋葬五四"、"超越五四"、"继承五四"、"新启蒙"（1988—1989）……五四成了中国知识分子一个浓得化不开的心理情结，成为精神演示的一个符号，和反抗现实，展示自我意识的招牌。

就胡适个人来说，他日后的许多学术或非学术工作都是为新文化运动—五四运动作注脚，为那个曾经辉煌的时代投下反思和新的阐释。其中，《白话文学史》、《逼上梁山》、《中国的文艺复兴》（英文）、《四十自述》、《口述自传》等，都可视为那段历史的注释，和一种无法忘却的心理高峰体验的回味。

新文化运动—五四运动高潮之时，英国的罗素和美国的杜威这两位自由主义哲学家来华讲学。5月4日学潮发生时，胡适正在上海迎接他的老师杜威。杜威身历了中国新文化运动—五四运动的高涨，在他回国后所作的《中国的新文化》一文中有这样一段相对客观的感言：

> 这场运动，在我看来，感情的成分多于思想的成分。其中还伴随着夸张和混乱，未能消化掉的智慧与荒谬的杂合，等等。一切都告诉我们，这场运动的开始阶段是太急功近利了。……也许有人会讥笑整个运动，讥笑它不够成熟，不够深刻，讥笑它多多少少不过是把一些不相关的观点、把一些乱七八糟的西方科学和思想瞎胡拼凑在一块。……然而，正是这场运动，正是这场新文

化运动，为中国的未来奠定了一块最牢固的希望的基础。①

杜威走马观花，是以局外人的眼光和立场来看待这场运动的。而对最初孙中山代表国民党对五四运动的评说，胡适颇为赞同，并在1928年5月4日（在上海光华大学的演说词）、1960年5月4日（与台湾"中央广播电台"记者安先生的谈话录音）的两次讲演中引用。他认为孙中山是得五四运动真意义的。孙中山致海外国民党同志书中的这段话是：

> 自北京大学学生发生五四运动以来，一般爱国青年，无不以革新思想为将来革新事业之预备；于是莲莲勃勃，发抒言论，国内各界舆论，一致同倡，各种新出版物，为热心青年所举办者，纷纷之伪政府，犹且不敢撄其锋。此种新文化运动，在我国今日，诚思想界空前之大变动，推原其故，不过由于出版界之一二觉悟者，从事提倡，遂至舆论放大异彩，学潮弥漫，全国人皆激发天良，誓死为爱国之运动。倘能继长增高，其将来收效之伟大且久远者，可无疑也。吾党欲收革命之成功，必有赖于思想之变化，兵法攻心，语曰革心，皆此之故；故此种新文化运动，实为最有价值之事。②

胡适所说的"真意义"，即孙中山所谓的"欲收革命之功，必有赖于思想之变化"。但孙中山之后，国民党的当权者蒋介石走向革命

---

① 转引自微拉·施瓦支：《中国的启蒙运动——知识分子与五四遗产》（李国英、陈琼、李声笑、许剑辉译），山西人民出版社1989年版，第10页。
② 转引自《胡适作品集》第26册《胡适演讲集》（三），第27页。

的另一面，却否定五四新文化运动，认为它是一场灾难，公开背叛了孙中山的结论。

3

作为自由主义代言人和象征性形象出现的胡适，对新文化运动—五四运动的回忆、阐释具有独特的个性色彩。胡适对新文化运动—新文学运动—五四运动的认识有内在的理路，即把三者区分开来，同时注重内在的联系，并赋以"中国的文艺复兴"这样一个具有可参照性、可比拟性的概说。这一概说的基本内涵是思想史意义上的，而不是政治阐释。在随后他有政治意识的介入，却都是对现实生活的有感而发。

在不同的场合，胡适依据对新文化运动—新文学运动—五四运动历史遗产的不同需要，各有相应的界说和阐释。1922 年，他为《申报》五十周年纪念册作了《五十年来中国之文学》的长义，从文学革命的视野投下如此的关注：

> 民国八年的学生运动与新文学运动虽是两件事，但学生运动的影响能使白话的传播遍于全国，这是一大关系；况且五四运动以后，国内明白的人渐渐觉悟"思想革新"的重要，所以他们对于新潮流，或采取欢迎的态度，或采取研究的态度，或采取容忍的态度，渐渐的把从前那种仇视的态度减少了，文学革命的运动因此得自由发展，这也是一大关系。①

把握新文学革命运动同五四运动的内在关系，尤其注重"思想革

① 《胡适作品集》第 8 册《五十年来中国之文学》，第 146 页。

新"的内在脉络，以显示人的文学和活的文学的发展演示，是胡适写作《五十年来中国之文学》的特性，也是他借助文学传统反思新文化运动，为新文学寻找历史依托的投入。这是自由主义在文化上的介入。

随后，为了巩固新文学的成果，并为寻求历史的依据，胡适又写了《白话文学史》上卷。胡适一度应邀赴美讲演，从"中国文艺复兴"的第四时期的角度，说"新文学运动，并不是由外国来的，也不是几个人几年来提倡出来的……新文学运动是中国民族的运动"。他甚至把"中国文艺复兴"定义为："按照我们的需要，根据我们的历史传统去制订方案以解决我们自身问题的一种自觉尝试"①。

通过纪念五四来阐释五四的历史意义，并寻求与批判现实的思想契合和政治干预，是胡适反思五四的另一方面。这一点，主要是自由主义在政治上的一种介入。1928 年的五四纪念日，胡适作《五四运动纪念》的讲话，并将讲稿刊登在上海《民国日报》的《觉悟》上。胡适在讲述了"五四运动之背景"、"五四运动之发生"以后，着重谈了"五四运动之影响"，并立足现实，引申出五四的"间接的影响"：

> 第一，五四运动引起全国学生注意社会及政策的事业。
>
> 第二，为此运动，学生界的出版物，突然增加。
>
> 第三，五四运动更予平民教育以莫大影响。
>
> 第四，劳工运动亦随五四运动之后，到处发生。
>
> 第五，妇女的地位亦因五四运动之故，增高不少。

---

① 转引自罗志田：《再造文明之梦——胡适传》，四川人民出版社 1995 年版，第 326—327 页。

　　第六，彼时的政党，皆知吸收青年分子，共同工作。①

　　由此，胡适作出的总结是："五四运动为一种事实上的表现，证明历史上的一大原则，亦可名之曰历史上的一个公式。"这个"公式"被胡适概括为：

　　　　凡在变态的社会与国家内，政治太腐败了，而无代表民意机关存着；那么，干涉政治的责任，必定落在青年学生身上了。②

　　胡适还从许多历史实事中为这一"公式"作注，并把他的目光转向现实，即1927年以后的政治。他明确地表示对国民党当局残杀进步的、革命的青年学生的不满和责难。同时，这一"公式"也是对国民党政府的政治腐败的有力揭露。

　　他认为自五四运动以来，中国的青年对于社会和政治，总算不曾放弃责任，总是以满腔的热情（如北伐）在恶化的现实中挣扎。但自1927年始，青年人（主要是加入共产党的政治激进派）的过激，使当局不满，并招来当局的杀戮，牺牲了年轻的生命。胡适感叹"青年人的牺牲，实在太大了"。他特别指出近日报载武汉有二百余名共产党员同时遭受杀戮，年龄皆在二十五岁以下，且大多数为青年女子。"照人道讲来，他们应该处处受社会的保障，他们的意志，尚未成熟，他们的行动，自己不负责任……中国的青年，如此牺牲，实在牺牲太大了！"

_____

① 《胡适作品集》第26册《胡适演讲集》（三），第25—26页。
② 同上书，第28页。

最后，胡适引述国民党中央宣传部的宣传大纲中的话，说"年青学生，身体尚未发育完全，学问尚无根底，意志尚未成熟，干预政治，每易走入歧途，故以脱离政治运动为妙"[1]。

这里，胡适一方面不满于国民党政府对青年共产党人的杀戮，另一方面也出于对青年学生的同情、爱护，告诫他们不可轻易去干预政治，以免走上歧途，无谓地牺牲。同时，他又对青年人在恶化的现实中不曾放弃干预社会和政治的责任表示理解。这是一种十分复杂的心理，胡适借纪念五四道出自己此时的心态。因为就在几年前他曾在《现代评论》第二卷第三十九期发表《爱国运动与求学》一文，主张青年学生要确立"健全的个人主义"，认为"在一个扰攘纷乱的时期里跟着人家乱跑乱喊，不能就算是尽了爱国的责任，此外还有更难更可贵的任务：在纷乱的喊声里，能立定脚跟，打定主意，救出你自己，努力把你这块材料铸成个有用的东西"。由于政治的变迁，胡适这种前后矛盾的心理外化出的不同语词是可以理解的。国民党政府对他倡扬的"人权与约法"的"围剿"和官方舆论对旧文化、旧道德的提倡，也诱发他对当局的反新文化运动的狭隘民族主义进行批判。他在《新月》第二卷第六、七期上刊出的《新文化运动与国民党》中便明确表示，国民党是新文化运动行进中的反动力量，国民党所代表的民族主义是反新文化的反动行为和反动思想。这种"反动"在当今便是表现为对言论自由的钳制和对思想自由的压迫，以及对旧道德、旧文化的张扬、保护。

同时，胡适把国民党的逆新文化运动而行的民族主义、文化保守主义的理论根源加以剖析，直接把这种反动的理论权威（就新文化的对立面而言）——孙中山的三民主义拿来批判。因为孙中山在《三民

---

① 《胡适作品集》第26册《胡适演讲集》（三），第30页。

主义》的演讲中，明确提倡中国传统的固有旧道德，反对新文化。这同他在前些年的《与海外同志募款筹办印刷机关书》中所看重、称赞的"思想之变化"的观点相悖。以民族主义革命为理论核心的三民主义，是国民党的政治思想的基础和信仰体系。它建立在传统文化的正统思想之上，是数千年形成的文化道统的延续。而这正是胡适、陈独秀、鲁迅等一代启蒙思想家在新文化运动中所竭力反对、破坏的（以至在当时出现欲爱国则愈破坏和欲爱国则愈保守的价值理性与目的理性的对立）。

在新文化运动—五四运动的反思中，胡适还注意到了现代思想史的演变，尤其是个人作为社会主体的生存困境。他曾以 1923 年为界划分现代思想的不同倾向，指出从梁启超到《新青年》多是侧重个人的解放，并比附西方称这一时期为"维多利亚思想时代"；自 1923 年以后，无论是为民族主义的革命（国民党的政治运动），还是为共产主义的革命运动，皆属于反个人主义的倾向，所以称为"集团主义时代"。①

4

在随后 20 世纪 30、40 年代的国共之间的"围剿"和反"围剿"的斗争，日本帝国主义入侵的内忧外患日重之时，以及胡适 50 年代流亡美国、中国台湾之日，他反思新文化运动—五四运动，都受到时事的影响，带有明显的政治倾向性，尤其是在 50、60 年代，他的个体话语中对政治的感性排斥有相应的增加。50 年代在美国，他与唐德刚合作口述自传时，回味"从文学革命到文艺复兴"以后，认为五

---

① 《胡适的日记》（手稿本）第 11 册（1933 年 12 月 22 日）。

四运动是"一场不幸的政治干扰"①，它把一个文化运动转变成一个政治运动。这里，胡适是有意同中国共产党的领导人毛泽东之说所显示的意义相对抗（毛泽东在 1940 年《新民主主义论》一文中，认为五四运动是中国社会主义革命的源头，视为新民主主义革命的开始。1949 年以后，这一说法成了修史及解释现代史的依据）。他甚至以先知先觉者的口气说自己在 1919 年"已经觉察到'第二方面'（输入学理），已有走向教条主义的危险了"。这个"危险"的角色就是"我的主要反对派的共产主义者"②。当时唐德刚作为胡适的私淑弟子，并不同意老师把五四运动当成是对"新文化运动"的"政治干扰"这一看法，他认为文化运动以后必是政治运动，并超越了胡适此刻反对共产主义的政治观念，进一步指出"新文化运动"是近百年中国整个"现代化运动"中的一个"阶段"。唐德刚甚至为此又写了一篇题为《论中国现代化运动的阶段性》③ 的论文。

　　1960 年 5 月 4 日，已是胡适自美国回到台湾出任"中央研究院"院长以后，他在纪念五四的广播演讲中特别强调"五四运动是青年爱国运动"，并针对大陆的舆论说五四运动是他们搞出来的提出了批评，说这是不合实事的。同时，胡适反复申说五四同新文化运动，同所谓的"新思潮运动"、所谓的"文艺复兴运动"不是一件事。他在引述孙中山致海外国民党同志书中关于五四的一段话后，说道：

　　　　这样说起来，（可以算是）五四也可以说帮助，同时也可以说摧残，为什么呢？因为我们从前作的思想运动，文学革命的运

---

①　唐德刚译注：《胡适口述自传》，台湾传记文学出版社 1981 年版，第 183 页。

②　同上书，第 175 页。

③　《海外论坛》1960 年创刊号、第 2 期。

动，思想革新的运动，完全不注重政治，到了五四之后，大家看看，学生是一个力量，是个政治的力量，思想是政治的武器，从此以后，不但国民党的领袖孙中山先生，后来国民党改组，充分的吸收青年分子。在两年之后，组织共产党，拼命拉中国的青年人。同时老的政党，梁启超先生他们那个时候叫研究系，他们（也）吸收青年。①

因此，胡适说"我们纯粹文学的、文化的、思想的一个文艺复兴运动"就变了质，就走上政治的一条路。所以现在那些小的政党都是那个时候出来的。最后胡适明确地指出，中国的新文化运动实际上只有四年半，到 1919 年下半年就变了质，变成了一个政治力量。以后的局面也就变了。"所以我们现在回到五四这一天，只能说五四本身绝不是文艺复兴运动，而五四本身是爱国运动，完全是青年人爱国思想暴露啦……不过同时他一方面帮助我们的文艺复兴与思想的运动，同时也可以算是害了我们这纯粹思想运动变成政治化啦，可以说变了质啦"②。

那么，这其中谁功，谁过，胡适认为"很难定"。

在胡适的晚年，因为大陆激烈地反胡、批胡，引出胡适有意借谈新文化运动—五四运动而同中国共产党的政治对立。他在未完稿《中国共产党清算胡适思想的历史意义》中，说中国共产党宣布他是中国马克思主义和社会主义思想的最早的、最坚决的、不可调和的敌人，起初他觉得这是一个不可思议的大谜，但费了好几个月的研究和回想才渐渐明白，"我虽然没有写过一篇批判马克思主义的文字，我在这

---

① 《胡适作品集》第 25 册《胡适演讲集》（二），第 134 页。
② 同上书，第 135 页。

三十多年中继续为中国文艺复兴运动所做的工作，渐渐的把那个运动的范围扩大了……它的兵只是无数中年青年的文史工作者，它的军械只是一个治学运思的方法，它的根据地只是无数头脑清楚的中年青年人的头脑"。也正是大陆的批胡、反胡，使胡适有意地把"文艺复兴运动"的时间由曾局限在五四之前而扩大为"四十年"，引发出"四十年来的中国文艺复兴运动"之说。为此，他把《中国共产党清算胡适思想的历史意义》改题为《四十年来中国文艺复兴运动留下的抗暴消毒力量》（未完稿）。他说写作此文，即重新估定"文艺复兴运动"在这四十年所走出的成绩。这四十年中，"文艺复兴运动"包括五四以前的新文化运动，五四高潮及以后"新潮"文人群体的努力，40年代胡风写作《论民族形式问题》，50年代俞平伯的《红楼梦》研究，胡风集团的抗争。这里，"文艺复兴运动"的实指扩大了，意义被现实化了。也许这并不是胡适的初衷和本愿，只是现实特殊政治气候挤压所产生的变形、扭曲。

这是胡适晚年对五四运动及其影响的重新解释。这时大陆的批胡、反胡的基本调子已稳定，并且共产党的权威话语中已把五四运动界说为在列宁的号召下，受十月革命影响所开展的一场反帝反封建运动。这一运动是中国现代史（新民主主义时期）的开始和中国共产党政治生涯的发端。而胡适的重新解释则是有意抗拒中国共产党的政治性结论，具有明显的反政治化倾向。这自然也是大陆意识形态领域和大众话语所不能接受的。

事实上，胡适在对五四运动作这一重新解释的同时，他在台湾的政治处境更是艰难。国民党的掌权者蒋家父子对他实施高压，排斥他的自由主义。同时，保守的民族主义者和文化保守派都把五四运动看成是一场历史的灾难，认为胡适及五四运动摧毁了中国的传统文化，而西方文化的侵入，便占据了被胡适等人所扫荡的文化"真空状态"。

更有甚者,把国民党在大陆的失败也归罪到胡适头上,认为他破坏了传统文化的内在凝聚力,导致共产主义兴起和三民主义失败。[①] 对这些荒唐的言论,胡适无法辩解。因为这种论调是同国民党的政治信念和官方话语相掺杂的。

认识胡适、胡适派文人及新文化运动—五四运动,也就是认识现代中国。

---

① 参见徐子明:《胡适与国运》,台湾学生书局1958年版。

第三章 "新月"下的自由搏击

——细说人权与约法论争

一 "革命"之后：自由主义知识分子的沉默、嘲弄

1

新文化运动—五四运动带给中国历史一个新的政治动荡。政治激进乘文化激进的造势，营造了大革命，进而出现了国共之间的政治纷争和军事对抗。结果，大批共产党人遭到国民党政府的枪杀。一代新青年投身革命的热血和激情，被反动的暴力所摧残。

文化激进主义哺育下的一代青年学子，此时已走向政治斗争的前沿，因政治取向的不同，当年新潮社、国民社的同学少年如今分别站在国共敌对的政治阵营（如张国焘、邓中夏与段锡朋、罗家伦、何思源）。北京大学孕育了早期中国共产党，同时也为国民党提供、培养了一批新人（如北大新潮社的何思源、清华学校的吴国桢，都受过胡适的影响及五四的洗礼。五四后他们留学美国，1946年分别出任北平市市长、上海市市长。因自身的学识、思想同专制

独裁者无法完全趋同，他们先后脱离蒋介石政府。他们结束政治生涯前后，又都因"自由"、"民主"的现实性问题同胡适发生了相应的关系）。

国民党南京政府建立在屠杀共产党人的血雨腥风中，这是"大革命"的最显现的结果。然而，对自由主义知识分子来说，他们立刻又面临着"自由"的多少和"革命"的现实意义这类荒谬问题。自由主义者的理性、秩序的感念，也因现实社会"人权"的沦丧和法治的失落而突兀出来。他们面临的是一个新的政体的诞生和一个新的主权国家中独裁式"国君"的出现，而同现代理性、秩序相关的法律则远不健全。希尔斯在《论传统》中强调："根据个人主义的自由主义观念，国家的功能是，通过法律在最低程度上维持社会秩序，因此，个人，无论是单独的个人，还是由个人组成的群体，能够安全地追求他们的合法目的，保证他们已获得的利益。然而，这只是一种原则而已；孟德斯鸠、伯克、斯密和托克维尔这样的自由主义者知道，只有当法律存在于一个具有一定美德的环境中，而且这个环境既限制了统治者又限制了被统治者，只有这样，政府和它们已经实施的法律才能维持自由秩序。"①

1927 年 5 月，胡适游历欧美后，经日本悄然回到上海。他的好友、理想主义的浪漫诗人徐志摩（时任光华大学文学院教授）正在筹办新月书店（出版社和书店的联合体），创刊《新月》杂志。胡适归来，徐志摩马上拉他入伙，任董事长〔最初的十一位董事为胡适、余上沉、闻一多、梁实秋、徐志摩、张嘉铸（禹九）、潘光旦、饶孟侃、丁西林、叶公超、刘英士，随后又加入了罗隆基、邵洵美〕，并促使光华大学聘请胡适为文学院教授。

---

① 希尔斯：《论传统》，第 248 页。

新月书店和《新月》杂志，是 1923 年在北京成立的（文人俱乐部）新月社的继续和南移。在 1915——1927 年间，中国新文化的中心在北京。1927 年以后，文化中心南移至上海。现代大都市和租界的特殊条件，使上海一跃成为 30 年代经济、文化的中心，尤其是左翼文化运动的高涨，使上海成为自由主义文人、左翼文人和亲和国民党当局的右翼文人的聚集场所。他们彼此的矛盾、斗争，以及对政府权力干预的反弹，也在这里展示。大上海成了此刻中国各种思潮交汇、冲突的新的公共空间。

面对黄埔系、浙江派新军阀的崛起并执掌国民党的军政大权，胡适因有几年前的"拥陈（炯明）抑孙（中山）"的前嫌，以及在北京时期同末代皇帝、北洋政府的暧昧关系，他一时同国民党当局采取不合作的态度，并保持沉默。

2

一场革命，对于自由主义学人胡适来说，失去的更多。暂时的沉默，只是自由主义知识分子那一度亢奋的情绪的失落和对现实失望的心态的外现。接下来，必然是冷嘲和抗争。专制使人冷嘲，不满便有抗争。现实生活中出现了如钱钟书所指出的"革命在事实上的成功便是革命在理论上的失败"[1]的怪圈。因为在"革命尚未成功"以前，仍须继续革命；等到革命成功了，便有人要人家遵命，若不遵自己的"命"，就要"革"人家的"命"。用暴力夺得政权的政治统治，必然还得靠暴力的极权专制来维护。这就是托克维尔研究法国大革命所揭示的"革命"的直接结论。大革命最初的努力是要结束北洋军阀的统治，意在用军事反抗（北伐）摧毁这个旧的体制。结果却是旧军阀、

----

① 转引自陶明志编：《周作人论》，北新书局 1934 年版，第 161 页。

旧政府的这一部分又搬入到新军阀新政府之中，并结合在一起（原北洋政府的官员，摇身一变又成了新贵。如王宠惠、罗文干等）。这种现实恰如托克维尔所揭示的："民主革命扫荡了旧制度的众多体制，却巩固了中央集权制。中央集权制在这场革命所形成的社会中，自然而然地找到了它的位置，以至人们心安理得地将中央集权制列为大革命的功绩之一。"① 北洋政府垮台了，但它的政治体制中最本质的东西仍然未倒。人们想打倒专制政府，但却限于将自由的头颅又安放在一个受奴役的躯体上。托克维尔之后，阿伦特将革命的必然性与绝对性的法则有了更明确的揭示。这是政治领域的绝对性问题，是革命之后的必然结果。广大贫穷的民众是压倒性的多数，向激进转化并被利用，形成新的必然性暴力。这是 20 世纪成功的革命的特征。②

自由主义知识分子永远是社会的不稳定因子。他们的目标是广泛的，理想型的。因此，他们对社会怀有疏离感，他们对现状的不满（批评、监督），使自己成为现实社会中一个重要的反对力量。国民党的一党专制独裁者讨厌这个"反对力量"的存在，于是有了迫害同抗争的对立。

革命以后，胡适及胡适派文人经历了沉默、冷嘲、抗争三个相应的精神变异。沉默是相对的。胡适的沉默主要表现在同国民党政府的不合作上。1927 年 10 月 24 日，胡适致信蔡元培，力辞大学委员会委员之职，表示自己不同意所谓的"党化教育"。11 月 19 日，又致信蔡元培、吴稚晖等，请求辞去全国国语教育促进会附设第一国语模范学校校董职务。就冷嘲而言，胡适有针对国民党党化、神化宣传，口号标语充斥各种场合而写的《名教》一文。1927 年国民

① 托克维尔：《旧制度与大革命》（冯棠译），商务印书馆 1992 年版，第 100 页。
② 汉娜·阿伦特：《论革命》（陈周旺译），译林出版社 2007 年版，第 97—99 页。

党政府定都南京以后，孙中山一时被神化为最有魔力的政治符号。北京改名为北平的同时，国民党内有人提议改南京为"中山"或"中京"（仿美华盛顿市）。同时，全国许多城市都出现了"中山路"、"中山公园"，出现了"中山礼堂"、"中山大学"，乃至"中山服"。孙中山的名字换成了"先总理"。胡适嘲弄国民党自上而下的这种怪现象："月月有纪念，周周做纪念周，墙上处处是标语。人人嘴上有的是口号。于是老祖宗几千年相传的'名教'之道遂大行于今日。而中国遂成了一个'名教'的国家。"① 这种形式主义的猖獗、个人迷信的泛滥，使国人陷入迷乱的标语口号之中，失去正常的理性，为个人野心家、阴谋家提供了可乘之机。甚至老牌国民党人胡汉民在致胡适信中也表示感到自己当宣传部长的真话难讲："当着整万人的演说场，除却不断不续的喊出许多口号之外，想讲几句有条理较为仔细的话，恐怕也没有人要听罢。"② 这一切，对风云于新文化运动—五四运动的胡适来说，怎么也无法沉默，不容沉默，他的冷嘲便显示出对当局蒙骗国人的对抗。在《名教》一文的结尾，胡适向"治国者"提出了"但愿实诸所有，慎勿实诸所无"和"治国不在口号标语，顾力行何如耳"的忠告，并坚定地表示："打倒名教！名教扫地，中国有望！"这又显示出胡适的社会责任感和实用主义的思想意识。同时，在经历过新文化运动—五四运动的一代自由主义知识分子看来，他们必须打破暂时的沉默，复苏自由主义议政的声音，走向舆论的前沿，展开新的公共空间，以正视听，反抗政治强权，进而发散他们个人的良知。

　　1928 年 3 月 10 日，《新月》创刊。4 月 30 日，胡适出任上海中

---

① 胡适：《名教》，《新月》第 1 卷第 5 号。《胡适全集》第 3 卷，第 68 页。
② 《胡适来往书信选》上册，中华书局 1979 年版，第 438 页。

国公学校长兼文理院院长。清华园出身的自由主义者罗隆基（1928年归国，任光华大学政治系主任、教授）、梁实秋（暨南大学文学院教授）加入新月书店，罗隆基任《新月》主编，梁实秋为新月书店总编辑。此时，政治走向了更加专制、独裁、黑暗，基本的人权、自由、民主、法制得不到保障。作为社会的名流，自由主义的中心人物胡适也逐渐走出沉默，试图发散自己的政治能量。《新月》作为他的工具和立足的阵地，凝聚了一批视他为领袖的处在爆发前强忍之中的自由主义知识分子。现实政治成了知识分子必须正视且不容乐观的状况，出现了鲁迅所指出的曾经辉煌过的要复古，正在得益者要稳定，不满现状者要革命的新的分化现象。既得益者要稳定的所作所为，被胡适嘲弄为"名教"的猖獗；不满现状的知识分子或遭受政治迫害和军事杀戮的共产党人分化为"左"倾的激进派（鼓吹"革命文学"）和批评、议政的自由派（力争"人权"、"约法"）；害怕革命，胆怯于血火的，为苟且性命，只好躲进十字街头的塔中，谈风月，说幽默，话虫鸟草鱼（周作人、林语堂等）；要求复古者，则只好退回到心灵的独处，在传统文化中寻求理念的中庸和脉脉的温情，消极地抵制现实的残酷。

3

　　1928年8月8日至15日，国民党在南京举行了二届五中全会，决议实施"训政"。这种名义上由结束"军政"向"训政"的过渡，以图实现"宪政"的美好愿望，却因"训政"策略的荒谬，使政治仍处在个人独裁、专制之中。自由、人权、民主、法治实际上都被排斥在人的基本权利之外。10月3日，国民党中央常务委员会通过《训政纲领》，宣布训政期间由国民党全国代表大会及中央执行委员会代表国民大会领导国民，行使政权，并由一党专制的国民党训练国民逐渐推行"选举、罢免、创制、监察四种政权"。天下成了一个政党的私有,政治变成了权力型的新的独裁专制,权力也落在国民党中常委任命的国民政府主席兼三军总司令蒋介石手中。革命后的新政体的精神实质回到了革命前的旧体制结构中,只不过换了个招牌和领袖。

1929 年 3 月 18 日至 27 日,国民党举行第三次全国代表大会,决议以孙中山所著的《三民主义》、《五权宪法》、《建国方略》、《建国大纲》和《地方自治开始实行法》,作为"训政"时期中华民国最高的根本法。"吾党同志之努力,一以总理全部之遗教为准则"。"总理遗教",不仅已成为中华民国所由创造的先天的宪法,且应以此为中华民国由训政时期达到宪政时期的根本法的原则。同时,宣布"训政"期间,在必要时"得就于人民之集会、结社、言论、出版等自由权,在法律范围内加以限制"。九年前,胡适等人联名发表的《争自由的宣言》中力争的"自由"的几项基本权益,如今都在现政府的"限制"之列。历史在倒退,曾经为大革命投下过热情和希望的自由主义知识分子,遭受了无情的戏弄。胡适的几个学生(北大的"新潮"人物),也在新的形势下发生了精神的分裂,出现了自由主义的内在扭曲和紧张。胡适派文人的主要势力在新文化运动—五四运动时是以北大师生为主,如今逐步转为以清华的师生为主。因为原北大的师生,如今都向政治倾斜或投身学术(且卓有建树),成为社会的名流,不再靠胡适的大树作为荫庇。

先看原北大新潮社核心人物的变化。傅斯年在 1927 年国共分裂的关键时刻是广州中山大学的文学院院长、文史系主任。这位胡适的高足,在德国留学期间研究历史语言学,随后创办中国历史语言研究所(中国文化研究中的"历史语言学派"由此开始形成)。在政治上,他是亲和国民党及蒋介石的。他主政中山大学文学院时,容不下力主思想自由、同情共产党人，可以算作师辈的鲁迅，更是百般刁难他的同学、好友顾颉刚。当顾颉刚写信给他请求帮助在南京找个工作时，傅斯年却要顾颉刚给国民党的几位元老写信，声明自己支持国民党的清党（屠杀共产党人）工作。傅斯年为自己的政治野心利用了顾颉刚，致使顾颉刚不得不写长信向老师胡适诉苦。罗家伦因亲和南京当局，在1928年得以出任清华大学校长。这位五四运动的风云人物，如今却作为一个教师自治的反对者出现在清华大学，并同教工展开激烈的辩论，以致引起学潮而被迫辞职（事实上，罗家伦的政治立场是亲蒋介石的，但他把新潮社的几个核心人物，如冯友兰、杨振声、朱自清、俞平伯、张申府带进清华，加上在他执掌清华后入清华园的赵元任、陈寅恪、金岳霖等，从而形成清华的自由主义知识分子的学人群体，开创了清华学术研究的新局面）。

原北人新潮社文人的这种变化，使得胡适1927—1930年间在上海的活动不可能有原北大学生的参与。在北大受胡适影响的其他学生，如经胡适推荐，由穆藕初资助留美归来的段锡朋成了蒋介石剿共行营的幕僚。傅斯年、罗家伦、段锡朋的这一变化，对他们的老师，对自由主义本身，都是无情的嘲弄，展示出自由主义运动的可悲的异化。同时，清华园出来的学子在经历了美国及英国的留学生活后专业上各有所长，自由主义思想也逐步走向成熟。当胡适打破沉默转向议政、斗争时，他们一时间都群集到胡适的大旗之下。《新月》对中国现代自由主义运动的贡献，不仅在于此时以胡适为核心的自由主义同人向一个新的政权争取人权与约法，而且还造就、培养了一批坚强的自由主义者，他们的名字，在日后的自由主义运动中历历可数：罗隆基、王造时、梁实秋、闻一多、潘光旦、吴景超、吴泽霖、沈有乾、叶公超、刘英士、丁西林、沈从文、储安平等等。

二 公开的抗争：胡适、罗隆基、梁实秋争人权、要法治

1

诱发胡适不再沉默，变冷嘲为公开抗争的直接因素，是国民党第三次全国代表大会上陈德征的一项提案。

1929 年 3 月下旬，上海特别市代表、市教育局局长陈德征向国民党第三次全国代表大会提交的《严厉处置反革命分子案》在报上刊出。胡适剪下报上的这件提案，粘贴在 3 月 26 日的日记上：

> 理由：反革命分子包含共产党、国家主义者、第三党及一切违反三民主义之分子，此等分子之危害党国，已成为社会一致公认之事实，吾人应认定对反革命分子应不犹疑地予以严厉处置。查过去处置反革命分子之办法，辄以移解法院为惟一之归宿，而普通法院因碍于法例之拘束，当忽于反革命分子之实际行动，而以事后证据不足为辞，宽纵著名之反革命分子。因此等之结果，不独使反革命分子得以逍遥法外，且使革命者有被反革命分子之攻击危害之危险，均应确定严厉处置反革命分子之办法，俾革命势力得以保障，党国前途实利赖之。

> 办法：凡经省及特别市党部书面证明为反革命分子者，法院或其他法定之受理机关应以反革命罪处分之。如不服得上诉，惟上级法院或其他上级法定之受理机关，如得中央党部之书面证

明，即当驳斥之。①

这个"反革命分子"的罪名，是 20 世纪的中国和其他一党专制国家所特有的东西，成为政治斗争的特殊工具，如同胡适所嘲弄的"名教"一般。如果谁因不同政见或"莫须有"的罪名被当局加上"反革命分子"这个特殊的政治符号，就会立刻被拘捕刑处，甚至家破人亡。陈德征的提案见报后，胡适实在坐不住了。他于 3 月 26 日，给好友、"好政府"主张时期的十六位同人之一、如今的国民党南京政府司法院院长王宠惠写信，指斥陈德征提出的《严厉处置反革命分子案》中，法院不需审问，只凭党部的一张声明便可定罪处刑的荒谬措施。他指出，这在世界法制史上，"不知哪一世纪哪一个文明民族曾经有过这样一种办法，笔之于书，立为制度的吗"？胡适嘲弄说，"中国国民党有这样党员，创此新制，大足以夸耀全世界了"。最后，他还带有几分幽默地说道："我今天实在忍不住了，写这封信给先生。也许此信到时，此案早已通过三全大会了。司法院也大可以早点预备关门了。我们还说什么呢?"②

胡适将信稿抄录一分寄给国闻通讯社。他等了几天，未见发出。3 月 29 日，他收到国闻通讯社的回信："适之先生：昨稿已为转送各报，未见刊出。闻已被检查者扣去。兹将原稿奉还。专复。即颂道安。"③

胡适的文章发表不了，这实际上是陈德征等人从中作梗，也是国民党党部的淫威所致。4 月 1 日，陈德征在《民国日报》的《星期评

① 《胡适的日记》（手稿本）第 8 册（1929 年 3 月 26 日）。
② 《胡适的日记》（手稿本）第 8 册贴有抄件（1929 年 3 月 26 日）。
③ 《胡适的日记》（手稿本）第 8 册贴有原信（1929 年 3 月 29 日）。

论》第二卷第四十六期的"匕首"专栏中,登出了《胡说》的短文:

> 不懂得党,不要瞎充内行,讲党纪;不懂得主义,不要自以
> 为是,对于主义,瞎费平章;不懂得法律,更不要冒充学者,来
> 称道法治。在以中国国民党治中国的今日,老实说,一切国家底
> 最高根本法,都是根据于总理主要的遗教。违反总理遗教,便是
> 违反法律,违反法律,便要处以国法。这是一定的道理,不容胡
> 说博士来胡说的。①

胡适把陈德征的这则短文剪贴在日记中,并加批注说:"我的文
章没处发表,而陈德征的反响却登出来了。"

陈德征的提案和文章使胡适十分恼怒。但国民党政府又作自欺欺
人之谈,南京政府于 4 月 20 日发布保护人权,尊重法律的命令:

> 世界各国人权均受法律之保障。当此训政开始,法治基础亟
> 宜确立。凡在中华民国法权管辖之内,无论个人或团体均不得以
> 非法行为侵害他人身体、自由、及财产。违者即依法严行惩办
> 不贷。②

于是,胡适便在《新月》第二卷第二号上发表了《人权与约法》,
对国民党政府的所谓保障人权的措施表示失望,对种种政府机关或假
借政府与党部机关名义侵害人民的人身自由及财产的行为感到愤慨,

---

① 《胡适的日记》(手稿本)第 8 册贴有剪报(1929 年 4 月 1 日)。
② 转引自胡适:《人权与约法》,《新月》第 2 卷第 2 号。《胡适全集》第 21 卷,第 386 页。

认为保障人权的命令并没有给人民什么保障。他就国民党政府 4 月 20 日的命令针锋相对地提出了三点质疑性责难：第一，"自由"究竟 是哪几种自由？财产究竟应受怎样的保障？没有明确规定。第二，命 令所禁止的只是"个人或团体"，却不曾提及政府机关。"个人或团体 固然不得以非法行为侵害他人身体自由及财产，但今日我们最感觉痛 苦的是种种政府机关或假借政府与党部的机关侵害人民的身体自由及 财产"。第三，所谓"依法"是依什么法？"我们就不知道今日有何种 法律可以保障人民的人权"。

胡适还进一步指出政府和党部的行事是无法可依的，因此人权被 剥夺得几乎没有剩余了。胡适还列举安徽大学的一位教授（校长刘文 典）因为对蒋介石出语失检而被拘禁了几天，他的家人只能四处求 情，而不能控诉的事例，指出"这是人治，不是法治"。对唐山因商 人杨润普被当地驻军拘去拷打监禁而罢市的事端，胡适重申只有"法 治"才能规范每个人的行为。"法治只是要政府官吏的一切行为都不 得逾越法律规定的权限。法治只认得法律，不认得人。在法治之下， 国民政府的主席与唐山一百五十二旅的军官都同样的不得逾越法律规 定的权限。"

胡适尤其对"反革命分子"这一罪名感到愤慨。他说，目前无论 什么人，只需给贴上"反动分子"、"土豪劣绅"、"反革命"、"共党嫌 疑"等罪名，便都没有人权的保障，身体可以受侮辱，自由可以完全 被剥夺，财产可以任意宰割，都不是"非法行为"了。

胡适在文章中最后呼吁："快快制定约法以确定法治的基础！快 快制定约法以保障人权。"

此文一出，立刻在文化思想界引起轩然大波，也使国民党政府的 官员颇为恼怒。因涉及司法院审理的提案，司法院院长王宠惠于 5 月

21 日致信胡适，说陈德征提案"并未提出，实已无形打销矣"①！

2

胡适此时放弃他在 1927—1928 年间从事的在思想文化上打基础的工作而来干预政治，得到罗隆基、梁实秋、王造时等一批清华园出身，留学美国的"清华"脉系的朋友、自由主义知识分子的支持。胡适挑起的这场同国民党的抗争，是中国自由主义知识分子在 1927 年国民党独揽大权以后最大、最先的一次群体动作，也是胡适派自由主义文人的一次有意识的力量群聚，且以"清华"脉系为主力（左派文人的力量集结，是在 1930 年成立的"中国左翼作家联盟"）。

罗隆基，号努生，江西安福人。安福同时代出了四大文化名人：罗隆基、王造时、彭文应、彭学沛，号称"安福四杰"。这四人都就读于清华学校，并赴美留学。罗隆基在威斯康星大学攻读哲学、政治学。他还同闻一多、梁实秋等成立了以留美清华学生为主力的政治性团体大江会（信仰国家主义，主张"对内实行改造运动，对外反对列强侵略"）。1925 年，罗隆基获哲学博士学位，随后转到英国伦敦大学经济学院，师从著名政治学家、自由主义议政组织"费边社"的核心人物拉斯基。1928 年，罗隆基归国，任上海光华大学政治系主任、教授，并加入新月社，主编《新月》杂志。

作为国内少有的政治学专家、自由主义义士，他主编的《新月》一直刊登介绍欧美政治学的文章。他见胡适掉转头来谈论现实政治，便积极从侧翼声援，且较胡适更具政治热情和专业力度。他的文章尖锐、明快，而又颇具条理。在《新月》第二卷第二号上，胡适的《人权与约法》文章后边便是罗隆基的《专家政治》。他指出，"中国的行

_____

① 《胡适来往书信选》上册，第 513 页。

政，目前是在这两种恶势力夹攻之下：（一）武人政治；（二）分赃政治"。一方面，从中央政府到各级政府，我国的行政到党的行政，都在武人指挥底下；另一方面，国家这几十万行政人员，既没有选举，又没有考试，形成了一种分赃制度。罗隆基强调"要解决中国的政治问题，最紧要的是专家政治。要专家政治的发现。消极方面，先要除去武人政治和分赃政治；积极方面，要实行选举制度与考试制度"。罗隆基的文章以现代欧美民主政治作参照系，对国民党政府的现行政治作了彻底否定。

梁实秋 1915 年秋考入清华学校，1923 年毕业后与许地山、吴文藻、冰心等同船赴美留学。他先入科罗拉多大学，后获哈佛大学文学硕士学位，受新人文主义文学批评家白璧德的影响颇大。1926 年初夏回国后，他被聘为南京东南大学文学院教授，并加入"学衡派"文化保守主义的阵营。1927 年，他应聘为上海暨南大学文学院教授，与留美归来的清华同学潘光旦、刘英士、闻一多、余上沅等同时加入徐志摩、胡适、罗隆基主持的新月社及新月书店，出任新月书店总编辑和《新月》编委，并成为《新月》的主要撰稿人（在《新月》上共发文四十六篇）。梁实秋在文学观念上虽倾向于文化保守主义的"学衡派"，与胡适有别乃至相背，但政治上却是自由主义者，与胡适有较强的亲和性。在王造时回国加入《新月》之前，他和罗隆基跟随胡适，成为走在议政前沿的两个枪手。

继胡适、罗隆基之后，梁实秋在《新月》第三号的卷首发表了《论思想统一》。他对所谓欲求政治、军事统一，必先要"统一思想"之说表示疑惑和不满，他说："思想这件东西，我以为是不能统一的，也是不必统一的。"他提出的要求是："容忍！我们要思想自由，发表思想的自由，我们要法律给我们以自由的保障。"最后，梁实秋旗帜鲜明地说："我们反对思想统一！我们要求思想自由！我们主张自由教育！"

　　从胡、罗、梁的文章看，他们已挺身站到了同国民党当局抗争的前台。胡适在《新月》第一卷第五号刊发的冷嘲之作《名教》，尚有"半遮面"之词，如今，他们的言辞则是针锋相对了。这三篇文章标志着《新月》的自由主义大旗已高树，具有浓重的英美派色彩，且形成自由主义议政的群体力量。在第二卷第三号的《编辑后言》中，主持人称胡适的《人权与约法》发表后，刊物收到了许多声援的信函，同时表明了刊物的态度和立场："我们以后希望每期都有一篇关于思想方面的文章请大家批评。我们的目的一则是要激动读者的思想，二则是要造成一种知识的庄严……我们认为读书人对于社会最大的责任，就是保持知识上，换言之，思想上的忠实。"这是《新月》同人自由主义思想的共识。

3

　　胡适、罗隆基、梁实秋的议政文章，本是代表广大自由主义知识分子说话，自然也希望得到读者的回应，尤其需要知识界的支持、声援，以期造成"社会动员"下的民众的觉醒。最先作出反应的是胡适的朋友。蔡元培在 6 月 10 日致信胡适，说读了《人权与约法》后"振聩发聋，不胜佩服"①。在许多支持、拥护的朋友中，也有好言相劝的，怕他惹出事端遭到迫害。6 月 2 日，商务印书馆老板、好友张元济致信胡适，劝他就此作罢，不可再放言高论：

　　　　你的大文我拜读过了，文章之好，议论之正大，我也用不着恭维。但不晓得东方式的共和国民，尤其是国民的□□的读了懂

----

　　① 《胡适来往书信选》上册，第 515 页。

不懂。

先生写了信给王博士，又把信稿送给国闻通信社，又被什么检查者看见，我只怕这《新月》里雪林女士所说的那猛虎大吼一声，做一个跳掷的姿势，张牙舞爪，直向你扑来，你那一枝毛锥子，比不上陆放翁的长矛，又他不住。古人道："邦无道，其默足以容。"这句话原不是对共和国民说的，但是我觉得我们共和国国民的面具很新，他几千年的老客气摆脱不掉，所以他几千年的话还是有用的。①

张元济是与蔡元培同年（1892）考取进士，授为翰林院庶吉士，参与康有为、梁启超变法，可谓曾经沧海。他在政治的仕途失意之后转向文化建设，"独善其身"，谨言慎行。如今他立足商务印书馆，为中华营造一方文化重镇。他劝导胡适的话，是他的人生感悟，也是肺腑之言。

对于好友的劝告，胡适回信表示理解和感谢，同时也向朋友表露他"心挂两头"的矛盾和两难处境：

> 事业是争出来，邦有道，也在人为，故我们拟宜量力作点争人格的事业。老虎乱扑人，不甚可怕；可怕者，十年来为烂纸堆的生活所诱，已深入迷阵，不易摆脱。心挂两头，既想争自由，又舍不得钻故纸，真是憾事。素知先生富于积极精神，故敢发狂论，千万请鉴察。②

---

① 《胡适的日记》（手稿本）第 8 册贴有原信（1929 年 6 月 2 日）。

② 转引自吴方：《仁智的山水——张元济传》，上海文艺出版社 1994 年版，第 210—211 页。

6月3日，张元济收到胡适回信后又写一信，劝胡适"三思"：

> 现在街上有一群疯狗在那里乱咬人，避的避，逃的逃，忽然间有个人出来打这些疯狗，哪有个不赞叹他呢！但是要防着，不要没有打死疯狗，反被他咬了一口，岂不是将来反少了一个打狗的人。
>
> 昨天我的信，就是这意思。还要请先生三思。①

但胡适此时正在兴头上，况且已有了较为成熟的一套自由主义议政思想和对时政的看法，如鲠在喉，不吐不快。

为了使"人权"运动进一步高涨，并求得更广泛的社会回应，《新月》的自由主义同人大造声势。在每期中对社会反应都加以渲染，形成自由主义议政的强大舆论声势。《新月》的"社评"和"编辑后言"多出自罗隆基之手。如第二卷第四号的宣传页称《人权与约法》"痛论现在中国人民没有法律的保障，不能享受应得的自由，根据事实用严谨的态度，大无畏的精神，向国人进一个诚挚的忠告，在这个人权被剥夺几乎没有丝毫余剩的时候，胡先生这篇文章应是我们民众所不可不读的了"。对梁实秋的《论思想统一》，则称"假如我们真想把中国统一起来，有人要求首先思想统一，要明了思想是不能统一的，请读本期的梁实秋先生的《论思想统一》"。这种渲染、强化，一时间使《新月》成为舆论界最引人注目的刊物。

4

由于罗隆基、梁实秋的声援（随后加入王造时等），胡适的胆子

___

① 《胡适的日记》（手稿本）第8册贴有原信（1929年6月3日）。

更大，文笔也更尖锐。胡适压抑了两年多的不满和激愤，如今得以充分发泄。他由现实问题转向对国民党政府的精神支柱的发难。在《新月》第二卷第四号上，胡适同时发表两篇文章：《我们什么时候才可有宪法——对于建国大纲的疑问》、《知难，行亦不易——孙中山先生的"行易知难说"述评》。① 另外，还刊有胡适与汪羽军、诸青来关于《人权与约法》的讨论文章。"建国大纲"和"行易知难说"是国民党赖以存在的精神支柱和行动纲领，国民党党徒都把它奉为圣经，不料却被胡适拿来驳难、揭短，这势必会引起当局的恼怒和党徒们如丧考妣般的惊慌（以至群起反扑）。

在《我们什么时候才可有宪法——对于建国大纲的疑问》中，胡适肆无忌惮地对国民党的建国大纲进行批判。他指出："建国大纲里，不但训政时期没有约法，直到宪政开始时期也还没有宪法。"原因是孙中山在1924年放弃约法的思想，想以武装斗争夺取政权，而国民党只讲军政、训政，再由国民党党部和政府来训练人民。胡适指明，这是孙中山"对于一般民众参政的能力，很有点怀疑"，"因为他根本不信任中国人民参政的能力"。胡适把国民党建国后的无法可依和有"法"不依的责任归于孙中山。针对孙中山关于宪法与训政不能并重相容之说，胡适提出了相反的意见："宪法之下正可以做训导人民的工作；而没有宪法或约法，则训政只是专制，决不能训练人民走上民主的路。"他还进一步指明：立一个根本大法，使政府及各级机关不得逾越他们的法定权限，使他们不得侵犯人民的权利。只有这样，才能使人民走上"公民生活"，政府与党部诸公走上"法治生活"：

---

① 先在《吴淞月刊》第2期（6月15日）刊登，《新月》第4号脱期至8月25日才印出。

宪法的大功用不但在于规定人民的权利,更重要的是规定政府各机关的权限。立一个根本大法,使政府的各机关不得逾越他们的法定权限,使他们不得侵犯人民的权利——这才是民主政治的训练。程度幼稚的民族,人民固然需要训练,政府也需要训练。人民需要"入塾读书",然而蒋介石先生、冯玉祥先生,以至于许多长衫同志和小同志,生平不曾梦见共和政体是什么样子的,也不可不早日"入塾读书"罢!

人民需要的训练是宪法之下的公民生活,政府与党部诸公需要的训练是宪法之下的法治生活。"先知先觉"的政府诸公必须自己先用宪法来训练自己,裁制自己,然后可以希望训练国民走上共和的大路。不然,则口口声声说"训政",而自己所行所为皆不足为训。小民虽愚,岂易欺哉![1]

最后,胡适把这几十年来的政治失败,民主、自由、人权遭践踏,归因于没有法治,且把错误的根源寻到国民党党徒视若神明的孙中山那里。他说:"故中山先生的根本大错误在于误认宪法不能与训政同时并立。他这一点根本成见使他不能明白民国十几年来的政治历史。"胡适对孙中山作了如此批评以后,又引用孙中山的"中国今日之当共和,犹幼童之当入塾读书也"这句话改说为:中国今日之当行宪政,犹幼童之当入塾读书也。"我们不信无宪法可以训政;无宪法的训政只是专制。我们深信只有实行宪政的政府才配训政。"

胡适文中的主语用的是"我们",可见他是代表广大自由主义知识分子讲这番话的。"我们"的起用,显示出群体意识,这本身也会对当局造成一种压力和刺激。这一话语具有知识分子的代表性和对社

———————

[1]　胡适:《胡适全集》第21卷,第434页。

会的感召力，却没有五四时期的权威力量。因为如今的社会是一个专制的时代，专制政府的话语体现着十足的权力。

《知难，行亦不易——孙中山先生的"行易知难说"述评》一文的言辞更是犀利明快，对孙中山学说的批评毫无掩饰之词：

> 中山的本意只要教人尊重先知先觉，教人服从领袖者，但他的说话很多语病，不知不觉地把"知"、"行"分作两件事，分作两种人做的两类的事。这是很不幸的。因为绝大部分的知识是不能同"行"分离的，尤其是社会科学的知识。这绝大部分的知识都是从实际经验（行）上得来：知一点行一点；行一点，更知一点，——越行越知，越知越行，方才有这点子知识。①

胡适在分析了孙中山"知难行易"说的内在矛盾和实施的不良影响后指出，"他不曾料到这样分别知行的结果有两大危险"：

> 第一，许多青年同志便只认得行易，而不觉得知难。于是有打倒知识阶级的喊声，有轻视学问的风气。这是很自然的：既然行易，何必问知难呢？
>
> 第二，一班当权执政的人也就借"行易知难"的招牌，以为知识之事已有先总理担任做了，政治社会的精义都已包罗在《三民主义》、《建国方略》等书之中，中国人民只有服从，更无疑义，更无批评辩论的余地了。于是他们捎着"训政"的招牌，背着"共信"的名义，钳制一切言论出版的自由，不容有丝毫异己的议论。知难既有先总理任之，行易又有党国大同志任之，舆论

---

① 胡适：《胡适全集》第21卷，第404页。

自然可以取消了。①

最后，他和罗隆基的《专家政治》一文相呼应，由批评孙中山转向指责蒋介石一班人。这是胡适的写作意图，也是他向最高当局施加政治影响的表示。他认为"专家政治"的实现，首先要打掉"知难行易"的护身符，要化解这个近似"名分"的形式、标语、口号，消除对孙中山的个人迷信，以及现在当局借孙中山之名推行的愚民政策。这些辛辣的言辞，足以使"孙文学说"的信奉者，使"不学无术"的党国大官们受到从来没有过的刺激，感到难堪和嫉恨。尤其是和罗隆基一样，胡适也在文章中指责当局的无知、无能：

> 今日最大的危险是当国的人不明白他们干的事是一件绝大繁难的事。以一班没有现代学术训练的人，统治一个没有现代物质基础的大国家，天下的事有比这个更繁难的吗？要把这件大事办的好，没有别的法子，只有充分请教专家，充分运用科学。然而"行易"之说可以作一班不学无术的军人政客的护身符！此说不修正，专家政治决不会实现。②

靠铁血手段执政的国民党，如今面临这没有硝烟的、自由主义知识分子的公然对抗。真是"秀才造反"了。

在《〈人权与约法〉的讨论》文章中，胡适借回答汪羽军、诸青来的来信，又强化了他在两文中的部分观点。由于是通信式的讨论，他批评孙中山的言辞更为尖锐、明快：

---

① 胡适：《胡适全集》第 21 卷，第 405 页。
② 同上书，第 407 页。

中山先生的根本大错误在于认［为］训政与宪法不可同时并立。……

中山先生不是宪法学者，故他对于"宪政"的性质颇多误解。如大纲第廿五条说："宪法颁布之日，即宪政告成之时。"这是绝大的错误。宪法颁布之日只是宪政的起点，岂可算作宪政的告成？……故宪法可成于一旦，而宪政永无"告成"之时。……

我们要一个"规定人民的权利义务与政府的统治权"的约法，不但政府的权限要受约法的制裁，党的权限也要受约法的制裁。如果党不受约法的制裁，那就是一国之中仍有特殊阶级超出法律制裁之外，那还成"法治"吗？其实今日所谓"党治"，说也可怜，哪里是"党治"？只是"军人治党"而已。①

胡适对国民党当局的这些要求，可谓与虎谋皮，近于说梦。这种与执政党争夺话语权的行为，绝对是由思想造反，到动摇"党国大业"。

也就在这时，陈德征再次出丑，在 6 月 10 日的《民国日报》的"星期评论"上登出杂文《匕首》第十一《浅识》，以他（"小子"）和胡适（"博士"）类比：

小子识浅，生平只知有三民主义，只知有总理及其遗教，只知有党。小子比不得博士先生，懂得好人政府，懂得好人政府的约法。小子终以为党是制法的机关，党不是诬陷好人为坏蛋的集团。小子认以党治国之时，只有总理底遗教，是国家底根本法；

---

① 胡适：《胡适全集》第 21 卷，第 424--427 页。

违反总理遗教者，即为反革命，即为反法；反革命和反法，均当
治罪。有人疑我为梁山泊里的朋友吗？我却要说他是沉湎于洋八
股之中的外国宋儒！①

胡适将陈德征的这篇短文剪贴在自己的日记上，随手批一短语：
"可怜的陈德征！"随后，名为《自由》的刊物在第一期登出了《陈局
长的匕首》的短文，挖苦、嘲弄陈德征的浅薄和僵化、迷信，说他
"很浅薄，眼中只认得'先总理'，先总理的话就是约法，凡与先总理
的话违背的，就是反革命，就是要严加惩办，此外不知道还有什么民
权与约法"。《自由》杂志并不显眼，却因支持胡适，声援自由主义知
识分子发起的人权运动，而受到胡适等人的注意。

胡适挥旗出阵，罗隆基、梁实秋从两翼呼应的这场自由主义的强
大攻势，动摇了国民党政权的精神支柱和具体政策的实施。国民党当
局岂能听任"秀才造反"，所以《新月》第二卷第四号出版不久便遭
查禁。

三　社会反响：理解与压制

1

国民党当局知道曾是五四时期风云人物的胡适在舆论界的影响。
尽管时过人变，但他们还是加紧政治控制，企图遏止这场自由主义运
动。当局不能坐视胡适、罗隆基、梁实秋的舆论攻势，尤其是对他们

_____

① 《胡适的日记》（手稿本）第 8 册贴有剪报（1929 年 6 月 10 日）。

精神支柱和建国纲领的瓦解。于是一方面由新闻宣传机关组织御用文人写文章反击，另一方面由党部向胡适施加政治高压。《中央日报》在 8 月 9 日、10 日连载灼华的文章：《胡适所著〈人权与约法〉之荒谬》。8 月 27 日、28 日、30 日，上海《民国日报》连载张振之的《知难行易的根本问题——驳胡适之〈知难行亦不易〉论》。9 月 5 日、6 日、7 日，《民国日报》又连载了张振之的《再论知难行易的根本问题——再驳胡适的〈知难行亦不易〉，并驳〈我们什么时候才可有宪法〉》。《光报》第三期登有玉菱的《关于胡适之最近之胡说》。《中央日报》刊出无任的《有宪法才能训政吗》，《民国日报》略改几字于 9 月 12 日作为"社论"转载。

政治的高压自然由上海开始。8 月 13 日，《民国日报》登出《本市三区第三次全区代表大会议决案：胡适言论荒谬，请教〔育〕部撤职，请中〔央〕严厉制止学阀活动》。8 月 24 日，上海特别市党部执委会举行第四十七次常会，呈请撤惩中国公学校长胡适。参加这个会议的有陈德征、潘公展、朱应鹏、吴开先、陶百川等。8 月 28 日，上海市党部再次开会，通过决议请中央拿办胡适，说胡适"污辱本党总理，诋毁本党主义，背叛国民政府，阴谋煽惑民众"①。9 月 21 日，上海市党部第三次开会，决议再呈中央："请严惩反革命之胡适，并即时撤销其中国公学校长职务。"② 这些议案通过广播、报纸传布全国，一时间胡适成为舆论的热点人物，社会影响胜过他大出风头的五四时期。

9 月 22 日，国民党中央训练部致函政府，并由中央社转发，以"擒贼先擒王"之法，说中国公学校长胡适近来发表文章，攻击本党

---

① 《胡适的日记》（手稿本）第 8 册贴有剪报（1929 年 8 月 29 日）。
② 《胡适的日记》（手稿本）第 9 册贴有剪报（1929 年 9 月 22 日）。

党义及总理学说。中央亦称胡适言论不谙国内社会实际情况，误解本党党义及总理学说，并溢出学术范围，放言空论，影响所及既失大学校长尊严，并易使社会上缺乏定见之人民对党和政府发生不良印象。这份公开的警告，各大报纸均受命登载。因为在此以前，许多省市党部如上海、青岛、天津、北平、江苏、南京等地已先后呈请中央，要求对胡适予以缉拿、严惩。北平市党部的呈文还将胡适同以前的"善后会议"、共产党联系起来：

> 查前段祺瑞政府时代之善后会议委员在民国时代向逊清废帝宣统行跪拜礼，并称呼溥仪为皇上，藉提倡新文化运动招牌冀达其猎富贵功名目的之胡适……侮辱总理，诋毁主义。其造论牵强，见解谬妄之处，虽经中央各报严加驳斥，当此各反动派伺机活动，共产党文艺政策高唱入云之时，该胡适原为一丧行文人，其背景如何，吾人虽不得而知，然其冀图解我共信，摇我党基之企谋，固已昭然若揭。若不从严惩处，势必贻患无穷。[①]

青岛市党部执行委员会的呈文声称要"严惩竖儒胡适，以为诋毁总理学说者戒"，并"恳饬地方行政机关，迅将胡适逮捕解京，予以严惩"[②]。

为了抵抗胡适等自由主义义士的舆论攻势，中央训练部还在 9 月 21 日致函政府，要求教育部警告胡适，"并令大学教员研究党义"。中央训练部的电呈要求："全国各大学校长，切实督率教职员，详细研究党义，以免再有此类似之谬误见解发生。"10 月 21 日，国民党

---

① 《胡适的日记》(手稿本)第 9 册贴有剪报 (1929 年 9 月 9 日)。
② 《胡适的日记》(手稿本)第 9 册贴有剪报 (1929 年 9 月 23 日)。

第四十四次中常会上果然制定了《各级学校教职员研究党义暂行条例》。条例共有八项，规定"对于本党党义作系统的研究，求深切的认识"。"每期研究期间，以一学期为限，平均每日至少须有半小时之自修研究，每周至少须有一次之集合研究"，并详细列举了为时四期的研究学习的书目，如《孙文学说》、《军人精神教育》、《三民主义》、《建国大纲》、《五权宪法》、《民权初步》、《地方自治开始实行法》、《实业计划》。

国民党元老、立法院院长胡汉民作为孙文学说最积极的阐释者、维护者，斥责胡适之说为"反动论调"。在 9 月 23 日中央党部纪念周发表演说时，胡汉民针对胡适等人的自由主义言论，强调"训政二字，乃总理在政治学上之创造"。"总理的一切遗教就是成文的宪法。三全大会已经确定并分期实施训政工作。如再要另外一个宪法，岂非怪事"。孙文学说"至今尚有人怀疑，足见一般人是爱假的，不要真实的"。胡汉民最后呼吁"要用积极方法，必须使民众见着反动言论就轻视之，抛弃之。……我们要禁止反宣传。同时要使人人有明白的认识，确实的信仰，反动论调自然就等于无用，自归消灭了"①。随后，胡适发表的批评国民党的文章，自然又引起胡汉民的不满。一年以后，他借纯属子虚乌有的传闻——"中国有一位切求自由的哲学博士在《伦敦泰晤士报》上发表一篇长长的论文，认为废除不平等条约不是中国的急切要求"——在 11 月立法院纪念周讲演《谈所谓"言论自由"》时，再次指责胡适：

在他个人，无论是想藉此取得帝国主义者的赞助和荣宠，或发挥他"遇见溥仪称皇上"的自由，然而影响所及，究竟又如何

---

① 《胡适的日记》（手稿本）第 9 册贴有剪报（1929 年 9 月 24 日）。

呢？此其居心之险恶，行为之卑劣，真可以"不与共中
国"了。①

胡汉民在演讲中没有点明胡适的名字，所以在最后画蛇添足地说
胡适的名字不值得他齿及："舆论界对于发表的言论，必须负荷政治
的道德责任。换言之，必须完全在国家民族的利益范围以内。至于甘
心做帝国主义的走狗，以国家民族为牺牲的，那简直是丧心病狂者
流，自不值我们来齿及了。"

9月25日，国民党政府下令教育部警告胡适。教育部部长蒋梦
麟便在10月4日签署了教育部训令并附有具体理由寄给胡适。蒋梦
麟与胡适是哥伦比亚大学杜威的学生，曾为北大同事，两人关系较
好。蒋梦麟在随后致胡适的信中明说签署训令是为了"把大事化为小
事，小事化无事。只要大事能化小事，小事不至于变为大事，我虽受
责备，也当欣然承受"②。他的训令只是一纸公文，完全采用中央训
练部的公告的词令，但所附具体理由却引起了胡适的极大反感：

　　胡适藉五四运动倡导新学之名，博得一般青年随声附和，迄
今十余年来，非惟思想没有进境，抑且以头脑之顽旧，迷惑青
年。新近充任中国公学校长，对于学生社会政治运动，多所阻
挠，实属行为反动，应该将胡适撤职惩处，以利青运。……
　　查胡适近年以来刊发言论，每多悖谬……大都陈腐荒怪，而
往往语侵个人，任情指摘，足以引起人民对于政府恶感或轻视之
影响。……为政府计，为学校计，胡适殊不能使之再长中国公

① 《胡适的日记》（手稿本）第10册贴有剪报（1930年11月25日）。
② 《胡适来往书信选》上册，第552页。

学。而为纠绳学者发言计，又不能不予以相当之惩处。①

胡适把蒋梦麟 10 月 4 日签发的"该校长言论不合，奉令警告"的部令退回，拒绝接受警告。他在致蒋梦麟的信中反驳道："这件事完全是我胡适个人的事，我做了三篇文章，用的是我自己的姓名，与中国公学何干？你为什么'令中国公学'？该令殊属不合，故将原件退还。"② 胡适还就该令中"语侵个人"、"误解党义"、"悖谬"、"头脑顽旧"、"思想没有进境"等词语质疑。最后，胡适向这位"部长"朋友表示："贵部下次来文，千万明白指示。若下次来文仍是这样含糊笼统，则不得谓为'警告'，更不得谓为'纠正'，我只好依旧退还贵部。"③

2

国民党当局为了在舆论上排拒、消解胡适、罗隆基、梁实秋的自由主义言论，1929 年 10 月 12 日由国民党中央宣传部部长叶楚伧指挥，集中人力批驳胡适，并把当时已经发表的一批反胡的文章收罗为《评胡适反党义近著》第一集，交上海光明书局于 11 月 20 日出版。该书由潘公展题签，陶其情作序。上编"知行问题"，收入张振之的《知难行易的根本问题》、《再论知难行易的根本问题》、潘公展的《行易知难的解释》、王健民的《"知难，行亦不易"的商榷》、陶其情的《辟胡博士"知难行亦不易"论》、虚白的《知难行易辨》，及胡适的《知难，行亦不易》。下编"政法问题"，收有灼华的《胡适所著〈人

---

① 《胡适来往书信选》上册，第 549 页。
② 同上书，第 548 页。
③ 同上书，第 548 页。

权与约法〉之荒谬》、无任的《有宪法才能训政吗》、方岳的《宪法与自由》，及胡适的《人权与约法》、《我们什么时候才可有宪法》、《〈人权与约法〉的讨论》（汪羽军、诸青来、胡适）。这些批胡的文章，胡适多已剪贴在日记中，有的还加了批注。他在无任的文章后批注道："这样不通的文章，也要登在党报上丢丑。"对 9 月 12 日的《民国日报》以"社论"形式转载无任的文章，胡适批注道："卑鄙可笑。"对程沧波在上海《时事新报》发表的《胡适之最近几篇文章》，胡适在 8 月 27 日的日记中批注说："上海的舆论家真是可怜！"由此可见，胡适对当局的一系列围攻、反扑都持轻蔑态度，觉得他们是在展示无知和丑态。

国民党御用文人的反驳胡适的文章，多是拍当局马屁之作，或对胡适的诋毁。如张振之不得不称胡适"要从根本上动摇知难行易的学说"。他一方面说孙中山的学说与主义绝对没有什么缺陷的地方，"只有坚确地信仰，不能丝毫怀疑"[1]，另一方面对胡适进行人身攻击，"不愿意一个堕落少年担任大学校长，尤其不愿意一个以巴结上外国流氓为荣的人担任大学校长"[2]！

灼华在文章中指责胡适不懂法学，也不明事实，"言论实属反动"，号召"爱党同志与爱国同胞，群起辟之"。灼华还把胡适丑化成一个"久居租界，遂深中共产党改组派及帝国主义者反宣传之毒，对于政府表示不满，遂不惜以不合事［实］之谣言以为诟病揢击之资"的败类，指责胡适"为帝国主义与奸商张目，蹈卖国汉奸之所为"。[3]

无任的《有宪法才能训政吗》更是大言不惭地为国民党的独裁政

---

① 《再论知难行易的根本问题》，1929 年 9 月 5 日《民国日报》。

② 《知难行易的根本问题》，1929 年 8 月 30 日《民国日报》。

③ 《胡适所著〈人权与约法〉之荒谬》，1929 年 8 月 9—10 日《民国日报》。

治说话："在一般士大夫阶级、封建余孽和新兴的资产阶级都高呼着，中国国民党独裁，中国国民党专政。他们反对中国国民党的意义和帝国主义军阀是一样的。……中国国民党的专政，本身毫无掩饰的，我们的口号'以党治国，以党建国，以党专政'毫无疑义的宣布出来。……在训政时期，就是以党治国，以党专政的时期。"最后，无任强调现在"必须有三民主义的党去统治"，"中国的统治，是需要国民党的统治，救中国的主义，是需要三民主义"。[1]

更有文章认为"政局初定，人心浮动"，当局对自由稍加限制，或采取"相当压制、防制"都是必要的。需要指出的是陶其情在《评胡适反党义近著》第一集序言中所说的"可笑"之语。他说"胡适感到现状的不满，做出鸣不平的文章，而诋毁党义。这确是笨伯的迁怒。现状不满和主义优劣，本是两回事体，何能混而为一？更何能因噎废食呢？胡氏反党义的动机，不能建筑在革命理论上，专门建筑在畸形现状上；实属可笑之至"[2]。他把胡适干预政治，同当局抗争的文章概括为：一是胡氏反对革命的哲学理论，拾着传统知易行难和王阳明知行合一的牙慧；二是胡氏反对革命的政法理论，信着欧美民治主义的谬说。

3

再来看看自由主义知识分子和倾向于激进政治革命的左派人士对胡适文章的反应。

近代实业家张謇的儿子、南通大学校长张孝若读了《人权与约法》后，在 1929 年 7 月 31 日致信胡适：

---

① 《胡适的日记》（手稿本）第 9 册贴有剪报（1929 年 9 月 15 日）。

② 《评胡适反党义近著》，上海光明书局 1929 年版，第 2 页。

时局搅到这地步，革命革出这样子，谁都梦想不到的，而事实一方面，确是愈趋愈下。"防民之口，甚于防川"。现在政府对老百姓，不仅仅防口，简直是封口了，都是敢怒而不敢言。前月看见先生在《新月》所发表的那篇文字，说的义正词严，毫无假借，真佩服先生有识见有胆量！这种浩然之气，替老百姓喊几句，打一个抱不平，不问有效无效，国民人格上的安慰，关系也极大。试问现在国中，还有几位人格资望够得上说两句教训政府的话？像先生这样的要说便说，着实是"凤毛麟角"了！现在最不堪的，是人格破产，上上下下，没有一个不弄钱，上行下效，变本加厉，与廉洁二字确成背道而驰，恐怕要弄到只有府门前一对石狮子干净了。最痛心的，从前是官国，兵国，匪国，到了现在，又加上党国，不知中华几时才有民国呢？说到这里，真无泪可挥了！譬如这段话，今天我如果发表出去，明天就难免不加以反革命罪通缉了。所以我一辈子佩服先生有胆量！①

在读了《我们什么时候才可有宪法》、《知难，行亦不易》后，张孝若于 9 月 10 日再次致信胡适：

《新月》上的二篇，大文已经读过，果然有声有色，今天高兴，做一首诗送你，另纸写上（勿发表），我肚皮里，也有许多和你一类感想的文字好写。然而一想，我比不得你，你是金刚，不怕小鬼，我是烂泥菩萨，经不起他们敲，还是摆在肚里罢。②

---

① 《胡适来往书信选》上册，第 523—524 页。
② 同上书，第 543—544 页。

附诗是：

> 许久不相见，异常想念你。我昨读你文，浩然气满纸。义正
> 词自严，鞭辟真入里。中山即再生，定说你有理。他们哪懂得？
> 反放无的矢。一党说你非，万人说你是。忠言不入耳，劝你就
> 此止。①

胡适的朋友汤尔和在信中说："近读报纸，屡见兄有被惩办或训
饬之消息。数年以来，未见兄言论，以为论〔沦〕人老朽，非复当
年，今乃知贤者之未易测度也。"② 胡适的学生、新潮社成员、研究
民俗学卓有成就的江绍原致信胡适认为，"在上海多发点议论，实在
比教功课更有意义和价值。我如果有您的声望，必定这样做。虽则这
与'明哲保身'的古训是相违的"③。

许多朋友、学生在致胡适信中都认为他说出了大家的心里话（想
说却不敢说的），对他放言高论表示敬佩。也有朋友如自由主义同人
周作人则劝胡适离开上海，回北平教书避难，以免遭不测：

> 我想劝兄以后别说闲话，而且离开上海。最好的办法是到北
> 平来。说闲话不但是有危险，并且妨碍你的工作，这与"在上
> 海"一样地有妨碍于你的工作，——请恕我老实地说。④

---

① 《胡适的日记》（手稿本）第 9 册贴有原诗（1929 年 9 月 10 日）。
② 《胡适来往书信选》上册，第 545 页。
③ 同上书，第 547 页。
④ 同上书，第 538—539 页。

周作人此时已由新文化运动中的文化激进、自由躲回"自己的园地",取向温和、中庸,尤其不愿介入"十字街头的塔"以外的政治纷争。

4

几家左派报刊对胡适的不满,主要表现在他们从政治激进的立场出发,认为胡适的观点仍然是保守的,是对当局善意的劝谏,而非彻底反对或推翻这个政府。他们出于反对国民党及蒋介石的政治革命的需要,认为胡适并非在为广大民众讲话。1929 年 6 月 6 日《白话三日刊》登出署名"依然"的《争自由与胡适的胡说》,称胡适是"资产阶级的学者","是个不明大势的人。他以前因为昧于世界大势,所以说中国没有被帝国主义侵略的事。现在又因为昧于本国情形,所以仅仅发出这种柔弱的呼声"。"什么自由和法权,并不是没有,只是我们穷苦的人们没有罢了"。"现时固然没有约法,但是,假使由他们定出来,也决不会于民众有利的(于胡适之这一等人或者是有利的)。我们革命的民众决不会向统治者要求颁布什么约法,请他保障什么人权。我们只有向着敌人猛攻,以取得我们的法,我们的权,和我们的自由!胡适之的口号与要求,无裨于实际,只有帮助统治者缓和民众斗争的作用。我们必须排斥这种哀求敌人投机的理论"[①]。最后,"依然"敬告胡适说:"胡适之!你如果真心要争取自由,就必须振作从前你所提倡的'努力'和'干,干,干!'的精神,准备肉搏冲锋。否则,还是去考你证罢!"显然,这种暴力革命的主张,同胡适的渐进改革思想是相悖的。

在《自由》第一期中,有人撰文呼吁"爱自由的朋友们,信仰全

---

① 《胡适的日记》(手稿本)第 8 册贴有剪报(1929 年 6 月 6 日)。

民政治，真心拥护共和政体的朋友们不要再痴心妄想向充满帝制思想的党狗党虫们要来什么御赐的'民权与约法'了。民权与约法是'争'出来的，不是'求'出来的，是用铁和血所换来的，不是用请愿的方式所能得到的。何况事实上连请愿都不可能呢？我们倘若真正想要民权与约法，现在只有一条路，就是大踏步走过来，加入全国革命的组织，以铁和血的力量，去打倒一党专制的国民党，打倒袁世凯第二的蒋中正。本全民政治的精神，来创造□□共和"①。

玉菱在《光报》第三期发表《关于胡适之最近之胡说》，说"胡以不党之学者自居，而社会亦以是称之。故'胡说'一出，遂大得社会之同情，尤其知识阶级大为称快"。但同时指出，胡适及《新月》同人的文章只是："消极地抨击现状与渴望宪法，此外更无具体之主张，即宪法为何种宪法，亦无明白之表示。岂仍是'好人政府'之那一套乎？"②

当局的政治高压，自由主义知识分子的理解、支持、称快、声援，政治激进的左派报刊的不满、批评，都不能左右或影响胡适此时的抗争。胡适已有主见，决心继续发散他的自由主义言论。

四 冲突升级：反党治、争自由

1

《新月》第二卷第四号虽然在 8 月 25 日出版后不久即被查禁，但

---

① 《胡适的日记》（手稿本）第 8 册贴有剪报（1929 年 6 月 26 日）。
② 《胡适的日记》（手稿本）第 9 册贴有剪报（1929 年 9 月 9 日）。

《新月》同人并不示弱，准备发动更强、更具体的攻势。罗隆基在胡适《人权与约法》的基础上，又写了《论人权》的长文，登在《新月》第二卷第五号上。罗隆基从"人权的意义"、"人权与国家"、"人权与法律"、"人权的时间性与空间性"四个方面论述了人权的实质与意义，最后草拟了"我们要的人权是什么"——目前所必争的三十五条人权，附在《论人权》之后。

罗隆基作为研究政治学的专家，文章写来务实、具体，富有学理。他认为"人权破产，是中国目前不可掩盖的事实。国民政府四月二十日保障人权的命令，是承认中国人民人权已经破产的铁证"。"努力起来争回人权，已为中国立志做人的人的决心"。罗隆基还指明，由胡适引发，他自己和梁实秋等人参与的争取人权、自由的"人权运动，事实上已经发动"，并且乐观地认为"人权运动"的成功只是个时间问题了。

由于国民党当局的高压，大报小报一时间都把胡适等人作为新闻热点追踪报道。来自各方面的消息使胡适应接不暇。《新月》在这年秋天耽误了第六号，只得在 12 月将第六、七号合刊出版。这一期登出了胡适的《新文化运动与国民党》、罗隆基的《告压迫言论自由者——研究党义的心得》，以及黄肇年配合胡、罗文章而写的《苏俄统治下之国民自由》。这一组文章意在对抗国民党当局对胡适的高压、惩办，形成不屈的阵势，文章的言辞更显激烈、明快。

胡适的《新文化运动与国民党》作于 11 月 18—19 日，是由国民党中央宣传部部长叶楚伧在 10 月 10 日的《浙江民报》上发表的《由党的力行来挽回风气》一文诱发的。胡适借批评叶楚伧文章中盲目鼓吹旧文化、旧道德，实际上把矛头直接对准国民党。胡适在日记中剪贴了叶楚伧的文章，并对一句话作了批注："我因〔以〕为'中国本来是由美德筑成的黄金世界'一句名言，最可以代表国民党的昏聩，故留在手头。"叶文把"觉罗皇帝、袁皇帝、冯爵帅、徐阁老,以及文武百官"说成是掘下大坑,破坏"黄金世界"的罪魁祸首,把"张献忠、白莲教、红灯罩、共产党。——这一套;保皇党、研究系、同善社、性欲丛书。——这又一套"说成是毁坏"黄金世界"的又一大坑。其中的"性欲丛书"是指胡适的诗集《尝试集》。胡适在日记中特记有:"近日始知原文'性欲丛书'之下本有《尝试集》三个字,后来由作者发电给各报删去。可惜的很!"①

胡适在《新文化运动与国民党》中说他写作的目的是要揭穿叶楚伧所代表的反动思想究竟有几分可以代表国民党,要估价国民党在新文化运动中占的地位和他们对待新旧文化的态度。胡适在以思想自由、舆论和文化问题本身为例作了具体分析以后,认定国民党在新文化运动这一点上是反动的。根源在于他们的国民革命运动是一种极端的民族主义运动(反清),因此具有相应的文化保守性。这种保守和反动,使国民党成了新文化运动发展的阻力,也导致后来国民党文化政策和思想的反动,进而出现了如此现状:

> 上帝可以否认,而孙中山不许批评。礼拜可以不做,而总理遗嘱不可不读,纪念周不可不做。一个学者编了一部历史教科书,里面对于三皇五帝表示了一点怀疑,便引起了国民政府诸公的义愤,便有戴季陶先生主张要罚商务印书馆一百万元!一百万元虽然从宽豁免了,但这一部很好的历史教科书,曹锟、吴佩孚所不曾禁止的,终于不准发行了!

胡适甚至把国民党的文化保守主义思想的根源直接归于孙中山。他

---

① 《胡适的日记》(手稿本)第9册(1929年11月12日)。

指出，孙中山曾说过"近来欧洲盛行的新文化，和所讲的无政府主义与共产主义，都是我们中国几千年以前的旧东西"。"这种说法，在中山先生当时不过是随便说说，而后来三民主义成为一党的经典，这种一时的议论便很可以助长顽固思想，养成夸大狂的心理，而阻碍新思想的传播。"胡适进一步指明，叶楚伦所说的"中国本来是由美德筑成的黄金世界"，是和孙中山所说的"中国从前的忠孝仁爱信义种种的旧道德，固然是驾乎外国人；说到和平的道德，更是驾乎外国人"一样，"没有事实根据"，是"充满着这保存国粹和夸大传统文化的意味"。

胡适还表明，指出"国民党历史上的反动思想，目的只是要国民党的自觉"。因为国民党专政的保守反动思想，阻碍了文化的进步。"所以我们对于国民党的经典以及党中领袖人物的反动思想，不能不用很恳实的态度下恳切的指摘"。

最后，胡适笔锋一转，郑重警告国民党政府：

> 今日的国民党到处念诵"革命尚未成功"，却全不想促进"思想之变化"！所以他们天天摧残思想自由，压迫言论自由，妄想做到思想的统一。殊不知统一的思想只是思想的僵化，不是谋思想的变化……现在国民党所以大失人心，一半固然是因为政治上的设施不能满足人民的期望，一半却是因为思想的僵化不能吸引前进的思想界的同情。前进的思想界的同情完全失掉之日，便是国民党油干灯草尽之时。①

胡适认为，国民党的忠实同志如果不愿意自居反动之名，不做反动之事，就必须做到这几件事：

---

① 胡适：《胡适全集》第21卷，第449—450页。

　　(1) 废止一切"鬼话文"的公文法令，改用国语。

　　(2) 通令全国日报，新闻论说一律改用白话。

　　(3) 废止一切钳制思想言论自由的命令，制度，机关。

　　(4) 取消统一思想与党化教育的迷梦。

　　(5) 至少至少，学学专制帝王，时时下个求直言的诏令！

　　如果这几件最低限度的改革还不能做到，那么，我的骨头烧成灰，将来总有人会替国民党上"反动"的谥号的。①

　　十几年以后，共产党果真替国民党"上'反动'的谥号"了，并把反动而又腐败的南京政府彻底打垮。

　　11 月 19 日凌晨胡适写完这篇文章。当天上午，他应在暨南大学任教的梁实秋、陈中（钟）凡之邀到该校讲演，内容便是刚写完的《新文化运动与国民党》。讲演自然引起一阵哗然。文学院院长陈钟凡是胡适在北京大学任教时的学生，他听罢讲演后对胡适吐舌说："了不得，比上两回的文章更厉害了！我劝先生不要发表，且等等看！"胡适却表示他没有丝毫的顾忌。随后，胡适又把这个题目和内容搬到罗隆基执教的光华大学继续演讲。

2

　　在《新月》第二卷第六、七号合刊上，还有罗隆基的《告压迫言论自由者——研究党义的心得》。文章分析了孙中山学说及国民党党义，又比较、引述国外的历史，得出的结论是：

---

　　① 胡适：《胡适全集》第 21 卷，第 449—450 页。

孙中山先生是拥护言论自由的。压迫言论自由的人，是不明了党义，是违背总理的教训。倘使违背总理教训的人是反动或反革命，那么，压迫言论自由的人，或者是反动或反革命。

由此引申出相应的道理：

真正好的主张及学说，不怕对方的攻击，不怕批评和讨论，取缔他人的言论自由，适见庸人自扰。对方的攻击，果能中的，取缔他人的言论自由，是见敌而怯，适足以示弱，适足以速亡。本身真有好的主张及学说，对方攻不倒。对方真有好的主张及学说，我亦压迫不住。自由批评，自由讨论，绝对的言论自由，固然是危险，实际上压迫言论自由的危险，比言论自由的危险更危险。

黄肇年为配合胡适、罗隆基的文章所写的《苏俄统治下之国民自由》，是借言他而影射中国现实。文章认为"欧美各国所享受的国民自由，在现今的俄国完全没有"。第一，国中不许有批评或反对政府的报纸；第二，俄国人民完全不能享受出庭状的权利；第三，非有政府的特许证，人民不得开会；第四，一切非共产主义的政党和组织，都认作反革命，都以反革命团体相待；第五，研究和讨论学术的自由也完全没有。黄文所指虽是苏俄的现实，但同当时中国的现状却是十分相似的。

在这一期《新月》合刊上，还刊有胡适、罗隆基、梁实秋的文章结集出版《人权论集》的广告。广告说，他们三人在《新月》"所发表之关于拥护人权的几篇文章，已引起了全国的和全世界人士的注意"。"论集"收有胡适的《人权与约法》、《我们什么时候才可有宪法》，罗隆基的《论人权》，梁实秋的《论思想统一》，罗隆基的《告压迫言论自由者》，胡适的《新文化运动与国民党》、《知难，行亦不易》，罗隆基的《专家政治》，胡适的《名教》等。一个月以后，1930 年 1月，《人权论集》由新月书店出版。胡适在《人权论集》序文中指出，"这几篇文章讨论的是中国今日人人应该讨论的一个问题，——人权问题。……因为我们所要建立的是批评国民党的自由和批评孙中山的自由。上帝我们尚且可以批评，何况国民党与孙中山?"

《人权论集》出版的广告同时在《申报》上出现。这更使国民党当局着急，同时也令自由主义知识分子称快。原北大学生胡梦秋致信胡适："《申报》的记载，《人权与约法》的大著已有单行本了! 在我们追佩着法国卢梭的《民约论》时，又于言论界得到一个卢梭第二的伟作。"[1]

而国民党当局绝不容许胡适等人及《新月》月刊、新月书店如此"胆大妄为"。1930 年 1 月 21 日，上海《时事新报》的"市宣传部会议——呈请缉办胡适"的报道说，1 月 20 日下午，上海特别市党部宣传部，在陈德征的主持下讨论了对《新月》月刊、新月书店及胡适的处理意见。报道称："新月书店出版之《新月》月刊登载胡适诋毁本党言论，曾经本会议决并请中央惩处在案。兹又故态复萌，实属不法已极。议决：(一)查封新月书店；(二)呈请中执委会转呈中央将中国公学校长胡适迅予撤职；(三)呈请市执委会转呈中央将胡适褫夺公权，并严行通缉，使在党政府下不得活动。"[2] 1 月 25 日，上海市六区执委会以"毒害党国人才培养，阻碍三民主义推进"为罪名，请市党部惩办胡适，并请求转呈中央，"明令规定非党员不得作学校

---

① 转引自杨天石：《寻求历史的谜底》，首都师范大学出版社 1993 年版，第 554 页。

② 《胡适的日记》(手稿本)第 9 册贴有剪报 (1930 年 1 月 21 日)。

校长"①。2月1日，上海特别市执委会召开第九十一次执委常会，讨论事项中就有"胡适言论荒谬，请予严重处分"②。

2月5日，国民党中央宣传部发出密令：

> 查最近在上海出版之《新月》第二卷第六、七期，载有胡适作之《新文化运动与国民党》及罗隆基作之《告压迫言论自由者》二文，诋毁本党，肆行反动，应由该部查当地各书店有无该书出售，若有发现，即行设法没收焚毁。除分行外，合丞密令，仰该部遵照，严密执行具复为要。③

这件密令不知通过什么途径到了新月书店，书店在2月15日送至胡适。胡适在当天的日记中写道："密令而这样公开，真是妙不可言！此令是犯法的，我不能不取法律手续对付他们。"

16日，胡适找到律师徐士浩谈了此事。徐律师说："没有受理的法庭。"当天晚上，胡适又找了律师郑天锡、刘崇佑谈此事，刘崇佑说："可以起诉。"胡适在日记上写道："我决意起诉。"但未成。

五　胡适退却以后：罗隆基、王造时的联手

1

1930年1—3月间，由于《新月》第二卷第六、七号合刊遭查

---

① 《胡适的日记》（手稿本）第9册贴有剪报（1930年1月26日）。
② 《胡适的日记》（手稿本）第9册贴有剪报（1930年2月2日）。
③ 《胡适的日记》（手稿本）第9册贴有抄件（1930年3月17日）。

禁，《新月》的出版时间便被打乱。此时，舆论沸扬，作为中国公学校长的胡适又面临被撤职的处境。中国公学师生及校董事会都为胡适担心，于是出现了挽留胡适的集会等活动。《新月》同人中的罗隆基、梁实秋等仍坚守阵地，继续发表文章支持胡适，配合这场争取自由与人权的运动。

在这关键时刻，胡适退却了。

面对强大的政治压力和朋友们的劝阻，胡适本着蒋梦麟所谓的"大事化小，小事化无"的准则，开始退缩。在 1929 年 12 月 13 日所写的《人权论集》序言中，前半部分说明他们对孙中山及国民党批评的态度，后半部分却借周栎园《书影》中的鹦鹉自喻，向政府表明了他以及同人不被理解的苦衷：

> 今天正是大火的时候，我们骨头烧成灰终究是中国人，实在不忍袖手旁观。我们明知小小的翅膀上滴下的水点未必能救火，我们不过尽我们的一点微弱的力量，减少良心上的一点谴责而已。①

同时，在未刊稿《我们要我们的自由》（为原拟创刊的《平论》的发刊辞）中，他说道："近两年来，国人都感觉舆论的不自由。……异己便是反动，批评便是反革命……一个国家里没有纪实的新闻而只有快意的谣言，没有公正的批评而只有恶意的谩骂丑诋——这是一个民族的大耻辱。这都是摧残言论出版自由的当然结果。"胡适明确表示："我们所以要争我们的思想、言论、出版的自由，第一，是要想尽我们的微薄能力，以中国国民的资格，对于国家社会的问题

---

① 胡适：《胡适全集》第 4 卷，第 652—653 页。

作善意的批评和积极的讨论，尽一点指导、监督的天职；第二，是要借此提倡一点新风气，引起国内的学者注意国家社会的问题，大家起来做政府和政党的指导监督。"① 这是胡适的心里话，也是他"救火"、"补天"的基本态度。

胡适的这番苦心，国民党政府并没有发现，而"旁观者清"——读者却看到了。住在上海的外国人 Sokolsky（索克思）在《星期字林报》发表一篇文章，论国民党政府的"人权法"。胡适看了文章后，对这位外国作者说："今早报上说中央政治会议把《人权法》否决了，你的文章不无微功！"原来这位外国朋友在文章中表示，"一个政府与其把胡适监禁起来，不如听听他的劝告。"对此，胡适若有所悟：怪不得南京政府此时不愿通过这人权法案了。②

一个山东读者致信胡适，指明了胡适"救火"的良苦用心，也点破了国民党当局的愚蠢：

> 我要向党国的忠实同志进一忠告：《人权论集》不但不是要加害于党国的宣传品，依我看，倒能帮助党国根基的永固。因为此书把党国不自觉的错处，都历历指出，党国能翻然改悟，再不致惹民众的抱怨，可以有甚么危害？所以不但不必禁售，非党员固当各具一本，即党员亦应手置一编，以自策励。③

此时，有意退却的胡适对友人不解其心的恭贺之辞和信函，不禁感到"惭喜交并"。朋友恭维他"威武不屈"时，他却准备从冲突的

---

① 耿云志主编：《胡适遗稿及秘藏书信》第 12 册，第 31 页。
② 《胡适的日记》（手稿本）第 9 册（1930 年 1 月 29 日）。
③ 任天石：《寻求历史的谜底》，第 562—563 页。

前沿退回书斋。外界朋友推举他为梁任公之继，他却在反省自己重蹈梁任公的覆辙。

且看这种内外的疏离。

1930 年 1 月 24 日，高梦旦致信胡适，说他家"最守旧之老兄，忽然大恭维起胡先生"，并把他哥的原信也寄给胡适。信中说：

> 读《人权论集》……自梁任公以后可以胡适先生首屈一指。不特文笔纵横，一往无敌，而威武不屈，胆略过人。兄拟上胡先生谥号称之为龙胆公，取赵子龙一身都是胆之义。①

高梦旦还把《人权论集》四处寄赠朋友，同时又把朋友对胡适的称道转寄胡适。5 月 8 日，高凤池读罢高梦旦赠送的胡著后，致信高梦旦说：

> 承赐胡君所著之书两册，甚感谢。揭奸诛意（恶）大有董狐直笔气概。读之如炎暑饮冰，沁人肺腑，既爽快又惊惕，一种爱国热忱。其直言之胆魄，令人起敬不已。尤可重者，胡君心细思密，每着眼在人所忽而不经意处，不愧一时才子。然而言者谆谆，听者藐藐，刚愎之政府，肆行其矛盾自利政策，不加以反革命罪名，亦云幸矣。②

当周作人写信劝胡适回北平尽力著述时，胡适一方面说自己"不愿连累北大做反革命的逋逃薮"，另一方面针对一部分朋友的远离政

---

① 《胡适的日记》（手稿本）第 9 册存有原信（1930 年 1 月 30 日）。
② 《胡适的日记》（手稿本）第 9 册存有原信（1930 年 5 月）。

治，安心著书，莫蹈梁任公之辙的劝告，在复信中，说了自己的心里话：

> 至于爱说闲话，爱管闲事，你批评的十分对。受病之源在于一个"热"字。任公早年有"饮冰"之号，也正是一个热病者。我对于名利，自信毫无沾恋。但有时候总有点看不过，忍不住。王仲任所谓"心喷涌，笔手扰"，最足写此心境。自恨"养气不到家"，但实在也没有法子制止自己。
>
> 近年因为一班朋友的劝告——大致和你的忠告相同，——我也有悔意，很想发愤理故业。如果能如尊论所料，"不会有什么"，我也可以卷旗息鼓，重做故纸生涯了。但事实上也许不能如此乐观，若到逼人太甚的时候，我也许会被"逼上梁山"的，那就更糟了。但我一定时时翻读你的来信，常记着 Rabelais（拉伯雷——引者）的名言，也许免得下油锅的危险。①

在胡适退缩以后，国民党当局便停止了对他的舆论"围剿"。国民党中央宣传部预告的《评胡适反党义近著》第二集也没有出版。

2

这场争取人权、自由、民主、法治的运动，虽然因胡适的退却而暂时缓和下来，但事情却未完。他的"三个火枪手"罗隆基、梁实秋、王造时还在继续斗争。因此，《新月》也就不断遭禁，无法按时出版。1930 年 5 月 3 日，国民党上海市党部又发出训令，查禁新月书店出版的《人权论集》。胡适也于该月 15 日辞去中国公学校长的职

---

① 《胡适来往书信选》上册，第 542 页。

务（他在 1 月 12 日已辞职，但校董事会和教职员生开会挽留）。

胡适决定不再直接谈政治，不再用言论刺激国民党当局的痛处之后，又想回到思想文化建设上去。他开始续写《中国哲学史大纲》（再写出的部分名为《中古思想史长编》）。同时，在不抨击时政，不引起国民党政府反感的前提下，他于 1930 年 4 月 10 日写成了《我们走那条路》，并在 4 月 12 日的平社聚会上引起朋友们的讨论，随即刊于《新月》第二卷第十号（1930 年 4 月）。胡适立足和平渐进的改革，提出中国目前真正的敌人是贫穷、疾病、愚昧、贪污和扰乱。而这"五大敌人"都不是用暴力的革命所能打倒的。这篇文章和他半年前的火药味十足的批评国民党的文章相比，简直是换了一副手笔。他所希望的是"建立一个治安的，普遍繁荣的，文明的，现代的统一国家"：

> "治安的"包括良好的法律政治，长期的和平，最低限度的卫生行政。"普遍繁荣的"包括安定的生活，发达的工商业，便利安全的交通，公道的经济制度，公共的救济事业。"文明的"包括普遍的义务教育，健全的中等教育，高深的大学教育，以及文化各方面的提高与普及。"现代的"总括一切适应现代环境需要的政治制度，司法制度，经济制度，教育制度，卫生行政，学术研究，文化设备等等。①

胡适认为要达到这样的目的，必须"认清了我们的敌人，认清了我们的问题，集合全国的人才智力，充分采用世界的科学知识与方法，一步一步的作自觉的改革，在自觉的指导之下一点一滴的收不断

---

① 胡适：《胡适全集》第 4 卷，第 461—462 页。

的改革之全功"。这种不断的改革，不是懒惰的自然演进，也不是盲目的暴力革命，更不是盲目的口号标语式的革命。他明确表示："我们都是不满意于现状的人……我们很诚恳地宣言：中国今日需要的，不是那用暴力专制而制造革命的革命，也不是那用暴力推翻暴力的革命，也不是那悬空捏造革命对象因而用来鼓吹革命的革命。在这一点上，我们宁可不避'反革命'之名，而不能主张这种革命。……最要紧的一点是我们要用自觉的改革来替代盲动的所谓'革命'。"胡适最后强调：

> 替社会国家想出路，这是何等重大的责任！这不是我们个人出风头的事，也不是我们个人发牢骚的事，这是"一言可以兴邦，一言可以丧邦"的事，我们岂可不兢兢业业的去思想？怀着这重大的责任心，必须竭力排除我们的成见和私意，必须充分尊重事实和证据，必须充分虚怀采纳一切可以供参考比较暗示的材料，必须时时刻刻提醒自己说我们的任务是要为社会国家寻一条最可行而又最完美的办法：这叫做自觉。①

可以说，这篇文章是胡适学"小鸟"救火的具体化，是他干预政治、批评政府的透彻的心迹表白。因此，文章一出，梁漱溟、周谷城立刻致信同他讨论，批评他把帝国主义和封建军阀列于"五大恶魔"之外，完全有悖于历史事实。有人撰文说蒋介石等新军阀应列为第六大敌人。化名"某生者"的国家主义分子在《评胡适之的〈我们走那条路〉》中，认为胡适的主张可以代表一部分知识阶级的稳健思想，但又提出了一个反蒋、反共，反自由主义的主张，说"要更进一步，

---

① 胡适：《胡适全集》第 4 卷，第 470 页。

在国家主义的旗帜之下,来一方面从事政治革命,以打倒蒋介石及其势力,一方面抵御共产主义的谬说,以维持中国的独立"①。

在胡适的政治兴趣转移以后,《新月》的态度因罗隆基、梁实秋等自由主义义士的坚守而不变。《新月》第二卷第八号卷首是罗隆基的《我对党务上的"尽情批评"》,第九号卷首是梁实秋的《孙中山先生论自由》。至第二卷第十二号还有罗隆基的《我们要什么样的政治制度》的长文。

罗隆基说他是由蒋介石1929年12月27日的一封"求言的电报"而引起"这个发言的机会"。在《我对党务上的"尽情批评"》中,罗隆基对国民党的党务政策提出了四点尖锐的批评。尤其指明如今的中国是国民党的"党天下",政治的失败也在此。

第一,"一方面鼓吹民主民权,一方面实行一党独裁,采用这种方法的,只有中国的国民党。"于是,"天天要小百姓看民治的标语,喊民权的口号,同时又要我们受专制独裁的统治。授百姓以矛,希望百姓不攻其盾,小百姓做人亦左右为难了。"

第二,"国民党的党治,说是防止军阀,试问如今党外的大军阀在那里?说是防止帝国主义的阴谋,试问如今与列强订约修好的是什么人?说是制止非党员的反革命,试问,一年来的战争,是非党员的反叛,还是党内同志们的内讧?"

第三,国民党主张"党人先用,非党人先去",这种"党员治国是政治思想上的倒车,是文官制度上的反动,是整理中国吏治的死路,是国民党以党义治国策略上的自杀"。

第四,国民党"一面要做到党外无党,一面要做到党内无派,结果,就逼迫一切不同的思想及主张走到一条狭路上去了。如今,党内

---

① 《胡适的日记》(手稿本)第9册贴有剪报(1930年4月30日)。

无派，逼成一个改组派；党外无党，逼出许多革命党来了。厝火积薪之下，祸发的时候，虽非官逼民反，恐有党逼民叛的后悔"。

这是继胡适对国民党的揭批以后的又一投枪、匕首。

梁实秋在《孙中山先生论自由》中谈了自己的主张。他认为在中国真有自由的，只有做皇帝的，做总统的，做主席的，做委员的，以及军长、师长、旅长。他们有征税的自由、发公债的自由、拘捕人民的自由、包办言论的自由、随时打仗的自由等。人民什么自由也没有。因此梁实秋呼吁人民要争取思想自由、言论自由和身体自由。

在《我们要什么样的政治制度》中，罗隆基批评孙中山"用'以党废国'的模范，来做'以党建国'的事业"，说这"真是缘木求鱼"。针对国民党的政治制度和党纲、党义，罗隆基郑重声明："我们是极端反对独裁制度的。我们极端反对一人，或一党，或一阶级的独裁。我们的理由，极其简单，独裁制度不是达到国家所要达到的目的的方法。"他明确表示，"反对国民党的'党在国上'；主张召集国民大会，制定宪法；建设'委托治权'与专家行政的政府"。最后罗隆基详细列举了应有的政治制度应具备的条件（立法机关的和吏治制度的）。

3

胡适辞去中国公学校长职务以后，教育部长蒋梦麟也辞职回北京大学接任校长。蒋梦麟见胡适赋闲沪上，且招国民党当局的反感，尤其是上海特别市党部御用文人的嫉恨，便请胡适出任北京大学文学院长兼中文系主任。胡适于1930年11月底北上。也就在他离开上海以前，中国公学因反对国民党当局干涉校务而闹学潮。上海特别市党部认为此事为胡适插手，于是著文警告，想赶胡适尽快离开上海。胡适因举家回北平，没有出面反击。

在胡适北上前，他的好友、主持《新月》的罗隆基于 11 月 4 日被警方拘捕。直接原因是国民党上海特别市第八区党部向上海警备司令部控告罗隆基"言论反动，侮辱总理"，是"国家主义的领导"，有"共产党的嫌疑"。

胡适得知后，当即打电话请蔡元培、宋子文出面保释。在胡适等人的营救下（宋子文让财政次长出面，蔡元培亲自去找张群），罗隆基很快被释放。罗隆基在《新月》第三卷第三号上登出了《我被捕的经过与反感》，详细记述遭拘捕、审讯的经过，并提出五个值得注意的问题——向当局的控告：

（一）在如今"党治"底下，国民党的一个小党员可以任意控告任何人民反动罪名。

（二）在如今"党治"底下，国民党任何区分部可以根据一个小党员的控告，用党部名义指挥军警，拘捕人民。

（三）在如今"党治"底下，国家的军警机关，仅凭国民党区分部的一纸无凭无据的控告，可以不经法定手续，任意拘捕人民。

（四）在如今"党治"底下，国家的军警，受国民党区分部的指挥，可以不带拘票、搜索票，随时直入私人住宅及公共团体机关，检查及拘捕人民。

（五）在如今"党治"底下，国家的军警，对不经法定手续拘捕的人民，可以不经法定手续，任意监禁并处置。

罗隆基指出："这是野蛮，这是黑暗，这是国家的耻辱！这是党治的耻辱。"他十分愤怒地表示："我认为一切罪孽，都在整个的制度，一切责任，都在政府和党魁。""我们一班小民不要选举，不要创议，不要复决，不要罢官。我们先要申冤的法律！我们先要生命的保障！我们要民权，我们更要人权！"

罗隆基进一步诉说："'人权'，在党治底下，是反动的思想。鼓吹人权，是我触犯党怒的主因。"所以，他要求："政府守法，党员守法，政府和党员遵守党政府已经公布的法律。"罗隆基呼吁："我们要法治！我们要法律上的平等。"

罗隆基把 11 月 4 日的被捕，看成是谈人权争自由的人应付出的代价。不过，他在文章中列举了一些发人深思的史实：英国人亨浦登因抗拒缴纳违法的公债，被查理士第一拘捕审判，这引起了英国人民对君主专制的义愤、反抗，也增加了人民对争取自由、人权的必要性的认识，最终推动了 1649 年革命的成功。法国当年的"告密信"没有维持君主专制的威权，却断送了路易十六的性命。法国当年的"巴斯提尔"没有关尽政府的叛徒，却培养了革命的种子。控告、拘捕、羁押、监禁、惩罚、枪杀，这些都是政治溃乱的证据。最后，罗隆基引述老子的话：

　　民不畏死，奈何以死惧之！

在此时的胡适派文人中，罗隆基是仅次于胡适的核心人物。《新月》自由主义阵营力量的集聚和此时自由主义大旗的高扬，主要是胡适和罗隆基的作用。罗隆基对《新月》的投入，对"新月"文人中议政群体平社的聚会的启动，都出力较大。罗隆基的不屈个性和自由主义斗志也较胡适坚强、勇敢。国民党当局逼走胡适，拘捕罗隆基，是想瓦解《新月》的自由主义阵营，折断这杆自由主义的大旗。不料，胡适虽然退却了，罗隆基却硬是不肯低头，斗劲仍十足。于是，国民党当局只好进一步施展淫威，指示教育部责令光华大学解除罗隆基的教授职务。

1931年1月5日，胡适自北平返回上海，在参加中华教育基金会第五次常务会议的同时，为《新月》开禁、罗隆基开"罪"而奔波。他想凭借自己的社会影响，减轻当局对罗隆基的政治压力。

1月11日，胡适与平社同人在张禹九家聚餐，讨论罗隆基之事。因为这一天，光华大学得到教育部电令，要撤销罗隆基的教授职位。校长张寿镛把此令抄给罗隆基，令人劝他不要去光华大学上课，但仍每月送他俸给二百四十元。平社同人潘光旦、全增嘏、沈有乾等对此深感不平。光华大学的教职员也在这天晚上开会，认为如果教育部逼光华大学执行，必有一部分好（名）教授抗议而去，且会扩大风波。

12日，新月书店董事会在"中社"集会，胡适遇到经济学家金井羊。因金井羊与教育部次长陈布雷（蒋梦麟辞职回北大接任校长后，教育部长由蒋介石兼任）有私交，胡适便托他去陈布雷处疏通，试图由教育部撤回部令，以罗隆基自行辞职的方式了事。不料13日一清早，报上便将教育部给光华大学的电令全文发表："罗隆基言论谬妄，迭次公然诋本党，似未便任其继续任职，仰即撤换。"①

胡适马上去找尚未回南京的金井羊，托他向陈布雷说，"罗事系个人负责的言论，不应由学校辞退他，更不应由教育部令学校辞退他"。胡适还表示，"如布雷愿意和我面谈此事，我可以一行"。

15日，胡适收到金井羊自南京发来的快信，说陈布雷听不进胡适的"息事宁人"之言，"撤回命令，殊属难能"。他劝胡适亲赴南京与布雷晤谈。当天晚上，胡适写长信给陈布雷，为罗隆基辩解，为《新月》的所有言论辩解，认为"《新月》在今日舆论界所贡献者，惟在用真姓名发表负责任的文字"，"凡法律以外的干涉，似皆是以开恶

---

① 《胡适的日记》（手稿本）第10册（1931年1月13日）。

例而贻讥世界":

> 　　罗君所作文字，一一可以复按，其中皆无有"恶意的"诋
> 毁，只有美意的忠告而已。此类负责的言论，无论在任何文明国
> 家之中，皆宜任其自由发表，不可加以压迫。若政府不许人民用
> 真姓名负责发表言论，则人民必走向匿名攻讦或阴谋叛逆之路上
> 去。《新月》同人志在提倡这种个人签名负责的言论自由，故二
> 年以来，虽不蒙党国当局所谅解，我们终不欲放弃此志。国中若
> 无"以负责任的人说负责任的话"的风气，则政府自弃其诤友，
> 自居于专制暴行，只可以逼人民出于匿名的，恶意的，阴谋的攻
> 击而已。

胡适还以美国哈佛大学校长洛威尔不辞退反战的教授敏斯脱堡和五四
时期北京大学校长蔡元培不辞退筹安会的刘申叔和张勋复辟时代的伪
官员辜鸿铭为实例，说在大学以内不犯法的言论，皆宜有自由发表的
机会；在大学以外个人负责发表的言论，不当影响他在校内的教授职
务。胡适指出，用政府的威力命令学校解除罗隆基的教授职务，是错
误的，"实开政府直接罢免大学教授之端，此端一开，不但不足以整
饬学风，将引起无穷学潮"。"此事在大部或以为是关系一个人的小问
题，然在我们书生眼里，则是一个绝重要的'原则'问题。'言论谬
妄，迭次公然诋本党，自（按：前引文为似）未便听其继续任职'，
这是很重要的一条原则。今日若误认为一个人的小问题，他日必有悔
之无及之一日"。①

　　18 日，胡适收到金井羊自南京带来的陈布雷 17 日写的复信。信

---

① 《胡适的日记》（手稿本）第 10 册（1931 年 1 月 15 日）。

中说"先生之见解，弟殊未能苟同"，"弟认为此事部中既决定，当不能变更"，并表示便中将胡适的信转呈蒋介石。最后陈布雷邀胡适到南京去面谈，"若能谈论出一个初步的共同认识来，亦为甚所希望的事"。胡适把这封复信贴在日记上，批注道："人言布雷固执，果然。"①

胡适准备去南京，但好友高梦旦、王云五等看了陈布雷的回信后，都劝胡适不要去南京。当天晚上，胡适又给陈布雷写了一封信，表示不能赴约到南京，其中还说道：

> 鄙意"一个初步的共同认识"必须建筑在"互相认识"之上。故托井羊兄带上《新月》二卷全部及三卷已出之三期，各两份，一份赠与先生，一份乞先生转赠介石先生。《新月》谈政治，起于二卷四号，甚望先生们能腾出一部分时间，稍稍浏览这几期的言论。该"没收焚毁"（中宣部密令中语），或该坐监枪毙，我们都愿意负责任。但不读我们的文字而但凭无知党员的报告便滥用政府的威力来压迫我们，终不能叫我心服的。②

金井羊看了信，见"措词颇强硬"，便不愿带交，只把两套《新月》带回南京。随后，胡适到罗隆基家中慰问，见潘光旦、王造时、全增嘏、董仕坚在座。他向诸位朋友谈了自己对罗事的解决意见："一、依我的办法，先由教部承认了我们的原则，后由张寿镛去呈文，让教部自己转圜，然后罗辞职。二、教部已说不通了，可由张寿镛发表一个谈话，说他不能执行部令，如此，罗也可辞职。三、教部与张

---

① 《胡适的日记》（手稿本）第 10 册（1931 年 1 月 18 日）。

② 同上。

君皆不认此原则，则由罗自己抗议而去，声明为顾全光华而去。"

当年胡适为《新青年》的编辑时，张寿镛是《新青年》的作者，他由旧派文人转向过来，受过新文化运动的积极影响。于是，胡适约见张寿镛校长。张寿镛带来上陈蒋介石的密呈，胡适看后修改两处，然后约罗隆基过目。张、胡、罗三人约定："如此呈经蒋批准后，即发表；发表后，罗即辞职。"这时金井羊来劝胡适和他一起去南京见陈布雷。胡适要金井羊向陈布雷等说明："'共同的认识'必须有两点：一、负责的言论绝对自由；二、友意的批评，政府须完全承认。无此二项，没有'共同认识'的可能。"

张寿镛起草、经胡适修改的《上蒋介石呈》如下：

今有一事上陈，即教育部饬令光华大学撤去罗隆基教员职务是也。罗隆基在《新月》杂志发表言论，意在主张人权，间有批评党治之语，其措词容有未当。惟其言论均由个人负责署名，纯粹以公民资格发抒意见，并非以光华教员资格教授学生。今自奉部电遵照公布后，教员群起恐慌，以为学术自由将从此打破，议论稍有不合，必将蹈此覆辙，人人自危，此非国家之福也。钧座宽容为怀，提议赦免政治犯，本为咸与维新起见，夫因政治而著于行为者，尚且可以赦免，今罗隆基仅以文字发表意见，其事均在十九年十二月卅一日以前，略迹原心，意在匡救阙失，言者有罪，闻者足戒。揆诸钧座爱惜士类之盛怀，似可稍予矜全。拟请免予撤换处分，以求包容。刍荛之见，是否有当，伏乞训示祗遵。[1]

———————

① 《胡适来往书信选》下册，第593—594页。

张寿镛带着这份上呈,与金井羊一起到南京晋见蒋介石。当张寿镛把呈文交上时,蒋介石问:"罗隆基这人究竟怎么样?"张寿镛回答:"一介书生,想作文章出点风头,而其心无他。"蒋介石追问:"可以引为同调吗?"张寿镛说:"可以,可以!"22 日,张寿镛返回上海,向胡适传达了情况。胡适听罢,禁不住笑了。1927 年 3 月,蒋介石欲将郭沫若"引为同调",不料,郭沫若写了《请看今日之蒋介石》,公开揭露蒋的真实面目。1927 年下半年,著名报人陈布雷被蒋介石"引为同调",成了蒋介石的"文胆"和首席秘书,如今,蒋介石又欲引罗隆基为同调,玩弄同一把戏。胡适见同蒋介石、陈布雷无法沟通,只好对张寿镛说:"咏霓先生,话不是这样说的。这不是'同调'的问题,是政府能否容忍'异己'的问题。"随后,胡适让张寿镛把上呈蒋介石的文稿抄一分给罗隆基,劝他辞职,并"说明反对原则",以免光华大学为难。

由于胡适、张寿镛的"伏乞",加上蒋介石欲引罗隆基为"同调"的用心,当局对胡适、罗隆基和《新月》同人暂时未作强硬的制裁措施。

4

自由主义义士罗隆基面对当局的高压是誓不低头的。在胡适停止发表政论,改登他的不惑之年的新作自传《四十自述》以后,《新月》又出现一个自由主义议政的政论家:王造时。王造时 1917 年秋考入清华学校,是校内社会活动的积极分子,1919 年因参加"六·三"爱国运动而被捕。1925 年赴美留学,步罗隆基之后入威斯康星大学,攻读哲学、政治学,1928 年获哲学博士学位。随后又仿效罗隆基到英国伦敦大学,师从政治学家拉斯基教授,成为继陈源、徐志摩、罗隆基之后的又一中国信徒。1930 年秋,王造时回国,入光华大学任教，后继离去的罗隆基出任光华大学政治系主任及文学院院长。同时，加入《新月》自由主义阵营，为《新月》撰写议政文章。

此时，梁实秋因文学的人性、阶级性及翻译问题，卷入了同鲁迅及左翼作家的论战之中，对时政关注少了。在《新月》上，罗隆基、王造时两个哲学博士、同门师兄弟联手出击，再次将《新月》的议政推向高潮。请看他们的论文题目：王造时的《中国问题的物质背景》（第三卷第四号）、《中国社会原来如此》（第三卷第五、六号）、《中国的传统思想》（第三卷第八号）、《昨日中国的政治》（第三卷第九号）、《由"真命天子"到"流氓皇帝"》（第三卷第十一号）、《政党分析》（第三卷第十二号）；罗隆基的《服从的危险》（第三卷第五、六号）、《平等的呼吁》、《人权不能留在约法里》、《总统问题》、《民会选举原来如此》（第三卷第七号）、《对训政时期约法的批评》（第三卷第八号）、《论中国的共产——为共产问题忠告国民党》（第三卷第十号）、《什么是法治》（第三卷第十一号）、《告日本国民和中国的当局》（第三卷第十二号）。《新月》还吸收、培养了一个青年作者：储安平。他虽不谈政治，多是写作文艺作品，但《新月》的自由主义精神贯注、养育了他，为他十五年后创办《观察》，团结广大自由主义文人，高举自由主义大旗，打下了精神基础。

王造时此时最富刺激性的文章是《由"真命天子"到"流氓皇帝"》。他认为从昔日的皇帝时代到今日的流氓世界，中国的政治是一笔糊涂账：

从前中国的政治，虽然是腐败，但是还有旧道德、旧伦理、旧礼教，为之限制。到了现在，旧的东西，都被西洋来的潮流，冲得粉碎，而新的道德纪律又没有成立，于是自私自利，专制横暴，更加尽形毕露了。军阀官僚的反复无常，朝秦暮楚，掠夺财产，丧权辱国，鬻官卖缺，引用私人，收入中饱，贿赂公行，欺善怕恶，吹牛拍马，压迫人民，强奸舆论，举世间所谓是非，所谓廉耻，所谓公德，都一齐不顾。于是变成一个城狐社鼠，魑魅魍魉的世界！武的流氓，可以做军阀；文的流氓，可以做高官。谁愈流氓，谁愈得势。谁不流氓，谁该饿饭。流氓世界，流氓政治。流氓政治，流氓皇帝。

储安平1928年秋考入光华大学文学院政治系，是胡适、罗隆基的学生。当时徐志摩也在光华任教。罗隆基辞职后，储安平成为王造时的学生。因胡、罗、徐、王的影响，储安平开始步入文坛，首先在《新月》上发表文章。在《新月》的第三、四卷上，有储安平散文、诗歌共七篇（首）。他还在《北新》、《今日》、《真善美》、《文艺月刊》等发表诗、小说、散文多篇。他先后主编《中央日报·文学周刊》、《文学时代》月刊，1936年由上海良友图书印刷公司出版了小说集《说谎者》、散文集《给弟弟们的信》。1936年，储安平赴英国留学。他最初虽钟情于文学，但由于胡适、罗隆基、王造时的影响和《新月》的政治熏陶，他在1932年编辑了政论集《中日问题与各家论见》①，作为新月书店"政治论著三种"丛书之一出版。在此以前新月书店出版的三部有名的政治论著是：胡适、罗隆基、梁实秋合著的《人权论集》、黄肇年译英国政治学家拉斯基的《共产主义论》、邱辛白译拉斯基的《政治》。这次，储安平的编著和罗隆基著的《政治论文》、胡适等十人合著的《中国问题》一并列为"政治论著三种"。这是储安平议政生活的起步，这位后起之秀一下子步入当时自由主义名

---

① 收有陈独秀、汪精卫、张东荪、梁漱溟、罗隆基、陈启天、左舜生、胡愈之、樊仲云、陶希圣、萨孟武、张其昀、俞颂华、陈茹玄、武堉干、王造时等人的文章。

流胡适、罗隆基、梁实秋、王造时之列。

《新月》第四卷出至第七号停刊。罗隆基在光华大学无法立足后，便北上入南开大学任教，并主持天津《益世报》社论专栏。作为自由主义义士，罗隆基"痴"心不改，仍发表干预、批评国民党政府的激烈的言辞，导致国民党当局派特务追杀至南开，枪击他的汽车。幸好罗隆基大难不死，仅给打坏了一辆车子。1931年，罗隆基与张君劢组织再生社，翌年改组为中国国家社会党，并编辑出版《再生》月刊。罗隆基后来一度被蒋介石招安，成了蒋介石的"政治"课老师，但他不愿步陈布雷之后尘而离去，并逐渐脱离胡适派文人群体，从事实际的政党斗争——1941年3月他参加中国民主政团同盟（这"同盟"包括章伯钧的中国农工民主党，罗隆基、张君劢的国家社会党，左舜生、李璜的中国青年党——"三党"；沈钧儒、王造时的救国会，黄炎培的职业教育会，梁漱溟的乡村建设会——"三会"），出任宣传部长。该同盟后改为中国民主同盟，走向反蒋、反国民党的斗争的前沿，后因"左"倾，与共产党联手反蒋。王造时则在随后的政治活动中，一直遭蒋介石政府的嫉恨。他1935年11月在上海参加文化界救国联合会，1936年5月加入"全国各界救国会"，任常务理事兼宣传部部长，并逐步脱离胡适派文人群体，从事实际的政治斗争。1936年11月，他成为"七君子"之一，被投入国民党的大牢之中。

罗隆基、王造时两位哲学博士，在脱离《新月》后期的胡适派文人群体（《独立评论》作为《新月》的后继），不再靠胡适的大树荫庇操笔，而是成了各自政治团体的主笔（宣传部长）。在政治斗争中，他们同国民党政府发生直接冲突，且因"左"倾而同共产党合作。梁实秋在《新月》之后，专注莎士比亚研究、翻译及文学批评，并有大量散文（如《雅舍小品》）问世，偶尔还有自由主义言论见报（如抗战初期的"与抗战无关论"，抗战胜利后在《世纪评论》发表的《罗隆基论》①）。

可以说，自 1932 年初罗隆基北上天津和日本帝国主义者入侵，在上海的《新月》的文人群体疏散，随后又在北平开始了新的群聚（成员有较大的变化）。中国自由主义知识分子在内忧外患的夹击下，陷入了空前的困境。

六 《新月》背后的政治关系：平社的清华文人群体 与胡适的政治介入

1

胡适及"新月"同人在 1929—1930 年间能扯起自由主义的大旗，同三民主义抗争，同国民党政府斗，是有复杂的文化思想背景和社会政治因素的。

胡适同国民党的矛盾是个长期的过程，他的文化激进主义（更多是文化上的自由主义）思想同国民党具有浓重民族主义色彩的文化保守主义（早年出于反清，恢复中华的政治革命的需要）始终存在着矛盾、冲突。相对于政治上的分歧，文化思想的分歧是更重要的一点。在由传统向现代的文化转型后，中国现代文化结构的变异明显地呈现承继传统的权力政治型的文化（趋向文化保守的、尊崇儒学的国民党的官方文化），同接受西方近代民主政治的自由主义知识分子的精英文化的尖锐的对立、冲突。而大众文化、民间文化既被后起的共产党借用，也被胡适派自由主义文人在文学革命及整个新文化运动中作为

---

① 《世纪评论》第 2 卷第 15 期。

价值伦理起用。在现代文化转型之初，胡适派文人这一精英文化群体的意图伦理与价值伦理之间并非紧张、冲突，而是相对地显得互为关联、借助。胡适同国民党近五十年来的矛盾冲突，最为重要的还在于文化思想上的。从最早对南社（几乎都是国民党的成员）文学复古主义的批评，到对孙中山民族主义思想（尤其是文化思想）的不满，直到 1927 年 5 月，胡适虽然公开表示对蒋介石"清党"的支持和理解，但在随后的一系列言论中，又表示出对国民党及蒋介石为铲除异己而随意杀人的不满。

政治的暂时性、阶级性、阶段性、强迫性和文化思想上的继承性、一致性、稳定性，在胡适同国民党的矛盾、冲突这一视野中表现得尤为明显。胡适的世界主义视野、西化观念、现代意识、自由主义思想同国民党的民族主义思想、一党专治体制是相背离的。尽管会有政治上的一时合作或趋同（如在民族危机，联合抗日这一点上），但文化思想上的差异，使他同国民党始终不能完全相融（直到他晚年就任"中央研究院"院长时，在就职演说中同蒋介石的公开冲突）。这一点，胡适在《新文化运动与国民党》中就有明确的揭示。

新文化运动，是对传统儒学的正统地位进行了一次大的冲击和清理。新的文化典范的确立是在传统的价值观念和伦理道德被瓦解之后。1927 年国民党成为全国一尊的政治统治者以后，儒学卷土重来，在当局倡扬下成为国民党统治思想的重要依据之一，甚至可以说是思想基础。而孙中山的"三民主义"则被抽空成为一个招牌，即胡适嘲讽的"名教"。蒋介石及国民党对在新文化运动中遭受重创的传统儒学的复兴，使得国民党在 1927 年以后一度感觉到找到了稳定时局及思想的依据。

但现实却是一个不稳定的变量。从复杂的政治关系看，一方面，国民党政府的内部斗争，军政实力派与国民党党务系统改组派——蒋介石与汪精卫之间有权力之争。蒋介石与孙科、胡汉民貌合神离；地方军阀中的山西派、桂系、西北军冯派与黄埔系中央军之间有矛盾（随之而来的蒋桂之战、中原大战）；国民党内部开明派与专制、独裁派之间不和。所以胡适及"新月"同人便有机可乘，国民党政府在这种复杂矛盾的斗争中，必然会暴露出政治、思想、外交、军事、财政、文化等多方面的问题，易被胡适派自由主义知识分子借助舆论工具揭示、曝光。

另一方面，胡适经历了新文化运动的辉煌，他的大名和社会身份使他与党、政、军、财等方面的官僚之间有相应的关系，这种相应的社会地位和资本使他敢于说话，敢于批评政府。如胡适与国民党最高层领导人中汪精卫的私交最好。这种较密切的关系自 20 年代初始，直到汪精卫抗战时期公开投敌叛变终。他同财政部长宋子文的关系较密，同国民党中常委蔡元培为知己，同蒋介石身边的"文胆"陈布雷、金融专家徐新六、军事顾问蒋百里为友。这样，周旋于这批党政要人之间，批评某一方面，必然会因国民党政府内部的矛盾斗争而使其中的一部分人感到不满，但又有另一部分人支持。即使出现了危机，也会有人出来帮忙、解救。

在这种复杂的政治背景下，胡适派文人从一开始批评政府的言论，便是钻了当局的空隙，利用了国民党内部的矛盾。1929 年 3 月 14 日《东方晚报》登出的《汪精卫等对最近党务政治宣言》，就是针对蒋介石的。其中汪精卫谈到：

> 不幸北伐胜利之后，党中腐化分子及投机分子以为地盘已得，权力在手，遂避难就易，抛弃本党主义，违反民众要求，吸引党外之反对势力，以朋分自北洋军阀手中夺来的政权，至人民之权利，则一无以获。生命财产及自由，毫无保障，一与北洋军

阀时代无异。政治集于官僚，人民势不得参预，亦与北洋军阀时代毫无不同。致数十万兵士党员生命，数万万财产之牺牲，反换得极少数人之利权，此种只更换统治者个人而不更换政治制度之革命，实已失掉革命之意义。①

这里所指出的问题，正是在中国几千年来，"革命在事实上的成功便是革命在理论上的失败"的实际情况。因为对广大民众来说，一人一党专制、独裁和帝制时代的一人一家天下没有多大的变异。人民的"生命财产及自由"，在不同的时代都操纵在少数人手中。汪精卫等党务派在革命以后，因权利问题同以蒋介石为首的军政实力派的矛盾加剧。于是，汪精卫便借"人民之权力"和"生命财产及自由"来向蒋介石施加政治攻势。据胡适在日记中所示，汪精卫的这个宣言，上海各大报都不敢登，只有《江南晚报》、《东方晚报》这两家小报发表。

7月5日，《大公报》登出了《欲永绝军阀的根株，惟有培植民主势力——汪精卫在法之谈话》。针对民主势力不能在国民党掩护之下逐渐培植起来这一问题，汪精卫认为是自1927年国共分裂以后，"腐化势力乘机抬头，为残余封建势力作走狗，以仇视民主势力，凡有从事民众运动者，皆予以准共产工具等等罪名，务使军阀，加以屠杀。'党的专政'本来是用以培植民主势力的，如今反用以摧残民主势力……造成今日新军阀的局面"。汪精卫呼吁"一般有廉耻的文人，应该奉献此身于民主势力，将血作水，以溉民主势力之根，将身作肥料，以沃民主势力之果"。②

① 《胡适的日记》（手稿本）第8册贴有剪报（1929年3月14日）。
② 《胡适的日记》（手稿本）第8册贴有剪报（1929年7月5日）。

这是汪精卫等改组派公开要求自由主义知识分子对他们的支持，想借助民主势力来对抗蒋介石。在这种情况下，即国民党内部发生派系斗争，党务系统对蒋介石军政系统不满，想借助自由主义知识分子所代表的民主势力，借国民党所谓的法权来抑制蒋介石的军势强权之时，胡适的《人权与约法》一文出现了。这正中汪精卫等国民党党务派之意，使他们较及时地利用此文所代表的自由主义民主势力来反对蒋介石的权大于法，人治代替法治的行径。尤其是国民党元老、中常委蔡元培致信胡适，表示对此文的称道和佩服，是代表了一部分开明派和改组派的心态的。可以说，胡适、梁实秋、罗隆基的系列文章，为国民党改组派借"法治"反对蒋介石的"人治"提供了理论上的依据和舆论上的先导。当然，他们对国民党刨根掘底的批评，又是那些信奉党义、党纲的党徒们所不能容忍的。

从另一方面看，胡适派文人借国民党内部的不和，从对人权、约法的争取转向对党义、总理（孙中山）学说的批评，虽然引起了国民党各级党部及中央宣传部、中训部、中常委的不满，但蒋介石却一直没有公开表态，汪精卫则更是试图拉胡适入伙。当国民党党务系统的大小官员借手中权力压制胡适、罗隆基时，胡适毫不畏惧，甚至还联络金井羊、张寿镛试图去打通陈布雷、蒋介石的关口，寻求理解和容忍。不论是汪精卫还是蒋介石，都是想利用胡适派文人（汪精卫借胡适派自由主义文人的民主势力反蒋，蒋介石则试图对罗隆基等引为"同调"）。胡适派文人最明显的钻派系斗争的空子，是在 1929 年 9 月至 12 月间。由于胡适批评党义，抨击孙中山学说，各级吃"党"饭的国民党党员纷纷要求制裁、惩办、缉拿胡适，各类报纸和政府发文攻击和惩告胡适——这类消息、文告，胡适在日记中剪贴有上百件，都遭到他的轻鄙和嘲弄。他甚至在 11 月写了言辞更激烈、更尖锐的《新文化运动与国民党》。因为这时，胡适同蒋介石手下的军事家蒋百里、银行家徐新六、财政部长宋子文关系较密。这几个人，正从各方面促成蒋介石在"蒋桂之战"、"中原大战"中获胜，蒋介石军政实力派无暇顾及胡适派文人的自由主义言论，也不怕汪精卫等改组派同胡适派民主势力的结合。这样，国民党党务系统的警告，只能流于空喊。胡适、梁实秋、罗隆基等人也就不怕他们。同时，司法院、大学院、教育部又都由胡适的朋友把持。这样，胡适派文人才有恃无恐地向党义、总理学说及国民党本身挑战，以至出现下列情况——1930年 7 月 13 日《中国国民党第二届中央执行委员会宣言》、《中国国民党中央党部扩大会议宣言》、《赞成宣言》中的倒蒋的言辞中，列举蒋介石罪行时的许多话语和胡适、梁实秋、罗隆基争取人权、民主、自由的言论相似，都是借民主、法制、人权、自由来声讨、攻击对方。看这三分宣言中的部分言词：

> 蒋中正背叛党义，篡窃政权，本党组织为民主集权制度，蒋则变为个人独裁，……蒋则托名训政，以行专制，人民公私权利，剥夺无余，甚至生命财产自由，一无保障，以至党既不党，国亦不国。①

> 蒋逆中正叛党之罪，擢发难数，其最大者就党之实质上，则尽弃总理所遗留之主义及政策，对外断送国权，对内则戕贼民众。就党之形式上，则尽毁民主集权制度，造成个人独裁……②

> 蒋逆中正用不正当手段破坏团结之党，以攫党政之权，本会曾迭次宣言，予以否认，乃蒋逆终无觉悟，借本党之名，肆个人之欲，一切行为，实违反本党主义，一切用人，全属自己爪牙，

---

① 《中国国民党中央党部扩大会议宣言》，1930 年 7 月 22 日《民国日报》。
② 《中国国民党第二届中央执行委员会宣言》，同上报。

以致对外则丧权肇祸，对内则残害民众。①

这本是国民党内部争权夺利的表现，却给胡适派自由主义文人以批评、干预政治的机会。

对汪派的反蒋言论和胡适派文人的批评，蒋介石在当时没有公开的回应。而在十几年后，蒋介石在所著《中国之命运》一书中，针锋相对地给以回敬：

> 自北伐成功以后，……竟有假"民主"的口号，掩护其封建与割据，以"自由"的口号，装饰其反动与暴乱，而以"专制"、"独裁"种种污辱与侮蔑，加于国家统一之大业，而企图使之毁。甚至如汉奸汪兆铭之流，假国民党与国民政府之名以污辱我国民与国民政府，且冒三民主义与国民革命军之名，以破坏我三民主义与反叛国民革命……②

面对国民党政府本身无法统一思想，内部争斗不绝的特殊际遇，胡适派文人的自由主义言论自然会发挥相应的作用，也会相应地被利用。

胡适派文人在借助舆论宣扬自由主义，干预政治，批评政府的背后，还有一种更为具体而潜隐性的自由、民主议政活动。《新月》杂志、新月书店公诸于世的言论与著述，只是胡适、罗隆基、梁实秋、王造时等人为争取人权、自由、约法、民主的外在显现形式，背后还有以胡适为核心，清华园出身的归国留学生为主力的高层次自由主义知识分子组成的议政组织平社——中国的"费边"运动的组织。同

---

① 《赞成宣言》，同上报。
② 蒋介石：《中国之命运》，第84—85页。

时，胡适还同宋子文保持密切的联系，为他设计政治改革方案，草拟同汪、蒋不合的辞职宣言。同英、美在华的政治学家、经济学家，胡适也有相应的联系，以期取得自由主义议政上的一致性。

现在，就来看中国的"费边"运动的详细过程及实际效应。

2

1928 年 5 月 19 日，胡适在南京出席全国教育会议第四次大会并讲话。关于教育建设问题，他"对政府有三个要求：第一，给我们钱；第二，给我们和平；第三，给我们一点点自由"①。这是胡适自欧美游历回国一年后第一次公开发表对于政局的意见，且以"和平、自由"作为筹码。面对教育，自由主义知识分子总有许多要说的话，通过教育以救国也常常是知识分子无为而为的选择，且他们不把办教育视为从政。

胡适联合罗隆基、梁实秋，在《新月》上发表对国民党政府的批评言论以前，于沉默、嘲弄之中曾留心对当局进行观察、分析。他首先研究了国民党的政体及施政方针。据 1928 年 12 月 4 日的日记所示：

> 在南京观察政局，似一时没有大变动。其理由有三：（1）现政府虽不高明，但此外没有一个有力的反对派，故可幸存。……（2）冯玉祥似是以保守为目的，不像有什么举动；（3）蒋介石虽不能安静，然此时大家似不敢为戎首。近年外交稍有进步，故更不敢发难而冒破坏统一之名。②

---

① 《胡适的日记》（手稿本）第 7 册（1928 年 5 月 19 日）。
② 《胡适的日记》（手稿本）第 8 册（1928 年 12 月 4 日）。

胡适也看出行政院是政府的实体机构，而"国民政府"则流于虚名。因此，他希望在将来的政府中建立、健全立法、监察、考试三权机构，且趋独立（这三权，现政权虽设有，但完全是军事强人政府中的装饰品）。这样才能使政府成为民主、法治的政府。可以看出，胡适在写作《人权与约法》，即陈德征提案提出以前，已看清国民党政府现行机构中立法、监察、考试三权的虚无，这才大胆地向当局要求尽快有人权与约法的保障。这时，也正是以汪精卫为首的国民党改组派以党义和总理学说、总理遗教这些虚幻的东西作武器，联络地方军阀来反对军事强人、新军阀蒋介石的时候。陈德征的提案只是胡适写文章发动人权运动的一个直接诱发因素。

这次南京之行，是胡适同国民党政府发生相应关系的开始，也是他又忍不住要谈政治的起点。返回上海后，胡适在 12 月 14 日写下了《新年的好梦》一文，表露他对当局的几点希望：第一，梦想来年全国和平，结束内战；第二，梦想来年全国裁兵，让民休养生息；第三，梦想来年取消苛捐杂税；第四，梦想铁路收回国有并畅通；第五，梦想全国禁绝鸦片；第六，梦想有一点点自由。[1]"一点点自由"是自由主义知识分子对专制、独裁的军事强人政府的基本的、最初的索要，且是尝试性的。因为自 1927 年国民党政府定都南京之后，胡适等自由主义文人还没有取得应有的言论上的权利，自然也就没有什么言论的责任和义务可言。所以胡适不无幽默地说道："我们梦想今年大家有一点点自由。孙中山先生说政府是诸葛亮，国民是阿斗。政府诸公诚然都是诸葛亮，但在这以党治国的时期，我们老百姓却不配自命阿斗。可是我们乡下人有句古话道：'三个臭皮匠，赛过诸葛亮。'诸位诸葛亮先生们运筹决胜，也许有偶然的错误。也许有智者

---

① 《胡适的日记》（手稿本）第 8 册（1928 年 12 月 14 日）。

千虑之一失。倘然我们一班臭皮匠有一点点言论出版的自由，偶然插一两句嘴，偶尔指点出一两处错误，偶尔诉一两桩痛苦，大概也无损于诸葛亮先生的尊严吧？"①

也正是为求得"一点点自由"的"梦想"，胡适召集"新月"的同人，在《新月》创刊一年后又欲创办《平论》周刊，同时组织了类似英国"费边社"的专门议政的平社，以便在平时"平心而论"政治。

新月社组建于 1923 年的北京，后因北京政治的黑暗，文人南移上海。1928 年 3 月《新月》创刊，这本是钟情文艺自由女神的徐志摩想在中国黑暗社会中寻求的一个理想主义的文学的天国。新月书店中胡适、罗隆基、梁实秋等都具有浓烈的政治兴趣，他们不想使《新月》涉及政治，骚扰徐志摩等人的文艺女神。于是，胡适、罗隆基、梁实秋等在 1928 年底至 1929 年初合计在新月书店内部，再组织一个名为"平社"的小议政团体，创办名为《平论》的周刊或旬刊，专门谈政治，出版发行权仍归新月书店。

这里有必要对"费边社"（Fabin Society）作一简要介绍。19 世纪 70、80 年代，英国工人运动的高涨和马克思主义在工人群众中的传播，促使英国这个早期工业化国家里建立了社会主义政党。1881年，亨利·迈尔斯·海因德曼建立了民主联盟，1884 年改称为社会民主联盟。同年，爱德华·艾威林夫妇等人从联盟中分裂出来，另行组织了社会主义联盟。爱德华·皮斯、费兰克·波德默等，又从以探索新生活方式为目的的"新生活同志会"中分离出来，创建了"费边社"。"费边社"以古罗马著名武将"费边"的名字命名，借费边采用的迂回等待，避免直接对面决战而最终取胜的战略战术之意，作为推

---

① 《胡适的日记》（手稿本）第 8 册（1928 年 12 月 14 日）。

行政治改良主义的企图。

"费边社"在 19 世纪末鼎盛之时，成员逾千，多是高层的资产阶级知识分子。在信仰上，他们是民主社会主义和自由主义的混合。

在早期"费边社"活动期间（1883—1894 年），他们不仅有公开的、有组织的议政、干预政治的活动，而且还成立了独立工党。尤其是自由主义文人介入后，编辑出版了《费边新闻》和《费边论丛》。其中以"费边社"核心人物之一萧伯纳主编的《费边论丛》之一《费边社会主义论丛》①影响最大。1894—1906 年，是"费边社"的间歇期，议政中心转向伦敦大学经济学院。至 1906—1914 年，"费边社"再度兴旺，自由主义由觉醒而占上风，并对费边社会主义产生冲击。1914—1938 年，是"费边社"内部的思想分歧时期。②

中国思想舆论界对"费边社"的最初反应，是新文化运动—五四运动时期，即费边社会主义一支的"基尔特社会主义"的传入。1922年，上海商务印书馆出版了辟司著、薛嘘成、沈端方译的《费边社史》。

"费边社"核心成员中，萧伯纳、拉斯基尤为中国读者熟知。萧伯纳作为剧作家在 20 世纪 20、30 年代为中国文坛屡屡介绍，并对中国新文学中的早期话剧产生积极的影响。他 30 年代访问中国，受到鲁迅、林语堂、邵洵美等人的热情欢迎。20、30 年代，拉斯基执教伦敦大学经济学院，同时任"费边社"执行委员会委员，影响了四个重要的中国信徒、胡适派文人的重要成员：陈源、徐志摩、罗隆基、王造时（稍后的吴恩裕也师从拉斯基，其政论影响在 40 年代末《观

---

① 《费边论丛》又名《费边社会主义论丛》，初版于 1889 年，袁绩藩、朱应庚、赵宗煜据 1931 年版译成中文，1958 年由北京三联书店出版。

② 参见玛格丽特·柯尔：《费边社史》（杜安夏、杜小敬译），商务印书馆 1984 年版。

察》时期）。罗隆基、王造时把拉斯基及"费边社"的议政方法带回中国（讲学复议政），并组织人力大量介绍拉斯基的著作。他们尝试仿效《费边新闻》的办法来经营《新月》，编辑出版了类似《费边论丛》的《中国问题》。平社的人员是原新月书店的成员及《新月》月刊的同人，多在上海高校（主要集中在光华大学、暨南大学、中国公学）任教或在文化出版机构。他们多为留学欧美归来的自由主义知识分子，且以人文、社会科学为多。平社的核心人物是胡适、罗隆基，基本力量是清华园出身的自由主义文人。平社实际上是罗隆基仿效"费边社"而发起的，得到胡适的支持。拉斯基是英国"费边社"议政团体的核心人物之一，他的民主社会主义（"费边社会主义"）的政治学说影响很大。计划创办中的《平论》，则是作为"站立在时代的低洼里的几个多少不合时宜的书生"发表"偶尔想说的'平'话"①的阵地。平社的最初成员是胡适、徐志摩、罗隆基、梁实秋、叶公超、丁西林六人。他们于1929年3月23日聚会胡适家中，推举胡适担任《平论》总编辑。但胡适主张由罗隆基为主事。胡适推辞不掉，便于3月25日为《平论》周刊写了一千六百字的发刊辞（即未刊稿《我们要我们的自由》，收入《胡适遗稿及秘藏书信》）。值得注意的是，平社组建及创办《平论》时，正是汪精卫等改组派开始公开反蒋的时候，后来胡适等人因为忙于本职工作和《新月》月刊，《平论》未能在4月1日如期出版。原定在《平论》发表的议政论文便成了《新月》的政论文章，即在《新月》开辟了议政、干预政治的专栏。随后，平社经常聚会讨论政治、经济、文化及社会问题。

4月21日，平社在胡适家中第一次聚会，参加者有胡适、梁实秋、徐志摩、罗隆基、丁西林、叶公超、吴泽霖七人。27日第二次

---

① 《编辑后言》，《新月》第2卷第1号。

聚会时，加入了潘光旦、张禹九。这些人多是清华园出来的。

4月至6月，是平社的第一个活跃时期。他们每周以聚餐形式聚会一次。由于平社的议政活动汇入了《新月》，《新月》自第二卷第二号开始一改纯文艺的面目，带着政治的锐气走上了干预政治的前台。那一期的《编辑后言》明确表示："如果我们能知道在思想的方向上，至少我们并不是完全的孤单，那我们当然是极愿意加紧一步向着争自由与自由的大道上走去。"《新月》一时成为举国注目的议政刊物。

也就在平社活动伊始，马君武、傅斯年同胡适的两次谈话激发了胡适对政治的进一步思考。马君武是胡适的老师、好友。4月26日，马君武对胡适表示："此时应有一个大运动起来，明白否认一党专政，取消现有的党的组织，以宪法为号召，恢复民国初年的局面。"

胡适对答："将来必有出此一途者。"

马君武又说："当日有国会时，我们只见其恶，现在回想起来，无论国会怎样腐败，总比没有国会好。究竟解决于国会会场，总比解决于战场好的多了。"

胡适进一步解释说："当日袁世凯能出钱买议员，便是怕议会的一票；曹锟肯出钱买一票，也只是看重那一票。他们至少还承认那一票所代表的权力。这便是民治的起点。现在的政治才是无法无天的政治了。"[1]

第二天，傅斯年对胡适说："孙中山有许多很腐败的思想，比我们陈旧的多了，但他在安身立命处却完全没有中国传统的坏习气，完全是一个新人物。我们的思想新，信仰新；我们在思想方面完全是西洋化了；但在安身立命之处，我们仍旧是传统的中国人。中山肯

---

[1] 《胡适的日记》（手稿本）第8册（1929年4月26日）。

'干'，而我们都只会批评人'干'，此中山之不可及处。"对此，胡适认为甚是"中肯"。①

也正是这些谈话的刺激，平社朋友间的相互激励，胡适才鼓足勇气发起这场人权运动，以实现他新年的梦想，应和"将来必有出此一途者"的预感。同时，也可以看出，胡适写《人权与约法》和随后大胆地批评国民党党义，诘难孙中山学说，其中有马君武、傅斯年意见的融入，成为中国自由主义知识分子共同的心声，也说出了一些在野的知识分子或从政的知识分子（如王宠惠、蒋梦麟）及国民党内部开明派（如蔡元培）想说而没有说，或不便说、不敢说的话。

5月6日，胡适便写成了《人权与约法》，借批评陈德征的提案而诱发一场争取人权的运动。此时胡适的写作心态便是他认同丁西林所说的："向来人说多一事不如少一事。今日我们应该相信少一事不如多一事。"② 他甚至说："此文之作也是多一事也。"

胡适治学、写作，一向谨慎，注重证据。因此，他在写作《人权与约法》，批评陈德征及国民党政府以前，首先通过大夏大学的欧元怀和教育部长蒋梦麟了解上海市教育局局长陈德征的背景。欧元怀在4月4日复胡适函说："陈德征继任教育局长，据局中人言，确已内定，以弟所知，陈梦想荣膺斯职已非一日。历任教局长办事困难，无非党部从中作梗。……闻德征为之江大学附中毕业，似与教部所定局长资格未合。"③ 教育部长蒋梦麟在4月13日回复胡适的信中说："上海市教育局长，按法律须由教育部圈定。此次市长迳自令委，以后仍须补行圈定手续。照例须保举三人，教育部圈定任何一人为局

---

① 《胡适的日记》（手稿本）第8册（1929年4月27日）。

② 《胡适的日记》（手稿本）第8册（1929年5月6日）。

③ 《胡适的日记》（手稿本）第8册贴有原信（1929年4月14日）。

长。但是现在乱七糟八的时候，怪怪奇奇的办法会出来的。"① 胡适是想了解陈德征的政治关系和人际背景，欧元怀、蒋梦麟的回信则重点谈了陈出任局长的资格及程序问题。

平社议政活动的展开，使胡适派文人由最初的关注人权、约法、民主等政治问题，扩大到社会现实问题，如经济、文化、历史、财政、国际、种族、道德、教育、性等方面，即"中国问题"。在5月11日平社第四次聚餐会上，罗隆基讲述了英国"费边社"的历史及议政方式，胡适随即倡议，平社可仿效"费边社"的议政方法，请同人各预备一篇论文，总题为《中国问题》，每人担任一方面，分期提出讨论，在《新月》刊出，听听社会反响，然后，再像《费边论丛》那样结集为一部书。这个倡议得到平社同人的支持。于是胡适草拟了"平社中国问题研究日期单"：

题　目	姓　名	日　期
从种族上	潘光旦	五月十八日
从社会上	吴泽霖	五月廿五日
从经济上	唐庆增	六月一日
从科学上	丁西林	六月八日
从思想上	胡适之	六月十五日
从文学上	徐志摩	六月廿二日
从道德上	梁实秋	六月廿九日
从教育上	叶崇智	七月六日
从财政上	徐新六	七月十三日
从政治上	罗隆基	七月二十日
从国际上	张嘉森	七月廿七日
从法律上	黄　华	八月三日

① 《胡适的日记》（手稿本）第8册贴有原信（1929年4月14日）。

也在这一天胡适写成批评孙中山"知难行易"学说的《知难，行亦不易》。两天以后，胡适为人在扇幅上题了王安石的诗：

> 知世如梦无所求，无所求心普空寂。
>
> 还似梦中随梦境，成就河沙梦功德。

胡适借机谈了自己的心绪："人生固然不过一梦，但一生只有这一场梦的机会，岂可不努力做一个轰轰烈烈像个样子的梦？岂可糊糊涂涂，懵懵懂懂混过这几十年吗?"这实际上是通过现实对他新年"梦想"作出的回味和感应。

平社同人中，也在有计划地译介拉斯基的著作。在《新月》第二卷第二号开始议政的同时，便登出了黄肇年翻译的拉斯基的《共产主义论》的第一章。随后又由新月书店出了全译本。1931 年，新月书店出版了邱辛白翻译的拉斯基的《政治》。《新月》第三卷第五、六号合刊和第七号上发表罗隆基译的拉斯基的《服从的危险》、《平等的呼吁》。在第十二号上有胡毅译的拉斯基的《教师与学生》。至于罗隆基、王造时等在文章中引用拉斯基的话更是多见。王造时甚至在1936 年为"七君子"事件而被投入国民党的狱中后，还把拉斯基的《国家的理论与实际》译成中文。

"平社中国问题研究日期单"按时进行。19 日平社第五次聚会，潘光旦"从种族上"首先发表意见。胡适听罢，认为潘光旦的"根据很可靠，见解很透辟，条理很清晰"，"如果'平社'的论文都能保持这样高的标准。'平社'的组织可算一大成功了。"① 5 月 26 日，平社第六次聚会，由吴泽霖主讲《从社会学上看中国问题》。胡适实事求

---

① 《胡适的日记》（手稿本）第 8 册（1929 年 5 月 19 日）。

是地指出吴的文章"既不周详，又不透切。皆是老生常谈而已"①。6月2日，平社第七次聚会，由唐庆增讲《从经济上看中国问题》。胡适认为他把问题看错了，只看作"中国工商业为什么不发达"，但"他指出中国旧有的经济思想足以阻碍现代社会的经济组织的发达。颇有点价值"②。由于平社成员各有职业和社会事务，这种聚餐性的聚会不可能每次在时间和人数上都有保障。于是，胡适把平社的讨论形式变得相应的开放。在6月16日的聚会中，胡适邀请从北平到上海的任叔永也加入讨论。聚会后，胡适和罗隆基、梁实秋去寻访国家主义派首领李幼椿，讨论国家主义与反对党、多党政治等问题。李幼椿（李璜）劝胡适"多作根本问题的文章"，并指出胡适"太胆小"。胡适说自己"只是害羞，只是懒散"。

1930年2月4日，是新年平社第一次聚会，到会者有徐新六、丁西林、梁实秋、刘英士、潘光旦、罗隆基、沈有乾、闻一多、宋春舫。其中徐新六、闻一多、宋春舫都是新加入平社的。2月11日，平社成员在胡适家中聚餐，讨论"民治制度"。参加者有刘英士、罗隆基、林语堂等。胡适认为民治制度有三大贡献：一、民治制度虽承认多数党当权，而不抹煞少数。少数人可以正当方法做到多数党，此方法古来未有。二、民治制度能渐次推广，渐次扩充。三、民治制度用的方法是公开的讨论。最后，林语堂表示："不管民治制度有多少流弊，我们今日没有别的制度可以代替它。今日稍有教育的人，只能承受民治制度，别的皆更不能满人意。"

一年来，平社讨论了许多问题，其中胡适、罗隆基、梁实秋提出的问题最为尖锐和现实，他们的文章刊出后影响也最大。至1930年

---

① 《胡适的日记》（手稿本）第8册（1929年5月26日）。
② 《胡适的日记》（手稿本）第8册（1929年6月2日）。

4月，由于胡适有退缩之势，平社讨论的具体问题也就相应地避免对当局的直接刺激。这时，胡适提议在前一年讨论的基础上，应以"我们怎样解决中国的问题"为总体方向，由大家分头准备论文，再提交聚会时讨论。

4月12日，胡适提交了《我们走那条路》的专题论文，作为他制定的"我们怎样解决中国的问题"的总题的引论。此文刊于《新月》第二卷第十号后，立刻引起国内舆论界的热烈讨论。这也是胡适由谈最刺激当局的现实政治问题转向谈社会问题的标志。在6月，讨论了罗隆基的《我们要什么样的政治制度》（《新月》第二卷第十二号）、郑放翁的《制度与民性》（《新月》第二卷第十二号）；7月，讨论了青松的《怎样解决中国的财政问题》（《新月》第三卷第一号）、潘光旦的《人为选择与民族改良》（刊于《新月》第三卷第二号时，改题为《人文选择与中华民族》）；8月，讨论了沈有乾的《我的教育》；11月，讨论了全增嘏的《宗教与革命》。11月28日胡适自上海举家迁回北平，平社的活动暂时中断。

由于胡适去北京大学教书，平社原定的总议题和讨论情况由潘光旦加以汇总。已拟定成文未来得及讨论的或胡适未参加讨论的问题先在《新月》刊出，如潘光旦的《姓、婚姻、家庭的存废问题》（《新月》第二卷第十一号）、刘英士的《关于中国人口问题的一篇外论》（《新月》第三卷第一号）、吴景超的《中国农民的生活制度与农场》（《新月》第三卷第三号）。至1931年初，潘光旦将上述十篇文章（将《人为选择与民族改良》改换为他的《优生的出路》）结集为《中国问题》，由新月书店出版。内容包括政治、财政、人口、农民、制度与民性、宗教与革命、姓、婚姻、家庭的存废、教育、优生共十个方面。此书印行后，被称为替中国人"指出一条共同努力的方向"。

这些讨论社会问题的文章，实际上多涉及现实的政治制度问题。

罗隆基在《我们要什么样的政治制度》中明确地表示:"今日中国的政治,只有问制度不问人的一条路,制度上了轨道,谁来,我们都拥护。没有适合时代的制度,谁来,我们总是反对。"很显然,他们是在为中国寻求自己满意的政治制度。正如郑放翁在《制度与民性》中所说,制度可以使人为恶,使人为善,可以亡强盛之国,可以兴弱国之民。中国传统的人治制度,使政治上不了轨道,各级官僚不受社会法律的约束,作威作福。同时也使老百姓苟安一时,不问国事。传统的孔教统治、政治专制、经济压迫,使民性演化为正名不务实,阳奉阴违,或奴性十足,安分守己,或自私自利,奸诈滑头,而成一盘散沙般的弱国愚民。

胡适北上后,平社的活动中断了。1931 年 7 月 6 日,罗隆基致信胡适,说他与潘光旦、全曾嘏、沈有乾、邵洵美、王造时等拟恢复平社。胡适未表示赞成,因为他想把《新月》移到北平。也就在这时,同胡适关系较好的宋子文因为想脱离蒋介石,并想游离蒋、汪等复杂的矛盾之外,在上海车站遭到王亚樵的杀手枪击的威胁(粤桂反对蒋、宋势力的密谋,他们策使王亚樵"刺宋倒蒋")。[①] 这样,平社的活动和《新月》的议政便受到影响。尤其是核心人物胡适北上,罗隆基、王造时等人感到缺乏可靠的后台和大旗,于是,徐志摩、邵洵美便出面改组《新月》,主张今后不谈政治。

《新月》内部本来就分文学上自由主义和政治上自由主义的两股力量。由于罗隆基北上入南开大学并主笔天津《益世报》,《新月》停刊(徐志摩因飞机失事丧生也是一个因素)。但"新月"的文人群体因胡适等在北平落脚而再度呈现两个趋向:议政的胡适、丁文江、蒋廷黻、傅斯年、任叔永等创办《独立评论》;原来在《新月》登载诗

---

① 参见徐刚:《刺杀宋子文失利之谜》,《名人》1996 年第 2 期。

文的一些作者，此时也各有所为，如朱光潜主持《文学杂志》，沈从文主持《大公报》文艺副刊，叶公超、闻一多、余上沅等创办《学文》，他们群聚成文学上"京派"文人群体。可以说，"京派"是"新月派"的继续。其中，《学文》创刊于 1934 年 5 月 1 日，前三期署名主编为叶公超，自第四期始由余上沅，吴世昌，闻一多主编。该刊基本上是《新月》"不谈政治"后的地点转移。《学文》的基本实力是原《新月》的人马。当时被视为"京派"的作家大都是思想上的自由主义者，他们有的虽然同左翼文学有相应的关联，但是基本创作倾向同左翼文学是不相一致的。因为他们大都同胡适及"新月派"文人有关系，且同胡适交谊颇好，这里界定为"胡适派文人"，如周作人、俞平伯、朱光潜、朱自清、沈从文、卞之琳、废名、叶公超、闻一多、梁实秋、杨振声、李健吾、肖乾、林徽因、余上沅、陈梦家、孙毓棠、饶孟侃、凌叔华、梁宗岱、冯至、孙大雨、吴世昌等。

3

事实上，胡适派自由主义文人掀起的人权运动及对"中国问题"的关注，还得到英、美在华舆论界（报刊）的声援和英、美在华政治家的关注、支持。有时，他们就"中国问题"一起讨论，共谋解决的途径。这些在华的政治家，也曾努力使胡适与国民党政府接近。胡适在 1929 年间所发表的言论，North-China Daily News, China Daily News 等英文报刊都相应地作了报道、译载。当国民党当局对胡适施加政治高压时，这些英文报刊，积极声援胡适，抗议国民党压制言论自由。如 North-China Daily News 在 1929 年 6 月 21 日以《中国需要约法》为题，报道了胡适发表《人权与约法》的情况。

就当时解决中国问题的措施和具体实施，胡适通过宋子文结识了自美来华任财政部设计委员会主席兼银行币制专门委员的甘末尔。甘末尔是美国著名的财政金融专家，曾帮助菲律宾、墨西哥、危地马拉、哥伦比亚等国解决财政危机。1929 年他应宋子文之邀，来华帮助南京政府处理财政金融问题。1929 年 12 月 17 日，甘末尔自上海登船回国，胡适前去作告别性拜访。胡适劝甘末尔等人"把报告书作一个提要，先行发表，使国人可以明白他们的主张，万一政局有变，此报告书也不致埋没在公文堆里，将来的政府也可以施行"①。甘末尔的报告书有三十五册约二千页。由于中国特殊的国情，如外敌入侵，军阀混战，党内斗争等等，甘末尔的财政金融计划无法实施。

曾任英殖民地印度的立法院院长的英国怀德爵士，1928 年来华充当蒋介石的政治顾问。1928 年 9 月 3 日，怀德将他 1925 年为印度政府写的《印度，一个联邦?》送给胡适。"印度有了一个已稳固的中央政府，再来解决联邦的问题，这是很侥幸的事。"胡适把怀德的这段话抄在日记上，并且写到："这个政府固然是外国人组成的，但有个中央政府究竟是一大便宜。我们从前谈联省自治，近来的人谈分治合作，都缺少这一个条件。今人要废除政治分会，政治分会废了固不是为统一，但单有割据而不合力造成一个稳固而有威信的中央，也没有办法。"② 就在怀德赠书的同时，9 月 2 日的报上登出了《蒋中正氏最近对党国感想》，说蒋介石"自身体验所得之两个觉悟"为："革命对象为帝国主义，成功要件在内部团结。任何意气皆应牺牲，任何破裂皆应消弭。"对此，胡适在剪贴后写道："近来的'政论'之一。"③ 同时在剪贴《蒋中正氏之谈话》后写有："嫌恶国会之心理，系国会议员自身所造成。""'厌恶党'的心理，是谁造成的呢?"④ 这里，表

① 《胡适的日记》(手稿本) 第 9 册 (1929 年 12 月 17 日)。
② 《胡适的日记》(手稿本) 第 7 册 (1928 年 9 月 3 日)。
③ 《胡适的日记》(手稿本) 第 7 册 (1928 年 9 月 4 日)。
④ 同上书。

现出对蒋介石谈话的不满。在同怀德交往半年以后，胡适公开发表了一系列批评国民党政府的言论。这些言论，怀德都注意到了。1930年2月12日下午，怀德约见胡适，向他透露说，在3月1日的三中全会上，蒋介石要提出一个政治改革方案，此案的要点为："一是政府内部组织的改革，一是要政府和舆论接近。"怀德希望胡适给予理解和支持。尤其是"政府和舆论接近"这一点，是怀德有意同胡适"接近"的契机，也是拉他同蒋介石政府"接近"的表示。但胡适对此表示怀疑和不满。他在向怀德表示对蒋介石的不信任程度时说：

> 蒋介石一面要改革政治，一面又极力扩充他的军备，怕人不信他的诚心罢？
>
> 况且今日的急务在于怎样使政府像个政府。你尽管说要与舆论接近，然而今日什么陈德征、朱应鹏皆可压迫舆论，而一个教育部长不能干预各省教育厅长的人选，而蒋介石可以下手谕取消教育、卫生两部取缔中医的命令。怎样才能免除这种无政府状态呢？①

1930年7月，正是汪精卫等改组派发表宣言，公开反对蒋介石，且罗隆基、王造时等人在《新月》上又刊出激烈的批评政府的言论之时，美国公使詹森约胡适谈话，共同讨论"中国政治的出路"。詹森似乎意在帮助蒋介石劝说胡适对蒋的理解并合作。詹森说："书生文人很难合作，很难有真正领袖从文人里出来。如威尔逊总统，实非领袖，只是颇能唱独角戏而已。所望中国能有华盛顿、哈弥尔敦从军人里出来，为国家的领袖。凡能带二百兵士走二百里路的人，都有不能

---

① 《胡适的日记》（手稿本）第9册（1930年2月12日）。

不与人合作的机会，这便是学做领袖的第一步。普通文士无此机会。"

听罢詹森的话后，胡适表示"此言也不无可味"，但又说"但知其一，未知其二也"。针对詹森的话，胡适回味中国的历史时说道："三十年中出来的军人，很有几个有领袖气象的人，如张作霖之用王永江、杨宇霆、常荫槐，均不失为领袖风度。阎锡山之治一省，孙传芳之治军，皆有长处。到后来，用过其量，任过其力，皆露出马脚来了，此则学识不够，故眼光胸襟都不够，在治安的国家则可保全其成功，在乱世则终不免于失败。"①

4

胡适在结交英、美来华的政治家，召集一批自由主义知识分子组织平社，讨论政治，关注中国社会问题的同时，还同财政部长宋子文保持密切的联系，并为他设计政治改革方案。这是自由主义知识分子试图借助国民党政府中的开明派（此时宋子文既不满蒋介石武人政治的专制、独裁，也不满汪精卫等国民党改组派的抱残守缺，及流于总理遗教、总理学说的空疏，试图有所作为）实现自己的政治主张。宋子文在胡适派文人发起的人权与约法的论争及平社议论"中国问题"等活动中，都是同情者、支持者。

宋子文原想借助江、浙财团及工商界实力帮助蒋介石结束内战。计划失败后，他看到胡适等人在《新月》发表的干预政治的言论，便于1929年7月2日再次约见胡适。因为前不久他曾要胡适"代他们想想国家的重要问题"，胡适认为"现在的局面又稍有转机，又是大可有为的时期了，若不谋一点根本的政革，必定不久又要打起来。我们希望他们能'逆取而顺守之'"。在这次约谈中，胡适向宋子文明确

---

① 《胡适的日记》（手稿本）第9册（1930年7月23日）。

地提出了自己的政治改革主张,大要是:

（一）召集约法会议,制定约法。

（二）约法修正之前,可修正国民政府组织法。

原则:(1) 以行政院为政府。(2) 司法院独立,改为大理院。(3) 立法院独立。(4) 考试院独立。(5) 监察院独立。

（三）组织法修正后,即改组政府及四院。

原则:(1) 淘汰最不适宜的人选。(2) 充分实行专家政治。(3) 充分容纳异己人才:如监察院宜用无党派或左派人才。(4) 实行文官保障。

（四）党的问题,宜有冷静的考虑。

原则:党部今日只能暂行"议会"的职权。党部应该可以监督行政,可以对行政机关建议,但行政部可以有否裁权,否裁有不当时,应如何救济,也应有规定。

（五）裁兵问题,是专门问题,不是军人自身所能了,当延请国外专家与国内学者及商界代表共同研究一个方案。

（六）提倡工商业最急之务:

(1) 改善劳工待遇,宜用"劳工立法",不当鼓励罢工怠工。(2) 劳资仲裁宜有公正之仲裁机关,不当令党部干预。

（七）用人宜实行考试。但考试不可限于党员,也不可用党义为考试科目。①

胡适的这个政革主张看似全面,却是流于空谈,且不少措施在一党一人专制的政府中是绝对难以执行的。宋子文听得进,国民党政府

---

① 《胡适的日记》（手稿本）第 8 册（1929 年 7 月 2 日）。

及蒋介石本人岂能听得进胡适的这派自由主义"胡"言乱语。最后,胡适向宋子文表明了自己的心迹:

> 我们的态度是"修正"的态度:我们不问谁在台上,只希望做点补偏救弊的工作。补得一分是一分,救得一弊是一利。①

这是胡适的议政目的和态度,如同他在《人权论集》序言中所说的"救火"之喻。

8月5日,宋子文因财政预算方案不能执行,且不满国民党内部争斗,辞职自南京到上海。6日,宋子文托索克思邀请胡适去面谈,并请胡适代他起草辞呈。胡适推辞不掉,便代宋子文起草了辞职电报。后因蒋介石到上海挽留,宋子文辞职未成。

一年以后,即蒋介石、阎锡山、冯玉祥中原大战罢兵前夕,宋子文于1930年9月6日约胡适吃饭,听取胡适对时局的意见:"假如你在我的地位,应该怎么办?"胡适回答道:"我若做了你,一定劝老蒋讲和。他若不听,只好请他自己干下去,我不陪了。"

宋子文则表示,他是主张和平的,但"时机未到"。

胡适听了很不客气地说:"我对你有点失望。你是筹款能手,却全不懂得政治。你应该自己有点主张,为什么只能跟着别人跑?你的地位可以领导,你却只能服从。"

宋子文听了胡适的这些责难之词,不再回话了。

此时,胡适已辞去中国公学校长,赋闲沪上。面对混乱的政治局面——中原大战;东北虽归顺南京中央政府,但日本人又染指其中,且汪精卫又想在北方介入,试图联络张学良、阎锡山、冯玉祥共同反

---

① 《胡适的日记》(手稿本)第8册(1929年7月2日)。

蒋；汪精卫等人操纵国民党改组派与蒋介石军政实力派失和，以至分裂——胡适感到自己真正陷入了困境。因为从舆论上干预政治而不能，为人谋改革方案却又无法实施，同英、美在华政治家共商解决"中国问题"大计时，又不能取得共识。所以胡适在 9 月 3 日的日记中写下这段无可奈何的话：

> 近来与人谈政治，常说：民国十一年，我们发表一个政治主张，要一个"好政府"。现在，——民国十九年，——如果我再发表一个政治主张，我愿意再让一步，把"好"字去了，只要一个政府。
>
> 政府的最低任务是"警察权"，——保境安民，——凡不能做到这一点的，够不上政府。①

胡适派自由主义知识分子处在政治"倒退"的历史环境中，他们的自由主义主张也随之降格。胡适希望有一个稳定的、可信的政府，并依靠这个"政府"来实现自己的政治改革理想，却不能。一场"革命"带给他的失望、失落是如此之大。

1930 年 10 月初，胡适接受北京大学之聘，去北平找房子。他 4 日到北平，立刻引起南北舆论界的关注。因为此时汪精卫正在北平领导冯玉祥、阎锡山反蒋，并欲拉拢张学良入伙。所以胡适在北平刚落脚，宋子文便于 8 日电催他南归，怕以他为首的自由主义知识分子的社会力量被反蒋派利用。

胡适此时已被汪精卫等人内定聘任为"北方扩大会议"的约法起草委员（这正是他写《人权与约法》的社会效应，如今被反蒋派利

---

① 《胡适的日记》（手稿本）第 9 册（1930 年 9 月 3 日）。

用），所以于 11 日又乘车到天津，会见原北京政府（又称北洋政府）
总检察长、财政总长罗文干（钧任）、郭复初（泰祺）等人。这两人
都是"北方扩大会议"要聘任的约法起草委员，他们便讨论"约法"
问题。主要内容如下：

(1) 约法为宪法之预备，决不是训政的约法，只是一种有限
制的宪政时代的根本大法。

(2) 约法第一部分应规定人权，根本原则为"有法律，有制
裁；无法律，无制裁"。

(3) 第二部分为中央与地方的关系，应规定联邦式的统一
国家。

(4) 第三部分为政府组织。我主张有一个议会。……钧任主
张"元首制"：议会举元首（一人或数人均可）；元首任内阁；内
阁对元首负责，不对议会负责。我初意主张内阁制，后来我也赞
成此意，以图政府安定。①

罗文干主张由他和胡适共同草拟一个约法议案，公布于报章，而
不参加南北约法起草之事。胡适表示同意。

当天晚上，郭复初拿着汪精卫的一个稿本②来同胡适、罗文干商
议，内容是促使张学良加入反蒋阵营。胡适看过后当即表示反对，认为
这样是去一蒋又来一"蒋"（指张学良，浙东人"蒋""张"谐音），只要

_____

① 《胡适的日记》（手稿本）第 10 册（1930 年 10 月 11 日）。
② 据《胡适的日记》所示，汪精卫的稿本内容是：1. 若东北以"党的立场"讨蒋，则
他们（改组派）以党的地位参加，党务、政治、军事由东北主持；2. 若东北以非党的立场
讨蒋，则他们以个人地位赞成；3. 若不讨蒋而主张和平会议，而他们能以对等地位参加，
则他们也赞助。

是军人当政，对国家就无补，不如建立健全约法、宪法和国民会议，以制衡武人专制。由于胡适反对汪精卫的主张，郭复初便约请胡适、罗文干一同去看汪精卫的夫人陈璧君。胡适向汪精卫夫人表示了反对意见。陈璧君则说："无论如何，精卫必不能放弃党的立场。"胡适又反问道："老实说，党到今日，还有救吗？是否能靠北平会馆住着等候差使，月领四五块的生活费的二千多人，来中兴国民党吗？精卫还是愿得这二千人的同情呢？还是愿站在'国的立场'来博我们多数人的同情呢？"

罗文干也表示反对汪精卫的主张，向陈璧君说道："你们争粤二中与沪二中，争三全会与四全会，与我们何干？我们都是'蛋户'而已。"①

这次同陈璧君的谈话不欢而散。

胡适北方之行没有站到汪精卫的反蒋阵营，这使蒋介石对胡适未产生特大的恶感。罗文干、郭复初的这一举措，使罗文干在1931年国民党政府人事调整时出任司法行政部长，次年又兼任外交部长；郭复初也在1932年后出任驻英大使，抗战期间还一度任外交部长。

在11日赴天津的车上，胡适遇到了董显光。听说董显光13日将到南京，胡适便在12日写了给宋子文的信，托董显光带去。信中表示对时局的关注，并向宋进言：

（1）解放言论：取消报纸检查，凡负责之记事与言论皆不得禁止。（2）监察审计机关皆宜容纳反对党。（3）对东北、西北，宜有根本方针，宜认清"统一"之性质。统一应是协商的，而非征服的；应是侧重地方分治的，而非骤然中央集权的。总之，应

① 《胡适的日记》（手稿本）第10册（1930年10月11日）。

明白认定"联邦式的统一国家"的原则。涵义为：① 凡政权统一之区域，皆认为自治区域。② 中央列举其权限，此外皆由自治区自主。③ 凡属于中央权限内之事项，皆归还中央。④ 各自治区域分组联邦统一国家。

这个"联邦式的统一国家"之说，是胡适几年前在《努力》周报上主张过的"联省自治"的进一步发展。这个主张几年前没有实现，且惹出许多荒唐的政治丑闻。如今，政局不稳，地方军阀势力不宁，再抛出这个"联邦式"的主张，地方实力派固然会拥护，南京当局及蒋介石却不会接受。蒋介石只管向宋子文要钱，是不会向他要政改方案的。因此，胡适试图通过宋子文向最高当局渗透政治主张的进言，只能是白费心机。这也正是胡适派自由主义文人此刻的政治悲剧。

至1931年初，因"训政时期约法"问题，国民党元老、立法院长胡汉民同蒋介石的矛盾公开化。蒋介石于2月28日将胡汉民软禁于南京汤山，将原来国民党政府议定的"约法会议"改为"国民会议选举"。3月18日，清华大学历史系教授蒋廷黻表示要借"国民会议选举"的机会发动一个模范选举的运动。蒋廷黻托清华大学外语系主任叶公超联络胡适，要胡适作北平的候选人，他自己作选举总干事。胡适答应了此事。但是胡适的好友丁文江（在君）、任叔永则劝他不要参与此事。于是，胡适写信给蒋廷黻和叶公超，辞候选人之事，理由有四：

（1）我原赞成五十人的约法会议，不赞成几百人的国民会议（罗隆基君与我主张稍不同）。

（2）约法现忽成时髦了，我可以不管了，以后应由专家去研究起草。

(3) 我不热心跟一班党老爷去胡混。

(4) 我在政治场外比在政治场内更有用。①

胡适到北平后，随着北方事局的变化，尤其是日本军国主义入侵东北，他的政治态度发生了相应的变化。胡适派自由主义知识分子又因胡适主办《独立评论》而重新集结，并向社会传布自己的声音。

胡适等人的这些"精英政治"的自由主义行为，十分鲜明地显示出一定的理想化乃至神话色彩。这种既干预政治，又不愿加入政治中心，在"政治场外"的运作方法，结果只能体现在舆论层面上，对中国的现实政治的影响也是有限的。正如傅乐诗在分析丁文江及胡适派自由主义文人的议政操练时所说的：

> 他们的政治行动计划是至亲好友傍晚在家中聚会时进行的——而不是在会议厅和群众大会的热烈讨论中进行的。他们企图赢得影响的努力聚集在内阁或政府上，而且，当他们想到力量时，只想到文官或武将，而想不到民众组织与下层民众。②

傅乐诗的这段话，是为胡适派文人此时期的言行而说的。这里，不妨借来作为本章的结束语。

---

① 《胡适的日记》（手稿本）第 10 册（1931 年 3 月 18 日）。

② 傅乐诗（夏·弗思）：《丁文江：科学与中国新文化》（丁子霖译），湖南科学技术出版社 1987 年版，第 142 页。

此文系胡适在《新月》时期写成的未刊稿，现载《胡适遗稿及秘藏书信》第 12 册。据考证，此文是胡适 1929 年 3 月 25 日为计划创办的《平论》周刊写的发刊辞。《平论》未能出版发行，此文也未面世。

附 录

我们要我们的自由

胡 适

佛书里有这样一段神话：

有一只鹦鹉，飞过雪山，遇见雪山大火，他便飞到水上，垂下翅膀，沾了两翅的水，飞回去滴在火焰上。滴完了，他又飞去取了水回来救火。雪山的大神看他往来滴水救火，对他说道："你那翅膀上的几滴水怎么救得了这一山的大火呢？你歇歇罢！"鹦鹉回答道："我曾住过这山，现在见火烧山，心里有点不忍，所以尽一点力。"山神听了，感他的诚意，遂用神力把火救熄了。

我们现在创办这个刊物，也只因为我们骨头烧成灰毕竟都是中国人，在这个国家吃紧的关头，心里有点不忍，所以想尽一点力。我们的能力是微弱的，我们要说的话也许是有错误的，但我们这一点不忍的心也许可以得着国人的同情和谅解。

近两年来，国人都感觉舆论的不自由。在"训政"的旗帜之下，在"维持共信"的口号之下，一切言论自由和出版自由都得受种种的钳制。异己便是反动，批评便是反革命。报纸的新闻和议论至今还受检查。稍不如意，轻的便停止邮寄，重的便遭封闭。所以今日全国之大，无一家报纸杂志敢于有翔实的记载或善意的批评。

负责任的舆论机关既被钳制了，民间的怨愤只有三条路可以发泄：一是秘密的传单小册子，二是匿名的杂志文字，三是今日最流行的小报。社会上没有翔实的新闻可读，人们自然愿意向小报中去寻快意的谣言了。善意的批评既然绝迹，自然只剩一些恶意的谩骂和丑诋了。

一个国家里没有纪实的新闻而只有快意的谣言，没有公正的批评而只有恶意的谩骂丑诋，——这是一个民族的大耻辱。这都是摧残言论出版自由的当然结果。

我们是爱自由的人，我们要我们的思想自由，言论自由，出版自由。

我们不用说，这几种自由是一国学术思想进步的必要条件，也是一国社会政治改善的必要条件。

我们现在要说，我们深深感觉国家前途的危险，所以不忍放弃我们的思想言论的自由。

我们的政府至今还在一班没有现代学识，没有现代训练的军人政客的手里。这是不可讳的事实。这个政府，在名义上，应该受一个政党的监督、指导。但党的各级机关大都在一班没有现代学识，没有现代训练的少年党人手里，他们能贴标语，能喊口号，而不是以监督、指导一个现代的国家。这也是不可讳的事实。所以在事实上，党不但不能行使监督指导之权，还往往受政府的支配。最近开会的"第三次全国代表大会"，便有百分之七八十的代表是政府指派或圈定的。所以在事实上，这个政府是绝对的，是没有监督、指导的机关的。

以一班没有现代知识训练的人统治一个几乎完全没有现代设备的国家，而丝毫没有监督、指导的机关，——这是中国当前的最大危机。

我们所以要争我们的思想、言论、出版的自由，第一，是要想尽我们的微薄能力，以中国国民的资格，对于国家社会的问题作善意的批评和积极的讨论，尽一点指导、监督的天职；第二，是要借此提倡一点新风气，引起国内的学者注意国家社会的问题，大家起来做政府和政党的指导监督。

我们深信，不负责的秘密传单或匿名文字都不是争自由的正当方法。我们所争的不是匿名文字或秘密传单的自由，乃是公开的，负责任的言论著述出版的自由。

我们深信，争自由的方法在于负责任的人说负责任的话。

我们办这个刊物的目的便是以负责任的人对社会国家的问题说负责任的话。我们用自己的真姓名发表自己良心上要说的话。有谁不赞成我们的主张，尽可以讨论，尽可以批评，也尽可以提起法律上的控诉。但我们不受任何方面的非法干涉。

这是我们的根本态度。

第四章 "独立"、"自由"的失落与困境

——民主与独裁之争

1931年"九·一八"事变，给中国思想界、舆论界罩上了一层抹不去的政治阴影。如何解决目前的民族危机，政府的处置尤为世人关注。对政府的期望值也出现了两极对峙：是要民主宪政，还是要独裁专制？于是，在1931年底到1935年末这四年间，思想舆论界展开了关于民主宪政与独裁专制的讨论。对于这场讨论，美国学者易劳逸有一段概括：

> 知识分子间的辩论是平庸无奇的。参加辩论的大部分是高等院校中的教授。五四时期知识分子那种生气勃勃的情况已不再重现，对无穷尽的可能性的高度激情也不再有了。在30年代，政治选择的可能性变小了，知识分子似乎从前一代在政治上的失败中清醒了过来。在辩论中，既未出现政治哲学方面的天才、新秀，也没有出现新的或是具有持久影响的政治理论。[1]

---

[1] 易劳逸：《流产的革命》（陈谦平、陈红民等译），中国青年出版社1992年版，第178页。

抗日是现实的政治问题。持民治、民主宪政论者认为，国民党当局消极抗日，积极内战，鼓吹"攘外必先安内"，实行铲除异己的一党专制，这实际上成为全国各政治势力抗日的主要障碍。因此，只有结束"训政"，实行民治、民主宪政，才是中国唯一的出路，即拯救民族于危亡，必须动员全民族的力量一致抗日，而要达成这一局面，又必须改革国家政体。如果"国民党不交还中央统治于人民，则人民无从团结其救国力量，亦无从发挥抗日之精神"[①]。

操持独裁专制者却认为，在这个内乱外寇的逆境中，实施民主宪政必将使中国陷入一盘散沙的境地，民治、民主实是内乱的生存场。他们主张"由党产生党魁以布独裁"，因为"时至今日，已届非常之变局，急起救亡，惟在领袖独裁制之实现"[②]。民族主义强化之时，通常是权威主义增值之日。广大的民众往往把挽救危机的企及，寄托在某一个社会的重心上——这时便有所谓的"英明领袖"之说鹊起，和"独裁政治"氛围的营造。

这场以抗日为焦点展开的讨论，几乎调动了当时的各派舆论力量：蓝衣社、"独立评论"派、"再生派"、"救国会"、中社等等。上海的《申报》、《时事新报》、《民国日报》、《东方杂志》、《新社会》、《再生》，南京的《中央日报》，天津的《大公报》、《国闻周报》，北平的《独立评论》、《人民评论》、《晨报》等主要报刊都作为讨论阵地。一些报刊、学校甚至还展开征文与演讲比赛。除却党派之争，这里仅以《独立评论》为显现标志的胡适派自由主义文人示例，剖析这场争论。

---

① 朱采真：《政治救国之一条和平捷径》，1932 年 1 月 18 日《时事新报》。
② 《人民评论》第 57 期。

一 内忧外患:"救火"、"补天"派自由主义文人顿觉成了"乱世之饭桶"

1

在胡适派文人内部展开的关于民主与独裁(又称民治与极权)的论争,是中国自由主义运动发展过程中的一次内在的矛盾和紧张,影响所及完全出乎当事者的预料。中国自由主义运动的这段"歧路",显示了自由主义知识分子的内在谬误和历史局限。这个悲剧的色彩,因后来政治格局的变演,更加显得浓重——鼓吹"开明专制",呼唤"新式独裁"的自由主义文人,无不作茧自缚,深受其害。

周策纵在分析五四时代"优秀的知识分子几乎很少没有走过'歧路'"这一问题时,论及"许多人并未清楚了解到这种自由竞赛的重要性,也未能尽力造成一种可靠的法制来保障这种自由",加上他们"对民主政治在制度上有许多必需的基础保障往往还认识不清",所以就无法超越这"两个特殊环境"的制约:

> 一个是中国内在的缺点,包括有过去长期专制的历史包袱,和当时政治的黑暗。另一个则是列强的侵略,使举国造成一种国耻感。为了应付这种急迫的危机,不免使人想操捷径。凡此种种历史的,当下的,内在的,外在的特殊因素,都可逼迫人们急不

暇择，想找到一剂速效万灵药，一套全盘解决的方略。①

30 年代一批高层自由主义知识分子对"新式独裁"、"开明专制"的企盼和推崇，便是这种"急不暇择"的表现，他们还自以为找到了"一剂速效万灵药"。现代自由主义知识分子也因此"扮演了悲剧的角色"。

在这种特殊国情之中（日军入侵与国共内战的危机），不论是"救火"的胡适、傅斯年、丁文江、张君劢、翁文灏、蒋廷黻、王世杰、陶希圣、钱端升、吴景超，还是标榜纯正"自由主义"的罗隆基、王造时、储安平、朱自清、费孝通、梁实秋、萧公权、杨人楩、张佛泉、施复亮、张东荪等，都必须面对民族矛盾这一现实。一切思想和行为都需要从挽救民族危急这一大局出发。尤其是 30 年代，抗日救国作为时代的政治主题和社会主潮，左右着广大知识分子的价值取向和政治选择。这个时代，成了自由主义知识分子无地、无法自由的岁月。政治兴趣十足的胡适及胡适派自由主义文人同这个时代的关系显得特别亲和，他们扮演的社会角色也异常特殊。

2

1931 年 9 月 19 日早晨，胡适得知日本军队武装占领沈阳，而张学良的军队没有抵抗的消息后，十分悲伤地在日记中写道："此事之来，久在意中。八月初与在君（丁文江——引者）都顾虑到此一着。中日战后（1894 年甲午战争——引者）至今快四十年了，依然是这

---

① 周策纵：《序：五四思潮得失论》，张忠栋：《胡适五论》，台湾允晨文化实业股份有限公司 1990 年版，第 5 页。

一个国家，事事落在人后，怎的不受人侵略！"① 胡适在《人权论集》序言中所说的"大火"，如今真的烧起来了，像他这样的"小鸟"又如何去"救火"呢！

"新月"时期，在上海紧跟胡适的"三个火枪手"罗隆基、王造时、梁实秋及平社的主要成员（"清华"脉系）也面临新的选择，同时，多数人已逐步脱离胡适，寻求新的学术发展和个人的政治发散。由"新月"派分化出来的文学上的自由主义文人，疏离政治，在北平的集聚和文学演示，获得了文学上的"京派"之誉。在北平，和胡适一起谈论时政，指手画脚，自诩为"治世之能臣"的丁文江、翁文灏、傅斯年、任叔永、蒋廷黻等一班大学教授，顿感"学术救国"、"科学救国"、"文艺复兴"的梦想被大火毁灭，连那点思想文化的基础也面临炮火的摧残。至于他们两年前力争的人权、约法、自由、民主等权利，更是无法获得。一班文化人都感到成了"乱世之饭桶"，怕在这热烘烘的气氛中无所作为。中国自由主义知识分子在外敌当前之际，陷入了空前的困厄，连言论都感到微弱无力。

民族矛盾的激化，使胡适派文人同国民党的矛盾随之淡化，在"抗日救国"这一重大问题上趋向一致。1905 年中日关系紧张时，胡适在美国留学，在主张对日作战的一派高调中，他是低调的反战派，由此遭到同学们的严厉谴责。如今，有相当社会地位的胡适，自然不能沉默。知识分子的使命感和责任心，使胡适派文人感到还得有用于社会，有益于民族，为危难之中的民族尽一分努力，以实现胡适一年前所说的"滴水"微功。于是，胡适多次约欧美同学会的朋友聚会，讨论东北问题。大家公推蒋廷黻、胡适各起草一个试图解决东北问题的方案，结果是文人论政，纸上空谈而夭折。知识分子经世致用的信

---

① 《胡适的日记》（手稿本）第 10 册（1931 年 9 月 19 日）。

念被强化,那种"学术救国"的立身之本如今也不得不向时政发生倾斜。"东北问题"、"中日关系问题"的学术研究一时成了热点。在学术为政治服务这一点上,傅斯年(北京大学教授、北平历史语言研究所所长)联络方壮猷、徐中舒、肖一山、蒋廷黻等人撰写了《东北史纲》;王芸生(天津《大公报》主笔)编著了《六十年来中国与日本》。前者以大量的事实证明东北为中国的领土,批驳了日本侵略者所谓"满蒙在历史上非支那领土"的谬说。后者则翔实地揭露日本人长期对中国经济、军事的侵略。这种注入浓重民族意识的学术研究,也是自由主义知识分子在特殊国情下的个人的转向和努力。

在中华民族的历史上,每遇外敌入侵,朝野上下往往会有战、和之争,同时,因权利的得失,也会先出现内部的战争。此时,国民党内部出现了主战、主和的分歧。胡适是站在主和派一边的。他于1931年11月初致信主和派宋子文,主张不惜依据日本所提出的五项原则,及早同日本直接交涉。政治热情高昂的丁文江同意胡适的意见,并说:"我是赞成你的主张的。可是国民党的首领就是赞成,也不敢做,不能做的。因为他们的专政是假的。"①

同时,胡适接受了好友陈叔通的建议,解决目前危急之法"分有枪杆与笔杆两种,有枪杆到今日便应革命;有笔杆只好纠正及拟具方案,唤起全国同情,或谋一种有组织之团体"②,主张救国必有其术,御侮端在自强。对政府要竭思自失,对政府的缺点要出言善道,垂涕医救之。

为能"笔杆"救国,胡适便组织一批朋友、学生于1932年5月22日创刊《独立评论》(周刊),为自己一派文人谋求一个说话的天

---

① 《胡适作品集》第23册《丁文江的传记》,台湾远流出版公司1986年版,第136页。
② 《胡适来往书信选》中册,第85页。

地，以"说说一般人不肯说或不敢说的老实话"。

《独立评论》的核心人物是胡适。以他作为内在凝聚力，以北大、清华的教授为基本队伍，形成了当时除激进的革命派"左联"（中国左翼作家联盟）外，最有影响力的自由主义文人群体。他们的基本主张和态度十分明确，较《新月》能为当局所接受。

围绕《独立评论》的主要人物有胡适、傅斯年、蒋廷黻、翁文灏、任叔永、丁文江、吴景超、钱端升、张奚若、陶希圣。他们的言论主要集中在四个方面：关注对日问题；民主、民治与独裁、专制的讨论；政治犯问题；民族反省与文化批判。其中，民主、民治与独裁、专制问题的讨论，最能体现胡适派文人的政治哲学和思想倾向。这正如当时的身历者、旁观者费正清所言的："到 1932 年一党专政作为中国的新的政体已牢固地建立起来，北京的自由主义者实际上已软弱无力地悬挂在政治的葛藤上。但是他们的讨论典型对中国的最终进步是很重要的。"① 这个"最终进步"的意义是历史性的价值判断，而非现实性的政治判断。

二 民主、宪政："新月"的余光、回响

1

中国自由主义知识分子自新文化运动—五四运动开始，便形成了一个独特的精神空间：异质同构。即在一个方向上有相同的价值取向

---

① 《费正清对华回忆录》（陆惠勤、陈祖怀、陈维益、宋瑜译），知识出版社 1991 年版，第 48 页。

和文化基线，但各自个体的信念和主义（意态）却大相径庭，甚至是矛盾、冲突的。但是这又不完全影响他们作为一个自由主义文人群体的力量的完整性和相互间的友情声援。

至《独立评论》之时，开放性无组织的胡适派文人，重新整合调适，形成一股新的自由主义群体合力。尽管这个自由主义知识分子群体的内部，思想主旨、政见主张因人而异，甚至完全不同，这却不影响他们的内在凝聚和友情合作。对此，晚年胡适有一段表白："我们的主张并不一致，常常有激烈的辩争。例如对日本的问题，孟真是反对我的，在君是赞成我的；又如武力统一的问题，廷黻是赞成的，我是反对的；又如民主与独裁的争论，在君主张他所谓'新式的独裁'，我是反对的。但这种激烈的争论从不妨碍我们的友谊，也从不违反我们互相戒约的'负责任'的敬慎态度。"① 这是自新文化运动那个激情的、开放、多元的时代便形成的特有的精神境界和宽容襟怀。这个"互相戒约"的"负责任"的敬慎态度，就是由蒋廷黻起草、胡适审定的"编辑方针"：一、内政上：首重统一，次建设，次民治。中心人物及武力亦不能免，在二三十年内，一方式的专制——一人或少数人的，公开的或隐讳的——是事实所必需。民治在中国之不能实行，短期之专制反而可成为达到民治之捷径。目前在中国大倡"天赋人权"、"主权民有"等理论不但无益，而且有损。二、人生观：提倡事业的人生观，科学的思想方法及健康的文艺。三、外交：二三十年内，以亲日为用，自强为体。仇日派只可在野活动，且不可过激。这个"编辑方针"当时没有在刊物上公开，只是作为他们的"戒约"，因为这个刊物本身便是在无法"统一思想"的气氛中酝酿、产生的。据《独立评论》第一号中《引言》所示："我们八九个朋友在这几个月之中，

---

① 胡适：《丁文江的传记》，第140页。

常常聚会讨论国家和社会的问题，有时候辩论很激烈，有时候议论居然颇一致。我们都不期望有完全一致的主张，只有期望各人都根据自己的知识，用公平的态度，来研究中国当前的问题。"

就内政问题，胡适派文人内部很难有统一的意见。因此，他们能够凝聚在一起，就需要有相应的精神境界和宽容的襟怀。尤其是在民主、民治与专制、独裁问题的争执中，他们的分歧最大。对这场争执、讨论的背景，胡适的小弟子——胡适派文人中最后一员骁将李敖，在《播种者胡适》中有一段言简意赅的描述，且得到胡适的认可：

"九·一八"事变带给人们一种新刺激，忧国之士个个都急于盘算如何使中国赶紧强起来，正巧当时正是独裁政治最流行的季节，意大利的墨索里尼、德国的希特勒、奥国的陶尔斐斯、苏俄的史达林、甚至美国推行"新政"的罗斯福，都是时代的宠儿。"新式的独裁政治"弥漫了整个世界，大家都觉得这是最时髦的政治趋向，一些中国的知识分子居然也开始对民主与议会怀疑了，尤其是胡适的几个朋友，像蒋廷黻、钱端升、吴景超、丁文江，这些受过完满的英美教育，"受过民主政治极久的熏陶"的人，竟也纷纷宣言非行独裁制度不可了。……这时候胡适当然忍不住了，他不能让他的信念在左右两派的极权夹击中倒下去，他不得不孤独的抵抗这种浪潮。①

二十五年以后，张忠栋、李敖先后又对这一问题进行了具体的回

---

① 李敖：《胡适研究》，台湾文星书店 1964 年版，第 8 页。

顾和讨论。[①]

关于这场讨论的政治背景和社会基础，我以为有以下几个方面：

一、民族危难之机，民族主义情绪高涨，尤其是传统的民族精神和民族意识强化为对一种内凝力的期待。

二、外在新权威主义的兴起：法西斯主义政治得势，对中国政治产生冲击性的影响，法西斯主义有一个相应的群众基础和心理适应的存在场。

三、国人几千年间形成的对明君、清官、青天的依赖、期待的心理积淀，使外来的极权主义得以迅速中国化并扎下根来。

四、国民党对受新文化运动重创的传统儒学的复活，为社会制造了一个相应的文化氛围。这点，当时在中国游学的费正清在日后的文章写到了：

> 在统由地方党部监督之下，以地方宪兵、秘密警察、新闻检查、津贴教育、保甲等制度来实行的政治控制，是伴随着国民党中国传统儒家思想的复兴而成长起来的。……他们企图从经学中去寻找新稳定的知识根据——由道德品行纯洁无瑕的领袖来统治，由对个人尽忠尽孝的人来服从。[②]

五、自由主义知识分子由缺乏群众基础导致的自身的软弱无力，使得他们的思想观念中出现了意图伦理同价值伦理的内在的矛盾和紧张，因为对现实危机无能为力，只得转向对新权威主义的暂时屈服。

---

① 周策纵：《序：五四思潮得失论》，张忠栋：《胡适五论》第5页；《用胡适给傅斯年的一封私信收尾——记民治与独裁的论战》，《胡适与我》，台湾李敖出版社1990年版，第192—266页。其中李敖之文最为翔实和尖锐，对本章写作多有启发。

② 费正清：《美国与中国》（孙瑞芹、陈泽宪译），商务印书馆1966年版，第193页。

　　具体说来，了结训政，实行宪政，是胡适派文人在《新月》时期奋力出击的一个目标，并由此诱发一场"人权与约法"的运动。不幸的是，在国民党当局的高压、摧残下，胡适中途退却，这场运动不能进一步展开，也没有造成思想界的重大变革。胡适北上不到一年，发生了"九·一八"事变，国民党当局在由军政到训政的短期过渡之后，却又倒退回去。国民党当局设计的由军政结束军阀割据到训政，再由训政到宪政的政治程序一下子被打乱了。外敌入侵，不但使胡适派文人的结束训政，实行宪政的理想化为泡影，而且其中不少人的自由、民主的信念发生了动摇，竟迎合当局，主张从训政倒退回军政，实行武力统一，呼唤"好政府"与"领袖人才"出台，直到主张独裁统治、开明专制，走向政治的新权威主义。胡适派文人思想—行为中的这种逆转，使得他们内部产生了分歧和争执。事实上，在争执以前，思想的激荡也已开始。

2

　　在国民党当局内部，有人高喊实行宪政，有人持消极怀疑态度。此时，由训政向军政的逆转已经开始，甚至出现了"宪法成为权力斗争的工具"① 的现象。

　　"九·一八"事变以后，张学良及部分东北军退据关内，扎营北平，北平顿时出现了"军管"之势。自1931年"九·一八"事变至1937年"七·七"抗战，张学良、何应钦、宋哲元先后成了华北的最高领袖和统帅。在中央政府及黄埔系中央军，也一时出现了"军政"的格局。这种现象，甚至波及到了清华大学等高等学校。1931年9月30日，胡适的学生、朋友，胡适派文人"北大"脉系中较少

---

　　① 易劳逸：《流产的革命》，第177页。

涉猎政治的俞平伯，在给胡适的信中写道：

> 昨天来清华，此间学生又自动停课，实行军营生活，而情形却形废弛。长此以往，恐一般民众及学生运动将渐入歧途，譬彼舟流，不知所届，危机四伏，未堪设想。今日之事，人人皆当毅然以救国自任，吾辈之业唯笔与舌，真欲荷戈出塞，又岂可得乎！大祸几近眉睫，国人仍如散沙，非一时狂热供人利用，即渐渐冷却终于弛惰，此二者虽表面不同，为危亡之征候则一也。故现今最需要的，为一种健全、切实、缜密、冷静的思想，又非有人平素得大众之信仰者主持而引导之不可，窃以为斯人，即先生也。以平理想，北平宜有一单行之周刊，其目的有二：（一）治标方面，如何息心静气，忍辱负重，以抵御目前迫近之外侮。（二）治本方面，提倡富强，开发民智。精详之规划，以强聒之精神出之；深沉之思想，以浅显之文字行之，期于上至学人，下逮民众，均人手一编，庶家喻户晓。换言之，即昔年之《新青年》，精神上仍须续出也。救国之道莫逾于此，吾辈救国之道更莫逾于此。①

俞平伯的信显示出三点意见：一是自由主义知识分子精英在思考中国问题的解决和知识分子的出路；二是反映了自由主义知识分子对胡适的心理期待，在外患日重时仍向他作"个人魅力"型的归皈；三是指出中国政治—社会正由训政向军政逆转。

12月中旬，报纸连续报道了将有"华北政务委员会"组成的消息，胡适、蒋梦麟、宋哲元、傅作义等学界文化名流和军政界要员共

---

① 《胡适来往书信选》中册，第83—84页。

三十五人列为人选名单。这实际上是向社会公开表示军人在华北执政。虽有学界名流和军人共处"政务委员会"之中，但学人根本无法发挥作用，也不可能同军人相处得好。这种形式实际上作为一种特殊的权力机构，由军人来操纵。对此，胡适致信李石曾，请代他向国民党政府方面声明不愿加入此组织，并说："我所希望的，只是一点思想言论自由，使我们能够公开地替国家想想，替人民说说话。我对于政治的兴趣，不过如此而已。我从来不想参加实际的政治。这并非鄙薄实际政治。只是人各有能有不能，我自有我自己的工作，为己为人都比较有益，故不愿抛弃了我自己的工作来干实际的政治。此次华北政务委员会似是一种委员制的行政组织，我自信最不适宜，所以不愿加入。"①

由于内战和外患，胡适已痛苦地感觉到当局政治势力的淫威对知识分子言论与行动的妨碍。此时比他八年前宣扬"好政府主义"时的形势更加严酷。这种新的危机，必然会引起国民中一部分人对现政府新的排斥（如激进的左派），一部分人则更加依赖。尤其是后者，是新权威主义得势的基础，并将左右政治思想的导向——抗日救亡。因此，胡适政治活动的一个重要方面便是决不放弃思想文化上的努力，借助公众舆论为公民争得思想自由的权利，以对抗政府的独断专行和进一步的腐败。

为了表示自己的独立身份和不放弃思想文化上的努力，胡适发表《思想革命与思想自由》，展示他的立场和态度。他认为建设时期的根本需要是思想革命，如果没有思想革命，则一切建设无从谈起。而要进行思想革命，第一步即需给人民以思想的自由，且"思想自由就是

———————

① 《胡适来往书信选》中册，第95页。

鼓励思想的最好办法"①。

由于外患和内乱，广大自由主义知识分子纷纷对时政投以热切的关注。原北京大学教授、曾积极宣传社会主义—共产主义学说的陈启修，在脱离政治，隐居日本几年后回国，如今发表言论，要求政治改革，并向当局提出：一、卖国者死；二、允许人民自由组党；三、批评政治无罪。②

事实上，由训政向军政的逆转正在自上而下地进行，而国民党政府要员胡汉民、孙科却又在高喊结束训政，实施宪政。

1931 年 12 月，汪精卫等改组派在北方反蒋失败，改组派内部分裂以后，汪精卫又寻求新的政治投机。经过一段汤山软禁生活的胡汉民，也在广东领导西南地方势力反蒋。12 月 5 日，胡汉民在广州"四大"（宁粤分别开会选举）上，提出"推倒独裁，实行民主政治"，并通电催促蒋介石下野。在"再造派"首领孙科（南京）、胡汉民（广州）南北反蒋势力的夹击下，蒋介石于 12 月 15 日通电辞去全部职务。随后产生了以林森为国民政府主席，孙科为行政院长的有名无实的新内阁。也就在这时，日军于 1932 年 1 月 2 日占领锦州，并向山海关逼近。国难日重，孙科于 1 月 25 日主动让军政大权给蒋介石。28 日，汪精卫在蒋介石重新执掌大权后，出任行政院长，同蒋合作。同时，日军进攻上海（"一·二八"）。4 月，国民党政府召开国难会议。孙科于 4 月 24 日在上海发表抗日救国纲领，提出了实行宪政的具体步骤；③ 住在香港的胡汉民在广东发表关于宪政的谈话："我人不但不反对宪政，且必竭全力以实行宪政，惟我人不重在施行之迟

---

① 胡适：《胡适全集》第 21 卷，第 456 页。

② 转引自徐思彦：《要民主宪政，还是要专制独裁——30 年代关于民主与专制的一场大讨论》，《史学集刊》1995 年第 2 期。

③ 参见胡适：《宪政问题》，《独立评论》第 1 号。

早，而重在其真伪。"①

国难会议召开时，梅思平、蒋廷黻等人都应邀到会。中央大学教授梅思平更是引人注意，他在国难会议上有主张不即时立宪的提案，但主张在中央设立"民意机关"。蒋廷黻当即表示拥护。② 同时，梅思平在《时代公论》第六号上发表文章，对实行宪政提出异议。他从民国初年国会失败的教训着眼，指出"在初行民治的国家，议会的权力越大，他的腐化也越容易"。实际上，国会议员们的"质问、查办、弹劾诸权，都变成敲竹杠的利器；官吏任命的同意权，简直是纳贿的好机会"③。清华园出身的何浩若，十年前与罗隆基一同入美国威斯康星大学研读哲学、政治学，获哲学博士学位。1926 年回国，任黄埔军校第四期教官，在北伐战争中出任第四十六军参谋长。此时为中央大学教授，成了三民主义的拥护者。他在《时代公论》第六号上发表《不关重要的国民代表会》，根本怀疑民主政治的功用，认为"民主政治便是资产阶级的政治，便是保护有产阶级而压迫贫苦民众的政治。……建国首要在民生；舍民生而谈民主，便是舍本逐末"。④

代表左派舆论，主张社会主义的季廉在《国闻周报》第九卷第十八期发表《宪政能救中国?》，完全否定宪政，主张实行社会主义。季廉认为实行宪政必须具备三个先决条件：一、教育进步；二、交通发达；三、政风良好。但是当今根本不具备这些条件。如果在"内讧愈烈，灾祸愈多，经济破产，民不堪命"的局面里大谈行宪，就必然会演化成比民国初年更丑的政治滑稽剧。

季廉甚至认定宪政论的根本立场就是不健全的，具体理由是：第

---

① 转引自张忠栋：《胡适五论》，第 160 页。

② 蒋廷黻：《参加国难会议的回顾》，《独立评论》第 1 号。

③④ 转引自胡适：《宪政问题》，《独立评论》第 1 号。

一,从理论上讲,议会政治是资本主义的产物,现在资本主义早已踏上没落的路,议会政治更是破绽毕露了;第二,从事实上讲,英美民主政治并不是民主政治的典型,真正的民主政治要包括经济上的平等,近年英美失业人数日增及社会不安宁,证明政治体制的欠缺;第三,从中国实际需要上讲,宪政政治不能解决目前的困难,如"土皇帝"和共产党;第四,为立国久远计,中国不应将资本主义的唾余奉为金科玉律,而应采用"社会主义的政治制度"。他认为孙中山遗教中的所谓民生主义即是社会主义,中国的出路也在此。

这种争论对政局的干预是有限的,却引起胡适的关注。真正对社会政治产生关键性影响的是法西斯主义思潮。这种思潮直接被蒋介石吸收、利用。从蒋介石及"蓝衣社"("复兴社",1932 年 4 月成立)的言论看,他们是醉心于法西斯主义的。国民会议于 1931 年 5 月 5 日举行,蒋介石在开幕词中明确表示,治国"最后之目的在于民治,而所以致民治之道,则必经过训政之阶段,挽救迫不及待之国家危难。领导素无政治之民族,自非藉经过较有效能的统治权之行施不可"。要获得这个"有效能的统治权",蒋介石接受并阐扬了法西斯的理论。他认为当今世界各国的政治理论有三种:法西斯、共产主义、自由民治。其中"共产主义之政治理论""尤不适于中国产业落后情形及中国固有道德"。"自由民治主义政治理论,本以个人主义为出发点,附以天赋人权之说,持主权属于全民之论,动以个人自由为重"。[①] 若无长期演进的历史背景,贸然实行自由民治,必然会步意大利法西斯党当政以前的纷乱情形。因此,蒋介石钟情于法西斯的政治理论,认为它"依国家机体学说为根据,以工团组织为运用,认定

---

① 高军、李慎兆、严怀儒、王桧林编:《中国现代政治思想史资料选辑》上册,四川人民出版社 1984 年版,第 572 页。

国家为至高无上之实体，国家得要求国民任何之牺牲，为民族生命之绵延，非以目前福利为准则。统治权乃与社会并存，而无后先，操之者即系进化阶段中统治最有效能者。国家主权，既为神圣，纵横发展，遑恤其他"①。此时希特勒甚至明确表示，"欧洲如果要真正成为我们时代的强国（当然，希特勒所谓的强国意味着残忍的军事强大——汤因比按），那么欧洲应该欢迎并接受元首制"②。蒋介石的思想意识同希特勒是相通的。

由于蒋介石的倡扬，"蓝衣社"在组织纲领中明确体现这种政治理论精神，把法西斯的独裁看作是中国唯一的救亡之路。同时，宣传独裁专制，颂扬希特勒及法西斯主义的著述大量涌现。仅 1932—1935 年间，便有"独裁政治论丛书"、"法西斯蒂小丛书"、"国际名人传记丛书"、"社会科学小丛书"约五十种宣扬希特勒、墨索里尼及法西斯主义的书上市。

法西斯主义理论中对最高领袖的顺从原则，是"蓝衣社"意识形态的一个有机组成部分。同时，为了达到对领袖原则的尊重，就必须排斥民主和自由。"蓝衣社"的纲领宣布："蒋介石是国民党的唯一领袖也是中国唯一的伟大领袖；因此，党员必须绝对支持他，只听从他的命令，以他的意志为自己的意志。""蓝衣社"核心成员贺衷寒甚至表示，"服从领袖是无条件的；每个人必须真挚坚定地与他同生死，共患难"③。陈秋云在"蓝衣社"的刊物《前途》上强调："为了拯救今日的中国，所能获得的途径只能是无私的组织，服从领袖，敬仰领袖的政策，以及贯彻领袖的命令，当民众只有一个思想时，他们的行

---

① 高军、李慎兆、严怀儒、王桧林编：《中国现代政治思想史资料选辑》上册，第 572 页。
② 转引自汤因比：《文明经受着考验》，第 121 页。
③ 转引自易劳逸：《流产的革命》，第 56 页。

动就像一个人一样……确实,除此以外别无他法。"①

"蓝衣社"将对"领袖原则"的尊重作为政治理想和共同信仰,势必要绞杀民主,排斥个性、自由。因此,"蓝衣社"的外围刊物之一《社会新闻》便公开宣称:"自五四运动以后,中国青年发展了无政府主义的思想并且重视个人主义,把偶像崇拜视为落后。但这是错误的,因为偶像起着加强社会组织权力的作用,推动发展民族文化,凝聚民众的信任精神。……建立中心偶像是统一国民党的重要条件,是复兴中国革命的第一步。我们不必隐瞒,我们需要中国的墨索里尼,需要中国的希特勒,需要中国的斯大林!"②

在"蓝衣社"的肆意吹捧和社会舆论的烘托之下,蒋介石也就自认为当今中国的最高、最神圣的领袖。1933 年 9 月,蒋介石在江西对一批国民党的干部发表演讲时,明目张胆地要下属完全服从他的个人意志:

> 法西斯主义的一个最重要的观点是绝对信任一个贤明和有能力的领袖,除了完全信任一个人外,这里没有其他领袖和主义。因此,在组织内,尽管有干部,立法委员,和行政官员,但在他们中间却没有冲突;这里有的仅是对一个领袖的信任。领袖对一切事物有最终决定权。
>
> 现在我们中国没有这样的一个领袖,我相信,除非每个人绝对信任一个人,我们不能重建国家,也不能完成革命……
>
> 因此,领袖将自然地成为一个伟大的人并具有一个革命者的精神,这样他就能成为所有党员仿效的典范。进一步说,每个党员必须奉献自己的一切,直接为了领袖和团体而行动,间接地服

---

① ② 转引自易劳逸:《流产的革命》,第 57 页。

务于社会，民族和革命。从今天起，我们加入这个革命的团体，我们就把我们的权利、生命、自由、和幸福完全委托给了团体，并且立誓忠于领袖……这样我们才能第一次真正地被称为法西斯主义者。①

作为法西斯运动的一个组成部分，"蓝衣社"表现出了法西斯主义的意识形态的基本特征：

一、颂扬国家，赞成集权统治。

二、一党统治，美化领袖。其必然结果是否定民主。

三、民族主义，其常常引起复兴传统文化价值，正如墨索里尼和希特勒要复兴古典文化（以及新生活运动中对已经衰落的儒教的提倡）。

四、具有造就一支全新的法西斯队伍的目标，参加者将个人的意志和愿望服从于集体的意志。正如乔治·L·莫斯（George L. Mosse）所写道的："所有法西斯主义都相信，在最后关头，民族的精神统一会解决一切问题。"②

可以说，1931年以后，在中国政治思想界，宣扬自由主义政治哲学的胡适派文人不敌宣扬法西斯主义和共产主义的右、左两派。但胡适还是奋力坚持自由、民主的基本信念。

---

① 转引自易劳逸：《流产的革命》，第58页。
② 同上书，第99页。

3

竭力主张宪政，反对军政及一党一阶级的独裁。

针对当时反对宪政的呼声，胡适在《独立评论》创刊号上发表《宪政问题》作为回答。他首先提出三个问题作为讨论的引子：

> 第一，我们要明白宪政和议会政治都只是政治制度的一种方式，不是资产阶级所能专有，也不是专为资本主义而设的。……
> 第二，议会政治与宪政不是反对"民生"的东西，也不是和季廉先生所谓"社会主义的政治制度"不相容的东西。
> 第三，我们不信"宪政能救中国"，但我们深信宪政是引中国政治上轨道的一个较好的方法。宪政论无甚玄秘，只是政治必须依据法律，和政府对于人民应负责任，两个原则而已。议会政治只是人民举代表来办政治的制度而已。①

针对季廉所谓的宪政不能救中国之说，胡适特别提出：

> 今日之土皇帝固然难制裁，但党不能制裁土皇帝，政府不能制裁土皇帝，我们何妨试试人民代表的制裁能力呢？②

他举例说："当倪嗣冲、马联甲盘踞安徽的时代，一个很腐败的省议会，居然能反抗盐斤加价，居然能使安徽全省人民不增加一个钱的负担。"这正是人民代表的力量。

---

① 胡适：《胡适全集》第 21 卷，第 465—466 页。
② 同上书，第 466 页。

《独立评论》创刊后，社会影响日益扩大。任叔永、傅斯年为配合胡适的宪政言论，就教育问题发表了多篇文章，反对党化教育，主张教育的彻底改革，以便为中国社会进步，实行宪政作准备。[①]

王造时应和胡适的"宪政问题"，在上海发表《我为什么主张实行宪政》[②]。他尖锐地指出国民党已是日暮途穷，到了非改革不可的时候了。要改变这种局面，只有"结束训政，实行宪政"，使各党派有公开、平等竞争的机会，使政治斗争的方式用口笔去代替枪炮，使一般国民来做各党各派最后的仲裁者。若行一党专政，不允许合法产生其他党派及实行党派合作，势必在权威的高压下有"革命爆发之可虑"。要想使国家长久安宁，就必须建立保证人民权利不受侵犯，保障各党派、各种政治势力有平等参政机会的民主宪政的机制。与此同时，由于国民党的政策实质上由训政向军政独裁的逆转，教育界出现了右倾势力用暴力与恐怖手段镇压"左"倾力量的"法西斯蒂化"现象。这是军政独裁的一个明显例证，遭到左派学生和自由主义知识分子的抵抗。对此，胡适又写了《所谓教育的"法西斯蒂化"》[③]，对"法西斯蒂"作了解释，他并不同意这个提法和当局的一些作法，以安顿学界。

正当胡适和傅斯年、任叔永对教育改革发表意见时，胡适的朋友朱经农却站出来表示拥护训政，怀疑宪政，且十分肯定三年训政的成绩。朱经农是教育部的官员，虽然也是从教育改革入手谈的，但同胡

---

① 任叔永：《党化教育是可能的吗》，《独立评论》第 3 号；《再论党化教育》，《独立评论》第 8 号。傅斯年：《教育崩溃之原因》，《独立评论》第 9 号；《教育改革中几个具体事件》，《独立评论》第 11 号；《教育崩溃的一个责任问题》，《独立评论》第 11 号；《改革高等教育中几个问题》，《独立评论》第 14 号。

② 1932 年 6 月 23 日《时事新报》。

③ 《独立评论》第 8 号。

适、傅斯年、任叔永的观点相悖。他说：

> 现在国内从事政治运动的人们，对于民众的态度可分三种。
> 第一种是高谈宪政，而对于训练民众的工作漠不关心。第二种对
> 于民众只知利诱威迫，驱使他们作消极的和破坏的工作，而不注
> 重知识的培养和积极的建设。第三种则认明全民政治的基础必须
> 建筑于人民之知识上。若不从教育下手作一些切实的预备工作，
> 而空谈民宪，则其结果不成为一种滑稽剧即成为一种悲剧。……
>
> 中华民国成立已二十一年，而国基终于飘摇不定，宪政终于
> 同大多数人民不发生关系，徒见政权在少数人手里转移，弄到国
> 力日益凋散，到处都像"积薪厝火"岌岌不可终日的样子。其根
> 本原因，都为了民智不开，所以民权不能巩固，我们觉得这不满
> 三年的真正训政，是断断少不得的。大家督责政府切实做些训练
> 民众的工作，替宪政立个比较可靠的基础罢。①

从梅思平到朱经农、傅斯年、任叔永、蒋廷黻、翁文灏、胡适，
都在乱世之时为中国寻求解决政治危机及社会问题的方式、方法，为
多灾多难的中国探寻光明的出路。他们的着眼点不同，目的却是相同
的。朱经农赞同训政，虽然同胡适主张结束训政观点相悖，但胡适没
有马上去同他讨论，因为此时，丁文江的《中国政治的出路》在《独
立评论》第十一号刊出，此文提出的问题更令胡适关注。

4

丁文江认为，无论在什么时代，什么国家，改革政治的方式不外

---

① 《结束训政的时间问题》，《独立评论》第 7 号。

乎两条路：一是武力革命，在短时期内推翻原有政府；二是用和平的手段，经过长期的奋斗取得政权。对于第一条路，丁文江提出五件事实，认为这是武力革命所不容易铲除的，因此，革命的路在中国走不通。他说：

> 第一是自洪杨之乱以后，中国政治的趋势，已经变得外重内轻。
>
> 第二中国地方太大，物质交通的设备，太不完全。军事和政治的改革，极不容易从一隅而推及于全国。
>
> 第三是旧有政府的机关和组织，很少可以利用。
>
> 第四中国的军事教育比任何其他的教育都要落后。
>
> 第五因为租界，内河航行权与领事裁判权的存在，行政权的行使早已不能完整，所以革命的企图很容易在本国境内外国人势力之下产生。革命失败又很容易逃避失败应负的责任。

丁文江主张"只要用和平的手段，长期的奋斗，来改革中国的政治"，并提出从两个方面着手："一是对于政府的，二是关于我们本身的。"

具体说来，他对国民党政府有三点要求："绝对的尊重人民的言论思想自由"；"停止用国库支出来供给国民党省县市各党部的费用"；"明白规定政权转移的程序"。关于知识分子自身的要求，丁文江主张：

> 第一组织小团体，公开的讨论我们根本的信仰和政治的主张。……
>
> 第二我们要救济青年。……

第三要研究具体问题，拟议建设新国家的方案。

丁文江的文章登出的同时，季廉发表了《挽救国难的一个私案》的文章，向政府提出了七种"改革要求"："（一）树立有力的政府。（二）认真执行既存法律。（三）切实裁编军队。（四）安定社会，发展生产。（五）积极准备抵抗暴日。（六）厉行巩固国防。（七）积极对俄复交。"①

看到丁文后，季廉立即写出《中国政治出路商榷》，对丁文江展开批评，并进一步提出三项措施：

第一，人民要自动组织一个能够肩荷政治责任的团体，要自动设置一个代表民意的机关。

第二，全国职业联合会要作的事情有七种（即《挽救国难的一个私案》中的七项"改革要求"——引者）。

第三，推动这种改革运动的程序。②

他认为这样既可以避免革命，又可以使缺乏政治修养的人民得到训练。

随后，胡适写成了《中国政治出路的讨论》，认同丁文江的主张，反驳季廉对丁文江的批评。

胡适主张"在最近几年之内，国中的知识阶级和职业阶级的优秀人才能组织一个可以监督政府指导政府并且援助政府的干政团体"。这个大团体应包括学术团体、商人团体、技术职业团体。他甚至还有

①　《国闻周报》第 9 卷第 31 期。

②　《国闻周报》第 9 卷第 32 期。

进一步的要求：

> 这些团体本身都站得住，都有相当的信用，其中都含有知识高明眼光远大的分子，只要有能负责任的领袖人物出来号召，我想，在一种积极的、建设的、有益于国家民族的目标之下，应该可以产生一个有计划、有力量的政治大组合。

胡适设想把这个"大组合"叫作"建国大同盟"。他最后强调说："如果我们能在这个'建国'的大目标之下，把国中的知识、技术、职业的人才组织起来，也许就是中国政治的一条出路吧！"[①]

"九·一八"事变一周年之时，丁文江又发表了《抗日剿匪和中央的政局》[②]，进一步发挥他在《中国政治的出路》中提出的观点，要求国民党先建立负责任的政府，先成为一个团结的政党。他说，尽管许多人同国民党的政见并不相同，但处于国难之下，大家都希望有一个坚强的政府，不肯"以全局之安危，殉彼此之意气"。他希望国民党应化整为零，变成一个有纪律、有能力的政党。

丁文江和翁文灏、任叔永、丁西林都是胡适派文人中从事自然科学的自由主义学人，他也是胡适朋友中较为乐观，且有较浓重参政意识，也最重具体的科学程序的议政者。丁文江在强调知识分子阶层的自我努力之外，更把希望寄托于国民党政府这样一个政体上。傅斯年、胡适、蒋廷黻也都就"九·一八"一周年在《独立评论》第十八号发表了文章，他们表现出的态度是悲观和对当局的失望。

傅斯年在《九·一八一年了》中说，首先"失望是在如此严重的

---

① 《中国政治出路的讨论》，《独立评论》第 17 号。
② 《独立评论》第 19 号。

国难之下，统治中国者自身竟弄不出一个办法来"；"第二失望是人民仍在苟安的梦中而毫无振作的气象"；"第三失望是世界上对此事件反应之麻木"；"第四失望是中国的政治似乎竟没有出路"。傅斯年又说了五点希望，以鼓舞国人的勇气，并希望国民不要怨天尤人，要从自身作起，以对民族的希望为信仰，善于自我努力，达到民族再造。

胡适在《惨痛的回忆与反省》中从"民族反省"之处着笔，认为老祖宗遗留下的孽障是民族的根本大病。所谓民族自救运动，就是要救治这些根本病瘤。胡适强调，要治"病"就要确立一个社会重心，创造这个"重心"的条件是：

第一，必不是任何个人，而是一个大的团结。

第二，必不是一个阶级，而是拥有各种社会阶级的同情的团体。

第三，必须能吸收容纳国中的优秀人才。

第四，必须有一个能号召全国多数人民的感情与意志的大目标：他的目标必须是全国的福利。

第五，必须有事功上的成绩使人民信任。

第六，必须有制度化的组织使他可以有持续性。①

这实际上是表示了他对国民党政府在这六个方面的不满和失望。蒋廷黻则在《九·一八的责任问题》中要求追究当局的责任，并追究国人这些年"虚骄自负"的责任。

正当丁文江、胡适、蒋廷黻、傅斯年借"九·一八"国难一周年，向国民党当局劝谏，催促政府走自我改良之路时，国民党中的学

---

① 胡适：《胡适全集》第 4 卷，第 497 页。

者杨公达在南京中央大学主办的《时代公论》第 23、24、25 号上连续发表《革命的回忆和国民党的复兴》、《国难政府应强力化》、《九一八以来之中国政治》三篇文章，公开主张国民党走法西斯的道路。这是知识界对世界法西斯独裁政治理论的公开反应，也是自蒋介石1931 年 5 月 5 日在国民会议讲话后舆论界对法西斯理论热心关注的表现。自蒋介石 1932 年 1 月底重新执掌大权，蒋、汪再度合作，并派宋子文及郑介民等两度赴德、意考察，学习希特勒、墨索里尼的法西斯独裁政体以来，国中形成了蒋介石集团有意行之，舆论界一部分右翼力量积极响应，并为之呐喊、助威的法西斯独裁的政治局面。

杨公达把在中国推行法西斯独裁政治的希望寄托在蒋介石身上，他的文章实际上是在献计献策。他说国民党中有一派应以统一党权为己任，采用史达林（斯大林）对付托洛斯基，墨索里尼对付尼梯的办法，不惜放逐异己的派别，举一网而打尽之，借此达成国民党的统一。他建议国民党政府采取法西斯式的军政统治，取消五院制，采取元首制，并且要求元首"要绝对负责，不特要负兴国的责任，还需要负亡国的责任……不特要下流芳百世的决心，还需要立遗臭万年的遗嘱"。杨公达反对丁文江、胡适所谓的"大联合"、"大团体"的宪政和议会主张，他说"与其多方面的组织政府，不如一方面的组织政府"。

杨公达的文章只是当时兴起的法西斯政治理论热的一个代表，是对丁文江、胡适言论的公开挑战。胡适感到此派政治理论的来势不可轻视，且因国际政治背景的作用和外患内乱的加重，他的回应显得苍白无力。尤其是他那一套宪政理论，从《努力》讲到《新月》，如今又在《独立评论》上要"好政府"，显得十分空洞、虚泛，缺乏新鲜感和刺激性。

胡适对杨公达的公开挑战，显得有些力不从心，没有马上予以反击。这时,他的朋友、北大教授陶希圣为《独立评论》写了《一个时代错误的意见》①,批驳杨公达的主张。胡适当即刊出陶文,并加了《附记》。陶希圣认为杨公达之说"是不能了解国民的现状,不能了解国民的要求"。胡适的《附记》借用了上海一位老辈先生来信中的话:"近来政治不上轨道,当然政府之过,亦因社会宽纵过甚……不免陷长君逢君之病。平心言之,当局非绝对不可为善。"他劝导自命负言论之责的人,应该接受这位老辈先生的忠告。

对蒋介石的个人独裁以及舆论界主张法西斯主义的来势,胡适明显地表现出无力抗拒,因此把希望寄予汪精卫、胡汉民等宪政派。在此以前,汪精卫领导北方势力同南京蒋介石对抗,胡汉民反蒋并导致粤宁对抗,都是借约法与宪政作筹码,反对蒋介石的独裁。1932 年初汪蒋言和后,胡适、傅斯年、丁文江、蒋廷黻、翁文灏等高层自由主义知识分子都有相应的反应,表示支持现政府。当汪精卫发表《用何方法达到统一的目的》的演讲后,胡适立即写成《统一的路》加以响应。他认同汪精卫所说的扶植民主政治来推翻各省的割据局面,反对任何形式的或名义上的武力统一,反对内战,认定议会政治是推翻割据局面,达到全国统一的有效办法。他说:

> 现在统一的最大障碍是在各地割据的局面之上绝没有一个代表全国或全省人民的机关,所以割据分裂的趋势无法挽回。挽救的方法只有在各割据防区之上建立各省民意机关,在各省割据区域之上建立全国民意机关。只有国会和省议会一类的民意机关可以超越一切割据的区域,造成一个统一国家的最高统治权的基础。也只有这一类的民意机关可以领导民众在法律的轨道内逐渐

---

① 《独立评论》第 20 号。

造成制裁割据军阀的势力。①

胡适还赞同汪精卫提出的"以均权来求共治"的主张。他认为在中国这样大的国家，要想使用武力来求得全国"青天白日"的统一，是非常困难的。最好的办法，是用均权的办法，求得联省式（或联邦式）的统一。用均权的方法，求得中央与地方的协调一致——中央有中央的权限，地方权限则由各省依实际情形自订，或明订地方权限，其余权限则归中央。

要走统一的路，就不能用武力对打。要在会议上解决争执，要让人民有监督政权的权利和作用，这是胡适的一贯立场，也是他为中国寻求政治出路的基点之一。这也是胡适派自由主义知识分子此时共同的政治立场。

5

也就在这个时候，傅斯年、胡适表现出了对"政府"和"领袖人才"的企望。

1932 年 1 月 28 日，汪精卫应蒋介石之邀出任行政院长。也就在这一天发生了"一·二八"沪战。淞沪抗日战争在十九路军抵抗以后，由汪精卫出面签订了停战协定。汪精卫当即遭到"监察院委员高友唐四人弹劾"，主事者是监察院院长于右任，事由是"汪精卫等未经立法院通过便签字"。面对这种"以法律的立点弹劾"，而"不是以政治的立点弹劾"，傅斯年写了《监察院与汪精卫》，同意汪精卫的答辩。文章最后发出关于"政府"的感慨：

---

① 《独立评论》第 28 号。胡适：《胡适全集》第 21 卷，第 548 页。

今日之局，恐怕已经谈不到好政府坏政府的问题了，政府一倒，我们实在想不起更能生产一个政府，然而此时外交内患，断断不许无政府的。明朝的谏官把明朝吵得无政府，希望今之谏官不要弄得现在无政府。现在亡国的条件几乎应有尽有，比起明朝亡国的局势来，都是变本加厉的，所以大可不必再添给事中哗众的一出戏！[①]

傅斯年这个"有政府"的主张，正是他老师胡适的思想。胡适在1930年9月3日的日记中曾说愿意"再让一步"（比起十一年前主张要一个"好政府"），把"好"字去掉，只要一个政府。如今为了团结一致，共同对付日本侵略，胡适派文人更是把抗日的希望和社会重心落实在现政府上。傅斯年随后又在《独立评论》第五号发表了《中国现在要有政府》，认为"一国立国之本，最大者有三事：一、政治重心，二、国民经济，三、技术程度"。而中国如今什么也没有，傅斯年进一步指出：

照这样形势，虽有一个最好的政府，中国未必不亡，若根本没有了政府，必成亡种之亡。人家正以其经济的政治的军备的一切最有组织之能力对付我，我若全然表示出原形质的状态出来，焉有生路？

所以好政府固是我们所希望，而没有了政府是万万了不得的。最可怕者，是中国此时大有没有政府的可能，因为在此时中国形势之下，能组织政府的花样是很少的。

---

① 《独立评论》第4号。

因此，傅斯年把"有政府"的希望寄托在国民党身上。他认为汪精卫主政行政院是"有政府"的象征，他说："甲，汪精卫自做行政院长以来，颇负责任，而大体不误。……乙，若干批评汪精卫的话，每不足为大病。……丙，我们诚不能说汪的政府是如何值得赞美的，然代替他者，正无其人。"在如此的局面下，傅斯年认为有一个政潮，"便是无政府之危险，而今日之局，岂是容许中国无政府的？即是法国式的'内阁危机'也是要不得的。一切不愿亡种灭国的人，幸勿此时兴风作浪，这不是可以苟且为之的"！

傅斯年这番对汪精卫内阁的表态，代表了此时胡适派自由主义文人的整体意见。这也是《独立评论》的基本倾向。

"有政府"主张是胡适、傅斯年、丁文江、翁文灏、蒋廷黻都持有的。翁文灏在《我的意见不过如此》中表示："在这个危急存亡的时候我们更需要一个政府，而且要一个有力量能负责的政府。"① 蒋廷黻主张："我们应该积极的拥护中央。中央有错，我们应设法纠正；不能纠正的话，我们还是拥护中央，因为它是中央。我以为中国有一个强有力的中央政府，纵使它不满人望，比有三、四个各自为政的好。"② 同时，胡适、丁文江还关心"领袖人才"的出现。北京大学教授孟森（孟心史）发表在《独立评论》的《论士大夫》一文，诱发了胡适对"领袖人才"的兴趣。孟森"此文的言外之意是叹息近世居领袖地位的人缺乏真领袖的人格风度，既抛弃了古代'士大夫'的风范，又不知道外国的'士大夫'的流风遗韵，所以成了一种不足表率人群的领袖"。胡适认为这是中国缺乏最基本的教育基础的结果。他一方面同意丁文江在《中国政治的出路》中所指出的

---

① 《独立评论》第 15 号。
② 《知识阶级与政治》，《独立评论》第 51 号。

问题——"中国的军事教育比任何其他的教育都要落后",所以多数的军人都"因为缺乏最低的近代知识和训练,不足以担任国家的艰巨"——同时又进一步指出丁文江所谓的"任何其他的教育"也很差,以至没有训练大政治家、大法官、财政经济专家、思想大师、教育大师的场所。"在今日的中国,领袖人物必须具备充分的现代见识,必须有充分的现代训练,必须有足以引起多数人信仰的人格。这种资格的养成,在今日的社会,除了学校,别无他途。"胡适呼吁:

> 我们在今日如果真感觉到全国无领袖的苦痛,如果真感觉到"盲人骑瞎马"的危机,我们应当深刻的认清只有咬定牙根彻底整顿教育,稳定教育,提高教育的一条狭路可走。如果这条路上的荆棘不扫除,虎狼不驱逐,奠基不稳固;如果我们还想让这条路去长久埋没在淤泥水潦之中,——那么,我们这个国家也只好长久被一班无知识无操守的浑人领导到沉沦的无底地狱里去了。[1]

胡适感到言犹未尽,又写了《论六经不够作领袖人才的来源》[2],进一步强调造就领袖人才的特定"时代"和"教育训练",否定传统儒学的熏陶和继承。

"领袖人才"是胡适派文人这个时期最为关注的问题。胡适在主持《独立评论》议政的同时,还编校了一部《淮南王书》,并于1932年11月29日在武汉亲手送给蒋介石。在两年后致罗隆基的信中,胡

---

① 胡适:《领袖人才的来源》,《独立评论》第12号。《胡适全集》第4卷,第540页。

② 胡适:《胡适全集》第4卷,第541—545页。

适追述那次送书给蒋介石,"意在请他稍稍留意《淮南》书中的无为主义的精义",以戒办事"微嫌近于细碎,终不能'小事糊涂'"①。但蒋介石当时并不理会他这一套。三天后,即 12 月 2 日,蒋介石请他吃饭时,只让他注意研究两个问题:(1)中国教育制度应该如何改革?(2)学风应如何整顿?②

三　胡适与"清华三教头":蒋廷黻、钱端升、吴景超

1

五四高潮过后,胡适派文人的渐进改革及关注"问题",主要体现在《努力》周报及《现代评论》的言论上。这两个刊物成了这一时期胡适派自由主义文人的主要阵地。胡适具体操作《努力》周报,呼唤"好人政府",主张"好人政治";《现代评论》由胡适的一批朋友运作,响应胡适的言行,并作进一步的发挥。周鲠生、王世杰、钱端升、蒋廷黻便是《现代评论》的主要力量。

蒋廷黻迟胡适两年(1912 年)赴美留学,在美度过了十一年的学生生活,获哥伦比亚大学哲学博士学位。1923 年回国后任教于南开大学,1929 年调任清华大学历史系主任。此时,与胡适共同创办《独立评论》。他身为清华历史系教授,主讲中国近代史,是胡适派自由主义文人中政治兴趣最浓的一位。因此,胡适晚年

①　《胡适的日记》(手稿本)第 12 册附有胡适 1935 年 7 月 26 日致罗隆基信抄件(1935年 7 月 26 日)。

②　《胡适的日记》(手稿本)第 11 册(1932 年 12 月 2 日)。

曾怀疑他是未公开暴露身份的国民党 CC 派或"蓝衣社"（复兴社）成员。

钱端升 1919 年毕业于清华学校，留学美国，获哈佛大学哲学博士学位。此时为清华大学政治学教授，抗战时曾同胡适一起从事外交工作，为胡适朋友中在政治学、法学、外交上卓有成就的学人（1949年以后，钱端升创办北京政法学院——中国政法大学前身，出任院长）。他是胡适的法学界的三个朋友之一（另两位是王世杰、周鲠生，他俩先后出任武汉大学校长）。

吴景超毕业于清华学校，1923 年赴美留学，获社会学博士学位。回国后出任金陵大学社会学系主任、教授。为中国社会学界的"三吴"之一（另两位为吴泽霖、吴文藻。后起的费孝通则是吴文藻的学生）。胡适在《新月》时期同国民党发生冲突时，吴景超加盟"新月"，成为这个时期胡适派文人"清华"脉系的骨干之一，也是《新月》作家队伍的主力（平社成员）。此时，吴景超为清华大学社会学系主任、教授。据吴景超在 1955 年 2 月 8 日《光明日报》发表的《我与胡适——从朋友到敌人》中所示，他在清华学校读书时就认识胡适，他说："我在解放前思想体系中的改良主义以及亲美崇美等思想，在青年时期，就因受胡适的影响而种下了根。1933 年，我参加了以胡适为首的独立评论集团。这个集团，每两星期开会一次，在聚餐之后，就纵谈中外大事。"[1]"新月"时期，胡适率领"清华"脉系的"三个火枪手"罗隆基、梁实秋、王造时同国民党"交战"。在"民主与独裁"问题上，胡适派文人内部的思想观念发生裂变，"清华三教头"同胡适发生了对立和争执。确切地说，这三位教头此时都成了新权威主义（"开明专制"、"新式独裁"）积极的鼓吹者、拥护者。

_____

① 《胡适思想批判》第 3 辑，三联书店 1955 年版，第 110 页。

　　《努力》周报时期,胡适等人的"好人政府"和"好人政治"主张,得到《现代评论》派周鲠生(1913 年赴英、法留学,1921 年获法国巴黎大学法学博士学位,回国后任北京大学法学教授)的支持。① 胡适曾一度赞同联省自治的地方割据,蒋廷黻却提出不同意见。他在《现代评论》提出武力统一较国民会议统一为优的主张。②在 1932 年 4 月国民党政府举行的国难会议上,他认为各方代表集会只能为政府壮壮胆,实际上却无助于解决国难的现实问题。因为他"根本不信任何会议能救国——普遍的救国——就是对目前的国难有所补助也是很困难的"③。所以,他不赞成立宪,而倾向于中国先通过专制、独裁达成全国统一的政治局面,然后共同对付外敌。

　　1933 年 12 月 10 日,蒋廷黻在《独立评论》第八十号发表《革命与专制》,公开提出中国当今要先实行专制,方能解决现实问题。由于"福建事变"的刺激,蒋廷黻挺身而出,公开反对任何名义的革命。他指出,从历史上看,几千年的封建专制表现出如下特性:第一,中国始终是朝代国家,没有达成民族国家,一般民众的公忠是对个人(如皇上)或家庭,或地方的首领,不是对国家;第二,中国的专制一直是在摧残皇室以外一切可以作为政权中心的阶级和制度,皇室一倒,国家就成了一盘散沙,缺少可作新政权中心的阶级和制度;第三,在专制政体之下,中国的物质文明太落伍了,一旦再有革命,外人就坐收渔利,而我们却没有抵抗的能力。

　　蒋廷黻是研究中国近代史的学者,著有《中国近代史大纲》,编有《中国近代外交史资料辑要》。从近代几十年的历史看,蒋廷黻指

---

① 参见周鲠生:《时局之根本的解决》,《太平洋》第 4 卷第 2 号。
② 参见蒋廷黻:《统一方法的讨论》,《现代评论》第 3 卷第 65 期。
③ 蒋廷黻:《参加国难会议的回顾》,《独立评论》第 1 号。

出："我们中国近二十年为革命而牺牲的生命财产，人民为革命所受的痛苦，谁能统计呢？此外因内争而致各派竞相卖国更不堪设想！""这样的革命，多革一次，中国就多革去一块。久而久之，中国就会革完了！……在中国近年的革命，虽其目的十分纯洁，其自然的影响是国权和国土的丧失。我们没有革命的能力和革命的资格。在我们这个国家：革命是宗教家灭国的奢侈品。"

蒋廷黻反对革命，上下几千年地绕了一大圈后，根据欧洲的近世史立论，明确的结论却是要在中国实行新式专制：

> 中国现代的局面正像英国未经顿头专制，法国未经希彭专制，俄国未经罗马罗夫专制以前的形势一样。我们现在也只能有内乱，不能有真正的革命。……总之，各国的政治史都分为两个阶段，第一是建国，第二步才是用国来谋幸福。我们第一步工作还没有作，谈不到第二步。……中国现在的所谓革命就是建国的一个大障碍（布彭今译波旁，顿头今译都铎，罗马罗夫今译罗曼诺夫——引者）。

蒋廷黻在《独立评论》上抛出此文，首先给胡适一个震惊。因为蒋廷黻在半年前《独立评论》第五十一号刊发的《知识阶级与政治》中尚有三项对文人的戒约，如今完全背弃了。这三项戒约是：第一，不应该勾结军人来作政治的活动；第二，知识阶级的政治活动不可靠"口头洋"；第三，应该努力作现代人，造现代人。蒋廷黻此时放弃民主立场，主张专制、独裁，使胡适感到意外，同时也使他产生内在的紧张。这篇文章登出之前，胡适作为刊物的主持人，是不同意蒋廷黻的观点的，但蒋文作为朋友的政见，他还是同意登出来，以便共同讨论。

蒋廷黻的文章登出一周后，胡适便发表《建国与专制》①，随后一周又发表《再论建国与专制》②。他由蒋文引发出"三问"：一是，专制是否为建国的必要阶段？二是，中国经历了几千年的专制，为什么还没有完成建国的使命，还没有造成一个民族国家？三是，中国旧式专制既然没有做到建国的职责，我们今后建国是否还得经过一段新式专制？胡适在《建国与专制》中对前两个问题提出明确的答案：走建国之路，固然要统一政权，但统一政权并不一定要靠专制。胡适的回答虽然有些软弱，但他不忘民主的力量和以此作为建国基点的时代给予。他指出英国的顿头王朝勃兴，正是议会政治的抬头时代，又值商业与文艺的发达时期，并不全靠君主之力，并不是单靠专制达成的。中国自汉朝以下，已形成了一个"民族国家"。蒋廷黻所说的三种历史缺陷并不足以证明中国不是一个民族国家。我们今日所有的建国的资本，还是这两千年遗留下来的这个民族国家的自觉心。今日中国的建国所面临的不是建设民族国家的问题，而是如何使中国这个民族国家在现代世界舞台上站得住脚。胡适指出，蒋廷黻说"统一的政权是建国的必要条件；不过他用了'专制'一个名词来包括政权的统一，就不免容易使人联想到那无限的独裁政治上去"。胡适强调：

　　其实政权统一不一定就是独裁政治。英国的亨利第八时代正是国会的势力抬头的时代：国会议员从此有不受逮捕的保障，而国王建立新国教也须借国会的力量。所以我们与其说专制是建国的必要阶段，不如说政权统一是建国的条件，而政权统一固不必

① 《独立评论》第81号。
② 《独立评论》第82号。

全学罗马罗夫朝的独裁政治。①

在《再论建国与专制》中，针对蒋廷黻所暗示的"中国的旧式专制既然没有做到建国的大业，我们今日的建国事业是不是还得经过一度的新式专制呢"，胡适有十分明确的答复。他表示自己是反对中国采用种种专制或独裁的政治体制，因为他不承认今日另有专制或独裁的可能。这种基于虔诚的民主信仰和为民主献身的现代意识，使得胡适对专制、独裁有相应的抵制：

> 第一，我不信中国今日有能专制的人，或能专制的党，或能专制的阶级。……一般人只知道做共和国民需要较高的知识程度，他们不知道专制训政更需要特别高明的天才与知识。……今日梦想开明专制的人，都只是不知道为君之难，不知道专制训政是人世最复杂繁难的事业。……专擅一个偌大的中国，领导四万万个阿斗，建设一个新的国家起来，这是非同小可的事，决不是一班没有严格训练的武人政客所能梦想成功的。……今日梦想一种新式专制为建国的方法的人，好有一比，比五代时后唐明宗的每夜焚香告天，愿天早生圣人以安中国！
>
> 第二，我不信中国今日有什么有大魔力的活问题可以号召全国人的情绪与理智，使全国能站在某个领袖或某党某阶级的领导之下，造成一个新式专制的局面。我们试看苏俄、土耳其、意大利、德意志的专政历史，人才之外，还须有一个富于麻醉性的热烈问题，可以煽动全国人心，可以抓住全国少年人的热血与忠心，才可以有一个强有力的政权基础。……这两年的绝大的国难

---

① 《独立评论》第81号。胡适：《胡适全集》第21卷，第690页。

与国耻还不够号召全国的团结，难道我们还能妄想抬出一个蒋介石，或者别个蒋介石来做一个新的全国大结合的中心吗？……

第三，我有一个很狂妄偏见：我观察近几十年的世界政治，感觉到民主宪政只是一种幼稚的政治制度，最适宜于训练一个缺乏政治经验的民族。……在我们这样缺乏人才的国家，最好的政治训练是一种可以逐渐推广政权的民主宪政。……而我们看看世界的政治制度，只有民主宪政是最幼稚的政治学校，最适宜于收容我们这种幼稚阿斗。我们小心翼翼的经过三五十年的民主宪政的训练之后，将来也许可以有发愤实行一种开明专制的机会。……①

关于这第三条理由，胡适在一年后写成的《一年来关于民治与独裁的讨论》中又详细加以说明：

这三点之中，我自己认为比较最重要的还是那第三点，然而这一点似乎最不能引起政治学者的注意，这大概是因为学政治的人都受了教科书的蒙蔽，误信议会式的民主政治需要很高等的公民知识程度，而专制与独裁只需要少数人的操纵，所以他们（例如蒋廷黻）总觉得我这个见解是有意开玩笑的，不值得一驳的。

我现在郑重的说明，我近年观察考虑的结果，深信英美式的民主政治是幼稚园的政治，而近十年中出现的新式独裁政治真是一种研究院的政治；前者是可以勉强企及的，而后者是很不容易轻试的。有些幼稚民族，很早就有一种民主政治，毫不足奇怪。民主政治的好处正在于不需要出类拔萃的人才；在于可以逐渐推广政权，

---

① 胡适：《胡适全集》第21卷，第699—702页。

有伸缩的余地;在于集思广益,"三个臭皮匠,凑成一个诸葛亮";在于可以训练多数平凡的人参加政治。民主政治只需要那些有选举权的公民能运用他们的选举权,这种能力是不难训练的。①

胡适同时强调,近十年间新兴的现代独裁政治就大不相同了。这种政治的特色不仅在于政权的集中与庞大,而且在于充分集中优秀的专家人才,把政府造成一个完全技术化的机器,把政治变成一种最复杂纷繁的专门技术性事业,用计日程功的方法来经营国家人民的福利。因此,胡适认为中国时下应兢兢业业地学习民主政治,刻鹄不成也许还像只鸭子;若妄想在一个没有高等学术和高等教育普及的国家,造成现代式的独裁政治,那就真要弄到画虎不成反类犬了。到那时,才是自讨苦吃。

这时,胡适注意到了蒋廷黻所希望的新式专制同二十多年前《新民丛报》和《民报》讨论过的"开明专制"的关系。1905 年,梁启超是"开明专制"最热烈的鼓吹者,他因为陈天华烈士遗书中有"欲救中国必用开明专制"之语而写了一册《开明专制论》,约五万字。他说这个主张是他"近年来所怀抱之意见",为此,长论"开明专制适用于今日之中国"。② 1926 年 9 月 18 日,胡适在游历巴黎时,傅斯年同他谈论政治,表示"总希望中国能有一个有能力的独裁者,他将把秩序与文明强加给我们"③。胡适不同意傅斯年的想法。如今,在《再论建国与专制》中胡适则持否定的意见:

---

① 《东方杂志》第 32 卷第 1 号。胡适:《胡适全集》第 22 卷,第 203—204 页。

② 梁启超:《饮冰室合集》第 2 册,上海中华书局 1936 年版。

③ 《胡适的日记》(手稿本)第 5 册(1926 年 9 月 18 日)。

　　在二十多年前，民主立宪是最令人歆羡的政治制度。十几年来，人心大变了：议会政治成了资本主义的副产，专政与独裁忽然大时髦了。有些学者虽然不全是羡慕苏俄与意大利的专制政治的成绩，至少也是感觉到中国过去二十年的空名共和的滑稽，和中国将来试行民主宪政的无望，所以也不免对于那不曾试过的开明专制抱着无穷的期望。还有些人，更是明白的要想模仿苏俄一阶级专政，或者意大利的一党专政。……现在人所谓专制，至少有三个方式：一是领袖的独裁；二是一党的专政；三是一阶级的专政。……其间也有混合的方式：如国民党的民主集权的口号是第二式；如蓝衣社的拥戴社长制则是领袖独裁而不废一党专政；如共产党则是要一阶级专政，而专政者仍是那个阶级中的一个有组织的党。

　　我个人是反对这种种专制的。……①

　　胡适与蒋廷黻的争执，只交锋一个回合，便引出一场讨论。清华大学的政治学教授钱端升与社会学系主任吴景超同时出马，拥护独裁，形成三对一的局面，即胡适迎战"清华三教头"。北大的胡适、傅斯年主张民治、民主与清华的蒋廷黻、吴景超、钱端升拥护专制、独裁，双方的意见都在《独立评论》上展示。

2

　　胡适连续发表两篇批评蒋廷黻的文章后，蒋廷黻又作了回应。他在《独立评论》第八十三号发表了《论专制并答胡适之先生》，坚持专制之说。他说如今中国是数十人的专制，他主张要实行一人的专

---

　　① 胡适：《胡适全集》第21卷，第699页。

制。凡是破坏统一的二等军阀都要取消，并且要用更大的武力去解决。要达到武力的统一，"惟一的过渡方法是个人专制"。对此，蒋廷黻列举了三条理由：

第一，中国的现状是数十人的专制。市是专制的，省也是专制的。……我所提倡的是拿一个大专制来取消这一些小专制。大专制势必取消各地小专制，不然，大专制就不能存在。……统一的敌人是二等军阀和附和二等军阀的政客。每逢统一有成功可能的时候，二等军阀就联合起来，假打倒专制的名，来破坏统一。士大夫阶级反对专制的议论，不是背西洋教科书，就是对二等军阀恐惧心、忌妒心的反映。中国现在专制的对象不是人民，是二等军阀。从人民的立场看，个人的大专制是有利的。

第二，我们以为个人的专制来统一中国的可能比任何其他方式可能性较高。破坏统一的就是二等军阀，不是人民，统一的问题就成为取消二等军阀的问题。适之先生……不信"中国今日有能专制的人"……我所注重的是能统一中国的人。……

第三，二千年来，中国有朝代的变更，无政制及国情的变更，因为环境始终是一样的。现在外人除加在我们身上极大的压力以外，又供给了我们科学与机械。这两个东西不是任何专制政府所愿拒绝的，所能拒绝的。就是政府完全无为，只要它能维持治安，这两个东西就要改造中国，给她一个新生命。

胡适认为"他的专制论，其实只是主张武力统一"①。

这里，蒋廷黻所说的"能统一中国的人"的"个人专制"，实指

---

① 胡适：《胡适全集》第22卷，第211页。

蒋介石。对此，李敖在五十年以后斥为"最荒唐的立论"，并反诘道："他不知道，'二等军阀'给消灭了，难道就不轮到'人民'来受'头等军阀''专制'之害吗？狮子吃了狼，羊就可以过太平日子吗？"[1]

吴景超的《革命与建国》完全是声援蒋廷黻的。他从历史的变迁、朝代的更迭着眼，把内乱的过程分为三个时期：第一期是从苛政到现状推翻，即打倒旧政权的时期；第二期是从群雄争权到统一完成，即创立新政权的时期；第三期为自善政至和平恢复，即建国时期。吴景超认为时下中国还没有跳出革命的第二时期，还处在军阀割据，群雄争权的时代，说不上建国的大业。因此当前最大的问题是统一，而"在中国历史上，几乎没有例外，统一是以武力的方式完成的"：

> 在群雄割据的时期内，除却武力统一的方式外，我们看不出还有什么别的方式，可以完成统一的使命。虽然现在有人提倡以开放政权的方式来统一，但是据我看来，开放政权以后，一部分的官僚，一部分的政客，一部分以学者而兼政客的人，可以踌躇满志了，但于统一是无补的，对于大多数人民的福利，更是风马牛不相及。[2]

因此，他很"赞同蒋廷黻先生的说法：'中国的基本形势是：政权不统一，政府不得好。'"

针对蒋廷黻、吴景超之论，胡适又连续写了《武力统一论——跋

---

[1]　李敖：《胡适与我》，台湾李敖出版社 1990 年版，第 222 页。

[2]　《独立评论》第 84 号。

蒋廷黻、吴景超两先生的论文》、《政治统一的途径》。① 他指出："蒋
先生所要的'专制'，原来并不是独裁的政治制度，原来不过是希望
一个头等军阀用武力去打倒一切二等军阀，原来就是吴先生说的'武
力统一'。"对此，胡适表示异议：

> 破坏统一的罪恶是不是全在"二等军阀和附和二等军阀的政
> 客"呢？是不是因为士大夫阶级读死了西洋教科书因而反对专
> 制，所以助成统一的崩坏呢？是不是头等军阀也应该分担一部分
> 或一大部分的责任呢？是不是那些不背西洋教科书而梦想个人专
> 制的政客、党员也应该分担不少的责任呢？②

胡适强调"意态"作为中国知识思想界的种种矛盾冲突的社会政
治潮流，也是不容忽视的。例如昔日汪精卫一派，今日的胡汉民，可
以作政治上的妥协，同蒋介石在抗日问题上取得一致。而这不是武力
所能"打倒"的。又如今日的共产党以及无数"左"倾的青年，也不
是单靠武力所能扫净的。武力也许可以扑灭红军，特务队也许可以多
捉几个共产党员，但那种左冲右决的社会潮流（包括种种蒋廷黻所说
的"反对专制的议论"）绝不是武力所能统一的。何况中国今日最有
力的新意态是外患压迫之下造成的一种新民族观念，它决不容许任何
头等军阀用武力去征服全国。因此，胡适说："今日武力统一是走不
通的：毛病不在军阀，在中国人的意态和物质状况。"③

这里，胡适反对"头等军阀"蒋介石用"武力统一"，同时也强

---

① 《独立评论》第 85、86 号。
② 《独立评论》第 85 号。胡适：《胡适全集》第 22 卷，第 9 页。
③ 胡适：《胡适全集》第 22 卷，第 11 页。

调共产党及左派青年的思想不是武力所能扑灭的。

在《政治统一的途径》中，胡适进一步阐明反对"个人专制"与"武力统一"的主张，强调"国会"是作为政治的制度化的载体和外在形式。对蒋廷黻对国会的不信任和嘲弄的态度，胡适表示：

> 国会不是蒋廷黻先生所嘲笑的"维多利亚时代的自由主义和代表制度"。国会的功用是要建立一个中央与各省交通联贯的中枢。它是统一国家的一个最明显的象征，是全国向心力的起点。旧日的统一全靠中央任命官吏去统治各省。如今此事既然做不到了，统一的方式应是反其道而行之，要各省选出人来统治中央，要各省的人来参加中央的政治。来监督中央，帮助中央统治全国。这是国会的根本意义。①

胡适明确表示，开会讨论问题总比武装对打好。让各省的人到中央来参加全国的政治，这是养成各地方向心力的最有效的一步。

但现实中的"国家"和"国会"，确使胡适乐观的理想主义碰壁而感到"奇怪"。这一点又是胡适必须正视的现实：

> 十八世纪的英国政治家贝尔克（Burke）曾说："若要人爱国，国家须要可爱。"若要全国人拥护国家，国家也须要全国人拥护。现在最奇怪的现状是把党放在国家上面。这样如何能养成"公忠"？国会是代表全国的议会，是一个有形的国家象征，人民参加国会的选举，就是直接对那个高于一切的国家尽义务。现在全国没有一个可以代表整个国家的机关，也没有一个国家可以使

---

① 《独立评论》第86号。胡适：《胡适全集》第22卷，第22页。

人民有参加干预的机关，人民又从何处去报效他的"公忠"呢？①

在这里，胡适显露出内在的痛苦和矛盾，即他的主张和现实之间的差距。他理想化的民主、国会在如此严酷的现实环境中无法实现。而他的自由主义朋友们另寻他途，欲走捷径，他又无法认同。同时，他更感到自己的反驳有理却无力，即合理却不太合中国的国情。再者，他的一些持论也有明显的缺陷。张奚若在《民主政治当真是幼稚政制吗？》中便尖锐地指出胡适的持论"在逻辑上发生问题"，"胡先生说，'我们不妨从幼稚园做起，逐步升学上去！'我要问升学后所升之'学'，是高度的民治呢？还是专制与独裁呢"？② 因为此时，专制、独裁的呼声甚高，已成为一个反民治的潮流。独裁、专制论者正是从政治、历史、经济及现实的困境中，为中国实施专制、独裁持论，且势头之大为胡适所难以抗衡。蒋介石及"蓝衣社"是有意为之，进而出现了文人助纣为虐的局面。尤其是这几位专制、独裁的持论者都是《独立评论》自由主义文人群体的核心人物，这种群体内部的争执和紧张，使胡适感到十分不安。但这又是"急待解答"的。

3

1934 年 1 月，钱端升在《东方杂志》第三十一卷第一号发表《民主政治乎？极权国家乎？》，公开声援蒋廷黻，且主张更加明确。他开宗明义地说"将先论民主政治的衰颓，次及现代各种比较成功的独裁的内容。从两者的比较中我将探索在最近将来或可流行的制度，

① 胡适：《政治统一的途径》，《独立评论》第 86 号。《胡适全集》第 22 卷，第 23 页。
② 《独立评论》第 239 号。

从而更推论及中国应采的制度"。

钱端升断言:"第一,民主政治是非放弃不可的,这点我认为已有充分的说明。第二,紧接民主政治而起的大概会是一种独裁制度。第三,在民族情绪没有减低以前,国家的权力一定是无所不包的——即极权国家。"他从国际竞争关系和经济的民族主义方面为独裁辩解,进而说:"大家对独裁也不必一味害怕。若以大多数人民的福利而论,独裁也不见得不及民主政治";"独裁既真能为大多数人(几乎是全体人民)增进福利,则又焉能因少数人的自由之被剥夺,而硬要维持谋福不及独裁的民治?"他认为这是误信"民治"而错怪了"独裁"。他最后明确表示:

> 我以为中国所需要者也是一个有能力、有理想的独裁。中国急需于最短时期内成一具有相当实力的国家。……但在一二十年内沿海各省务须使有高度的工业化,而内地各省的农业则能与沿海的工业相依辅。……欲达到工业化沿海各省的目的,则国家非具有极权国家所具有的力量不可。而要使国家有这种权力,则又非赖深得民心的独裁制度不为功。……
>
> 一切的制度本是有时代性的。民主政治在五十年前的英国尚为统治阶级所视为不经的,危险的思想;但到了一九〇〇以后,即保守党亦视为天经及地义的。我们中有些人——我自己即是一个——本是受过民主政治极久的熏陶的。这些人对于反民主政治的各种制度自然看了极不顺眼。但如果我们要使中国成为一个强有力的近代国家,我们恐怕也非改变我们的成见不可。

胡适针对钱端升从民主政治的变迁、国际竞争关系和经济的民族主义三方面论证中国需要独裁提出了批评意见。在《一年来关于民治与独裁的讨论》中，胡适不同意钱端升所谓"欧战的结局实为民主政治最后一次的凯旋"之说。他认为"欧战的终局实在是民主政治进入一个伟大的新发展的开始"，即在量上，民主政治征服了全欧洲；在质上，就是无产阶级势力的骤增和民主政治出现了社会化的大趋向。胡适又批评钱端升把"经济的民族主义"作为需要统制经济的主要原因，而统制经济的要求又是独裁"无可幸免"的主要原因。他认为钱端升把"经济的民族主义"看得太普遍了，所以武断"不论在哪一个国家"既不能幸免统制经济，也就不能幸免独裁的政制了。

胡适认为钱端升的中国政治独裁论是没有充足理由的：

> 他所以主张中国需要独裁制度，为的是要沿海各省的工业化。这个理论是很短见的。第一，沿海各省根本上就很少具有工业区域的基本条件的，如煤铁产地等等。第二，在现时的国际形势之下，一个没有海军的国家是无力保护他的沿海工业的。所以翁文灏、陶希圣诸先生都曾主张要建设内地的经济中心。第三，中国的工业化，不能单靠政府权力无限的增加。无限的权力不能平空添出资本，不能随便印纸作现金，不能从空中生出许多必需的专门人才来，不能在短时期中征服一个放任惯了的无政府态度的民族习惯。①

胡适指出，在这场关于民主与专制的讨论中，钱端升的这篇文章是"最有条理又最恳挚动人的"，只是"不能完全叫人心服"。胡适自认他的回应性批评、讨论是对钱端升作了较好的答复。

---

① 胡适：《一年来关于民治与独裁的讨论》，《东方杂志》第 32 卷第 1 号。《胡适全集》第 22 卷，第 210 页。

4

胡适同"清华三教头"蒋廷黻、吴景超、钱端升的对阵笔战，引起了政界及舆论界的极大关注。一些学人如常燕生、张佛泉、胡道维、寿生站在胡适一边，反对专制、独裁。但是这些力量，没有蒋、吴、钱"三教头"的势力强大。尤其是蒋廷黻、吴景超、钱端升的主张同整个思想舆论界近五十种宣传法西斯主义的书刊汇成了一个潮流。胡适在《一年来关于民治与独裁的讨论》中，对常燕生、寿生的文章加以评点，认为他们有"精彩的议论"①。

在太原的常燕生以《建国问题平议》为题，撰文投寄《独立评论》，反对武力统一和专制、独裁，认为独裁政治在中国是不能成功的。常燕生的结论颇合胡适的见解，引起胡适的注意和赞generable。常燕生说："国家的真正统一，只有在这样民权伸张之后才能实现。武力统一和专制的结果，只有使人民敢怒而不敢言，地方实力派反得挟扶民意以与所谓中央者抵抗，国家统一是永远无办法的。""民治思想的势力"可以推翻清朝，也可以打倒袁世凯，所以不能忽视它。②

寿生在《试谈专制问题》中指出，现代独裁政治其实都是"旨趣专制"，而不是古代的"权力专制"。民主国家的议会制度也是一种"旨趣专制"，是"以理论来征服人民，是取获人民的信心，是以他们的意见酿成全国的意见"。寿生指出，如今英、美的"旨趣专制"是多元的，互换的，而意、俄（苏联）是一尊的，欲无限地延长他们的旨趣罢了。他认为当今中国缺乏这个"旨趣"，因此，也就使现代独

---

① 胡适：《胡适全集》第 22 卷，第 213 页。
② 《独立评论》第 88 号。

裁无法成功。①

　　1934 年 2 月 23 日,各大报都登出了"南京 22 日下午十时专电":"华北十余省市党部,近联呈中央,建议改革党务,颇关重要。可发表各点,大致如次:一、请中央提前于 5 月 5 日召开国民大会,解决当前一切国是。如缩短训政,促进宪政,改省长制,文人主省政等。二、在决定提前开国民大会前,所有现在各省市党部,应一律停止改选。三、为彻底整顿各省市党务暨推行党务工作起见,将各省市党部完全改组,由中央派大员三人,不限中委,主持指导全省党务,集中党力,提高党权。闻此项建议,已得一部委员同情,汪蒋近亦往返电商,日内即有相当决定。"但 25 日,各报又登文更正,说"只有请求提前召开五全大会解决一切党国重要问题,并无请求召开国民大会及改组各省市党部之事"。胡适在日记上剪贴了前后两分报纸,并加批注:"此……正是要拥戴一个独裁主子而已! 宪政云乎哉!"②

　　当胡适同"清华三教头"的争执各持一端,无法调和之时,蒋廷黻受到了蒋介石的注意。傅斯年则对蒋廷黻极大不满,在 1934 年 4 月 19 日致信胡适说:"此间一切读书朋友对定〔廷〕黻文章极不满。故此公虽邀西府之垂青,实已自弃其 moral〔道德〕力量。中国虽至今日犹有三分廉耻,此则系于二三人之努力,曾涤生所谓'风俗之厚薄奚自乎,自乎一二人之倾向而已'是也。此间读书朋友,虽为卿士,未尝丧天良也。"③ 这里,傅斯年认为蒋廷黻是有意向蒋介石政府献媚,有失自由主义知识分子精英的身份和天良,成为不知廉耻之徒。

---

① 《独立评论》第 86 号。
② 《胡适的日记》(手稿本)第 11 册(1934 年 2 月 25 日)。
③ 《胡适来往书信选》中册,第 238 页。

蒋廷黻等人的专制、独裁论和武力统一主张，是蒋介石长时间求之不得的北方高层知识分子的舆论支持。蒋介石召见蒋廷黻，前后有三次：1933年夏天在庐山牯岭，1934年初在南昌，1934年6月在庐山牯岭。在第三次被蒋介石召见后，蒋廷黻便奉命以度假为由辞去清华大学的教职，去苏联、德国、英国考察斯大林及苏式政体、希特勒及德式法西斯政体，以便为蒋介石设计政改方案和提供借鉴经验，同时探听苏联当局有没有可能帮助中国抗日。

蒋廷黻赴欧洲考察时，将他所写的《欧游随笔》在《独立评论》上连载[①]。胡适于11月15日写信给他，希望能了解苏联政体的真谛，不要抱成见。蒋廷黻于12月28日回信说：

> 我对独裁虽发表了不少赞成的言论，我此次出来当然不抱定主见而不加以考察。所以你的劝告我自然愿意接收。这不是说，我从此就放弃这种主张。这是说：我绝不争意气；如果我考察的结果证明我错了，我一定认错；不然，我自应该更努力的提倡。
>
> 你对我的政治偏右不赞成，对我的经济偏左也不赞成吗？《独立》的政治主张已够灰色了，经济简直没有主张。投经济稿子的人似乎更带书生气，更不敢有所主张。我们因此丧失一个很好指导舆论的机会。[②]

在欧洲考察期间，蒋廷黻还发表一系列言论，表示对中国文化与现实问题的关注。蒋廷黻在英格兰查塔姆议会上的一次演说中，谈到20世纪初以来中国在思想体系上的崩溃。"儒教脱离君主政体，就像

---

① 第123、124、125、128、129、132、133号。
② 《胡适来往书信选》中册，第264—265页。

脱离教堂墙壁的飞拱起不了支撑作用一样"。他认为中国受过现代教育的学者只会把从古今中外的原始资料中采集到的杂乱无章的政治概念糅合在一起，而没有得出一致的意见。西方的自由主义为许多像他那样的知识分子所采用，而在西方，自由主义正在失去它的首要地位。马克思主义、法西斯主义以及中国古老的观念促成思想意识上的不统一。再者，归国学生的思想很少考虑中国的现实。"我们的生活脱离人民是莫大的过失。……我们读外国的书，热衷于人民所不感兴趣的事。……［我们可能］在课堂上、在上海和北平的报纸上，甚至来到查塔姆议会上侃侃而谈，使你们认为我们是聪明的，可是我们无法使我们所讲的话为中国农村群众所理解，更不用说被拥戴为农民们的领袖"①。

这里，蒋廷黻实际上是在向外国朋友表示自由主义像在西方一样，也在他的心目中失去了首要地位，他要放弃思想理念上的探讨，而从事中国现实的考虑和实践性工作。

从欧洲诸国考察归国后，蒋廷黻于1935年12月被任命为行政院政务处长，成为蒋介石的政治顾问。1936—1938年间，他又出任驻苏联大使。尤其是1937年他帮助滞留苏联十多年的蒋经国回国一事，颇得蒋家父子好感。由此可见，蒋廷黻主张的专制、独裁，实质上是在为蒋介石帮腔，成了国民党政府当局的喉舌。

1935年12月21日，蒋廷黻从南京行政院政务处给在北平的美国朋友费正清写信。他写道："你也许对我的工作的调动感到惊讶。当我离开北平到达南京之际，我还没有想到要调动工作。但是当我发觉授予我的职务十分重要，担任它可以做很多事情，于是我接受了。这就是法国人称之为 chef de cabinet politique（内阁政务处首席顾

---

① 转引自《费正清对华回忆录》，第102页。

问），在内阁会议上占有席位。工作是庞杂的，有的是例行公事，有的是异常紧急。担任秘书长职务的地质学家翁博士（翁文灏）和我，在那位担任行政院院长的将军手下，充任了政治方面的两个监察人。"① 蒋廷黻后来回忆说，他经过那次欧洲之行，觉得共产党及纳粹的极权主义思想太积极，自由主义又太松懈，但是他向《独立评论》读者保证，"尽管自由主义推行困难，有些地方不合时宜，但是最后胜利还是属于它的"②。

四　胡适与丁文江：新式独裁之争

1

由于蒋廷黻有了赴苏、德、英考察和从政的机会，胡适同"清华三教头"的争执也就在表面上平息下来。实际上，蒋廷黻等人的主张是得到最高当局，也就是"头等军阀"的关注和利用的。最高当局一方面在实行武力统一，铲除异己力量，实行严厉的专制、独裁政治，并对独裁、专制论的鼓吹者蒋廷黻加以引诱和利用；另一方面又信口雌黄，标榜"和平统一"、"民主"、"宪政"。这又引起了胡适同丁文江关于专制、独裁与民主、民治的新争执。胡适派文人之间，在《独立评论》上又开始了更加尖锐，也更加透彻的论争。诱因是"蒋汪通电"之后，胡适发出的在当局听起来似乎是几声"乌鸦之语"。

胡适的"乌鸦"形象早在新文化运动初始即已自我确立：

---

① 《费正清对华回忆录》，第102—103页。
② 《蒋廷黻回忆录》，台湾传记文学出版社1984年第2版，第170页。

我大清早起，

站在人家屋角上哑哑的啼。

人家讨嫌我，说我不吉利。

我不能呢呢喃喃讨人家的欢喜！①

如今面对现实中"一个很奇怪的矛盾现象"，他又作"乌鸦之语"。这个"矛盾现象"是：一方面国民党蓝衣社公开鼓吹"领袖独裁政治"，另一方面国民党政府又在"郑重"地进行制定宪法的工作，准备开始所谓"宪政时期"。宪法草案在1934年底就要提交国民党五中全会议决。但舆论界"领袖独裁"的喊声并不因此而趋低调。1934年10月20日北平出版的《人民评论》第五十七期载有《斥胡适之自由思想》一文，其中说道：

吾人主张党政一体由党产生党魁以宣布独裁，乃救时之良剂。时至今日，已届非常之变局，急起救亡，唯在领袖独裁制之实现。②

同期《人民评论》中还有《为五全大会代表进一言》的文章，所持论调同将要议决的宪法草案公然相反：

国民党第五次全国代表大会行将举行，我人对此早有一根本之建议：即由党产生党魁以宣布独裁，既不必再循训政之故辙，

---

① 《胡适作品集》第27册《尝试集》，第86页。

② 转引自胡适：《一年来关于民治与独裁的讨论》，《胡适全集》第22卷，第217页。

亦不必急于召开空洞无物，徒供军阀政客贪污土劣利用之国民大会。而党务之推动及政治之设施，则于党魁兼摄行政领袖之后，至少壮干部及统制人才为之辅，大刀阔斧，斩除党内之腐恶分子及行政机关之贪污官吏，为党国造一新局面。①

一个月以后，因江西、福建"剿共"战事结束，中国工农红军西行长征，国民党政府准备召开五中全会，汪精卫与蒋介石于 11 月 27 日联名向全国通电，对"和平统一"问题列举五项标准，并声称："今日救国之道，莫要于统一，而实现统一，端在乎和平，吾人当此历史上空前未有之国难，若非举国一致，精诚团结，避免以武力为解决内政之工具，消弭隔阂，促成全国真正之和平统一，实无以充实国力，树立安内攘外之根基。"关于国内政体问题，通电明确表示：

> 国内问题，取决于政治，不取决于武力，不独中央地方间对此原则应恪守弗渝，即人民与社会团体间依法享有言论结社之自由，但使不以武力及暴动为背景，则政府当予以保障而不加以防制。盖以党治国，固为我人不易之主张，然其道当在以主义为准绳，纳全国国民于整体国策之下，为救国建国而努力，决不愿徒袭一党专政之虚名，强为形式上之整齐划一，而限制国民思想之发展，致反失训政保育之精神。盖中国今日之环境与时代，实无产生意俄政制之必要与可能也。②

对此，胡适立即作出反应，于 12 月 9 日在《独立评论》第一三

---

① 转引自胡适：《一年来关于民治与独裁的讨论》，《胡适全集》第 22 卷，第 217 页。
② 转引自张忠栋：《胡适五论》，第 184—185 页。

○号发表了《中国无独裁的必要与可能》。胡适针对"蒋汪通电"中所说的"盖中国今日之环境与时代,实无产生意俄政制之必要与可能"和蒋介石对日本大阪《每日新闻》记者所说的"中国与意大利、德意志、土耳其国情不同,故无独裁之必要"两句话,表示了自己的意见:

> 在今日不少的政客与学者公然鼓吹中国应采独裁政制的空气里,上述的两句宣言是会值得全国的注意的。
>
> "感"电说中国今日的环境与时代实无产生独裁政制的"必要"与"可能",这都是拥护独裁的人们不愿意听的话。我们姑且不问这种宣言含有多大的诚意,这个结论我们认为不错。①

胡适借机又强化和补充了他同"清华三教头"争执时的基本观点:

> 新式的独裁政治并不是单靠一个领袖的圣明的,——虽然领袖占一个绝重要的地位,——乃是要靠那无数专门技术人才的。……
>
> 苏俄与意大利都不是容易学的。意大利有两个一千年的大学;五百年以上的大学是遍地都有的。苏俄也有近二百年的大学。他们又都有整个的欧洲做他们的学校与训练所。我们呢?……所以说钱端升先生期望的那个"有能力,有理想的独裁",蒋廷黻先生期望的那个开明专制,在中国今日都是不可能有的。
>
> 在这个时候,不少的学者和政客鼓吹独裁的政治,而他们心

---

① 胡适:《胡适全集》第 22 卷,第 192—193 页。

目中比较有独裁资格的领袖却公然向全国宣言:"中国今日之环境与时代,实无产生意俄政制之必要与可能。"只此一端已可证中国今日实无独裁的可能了。这个宣言的发表,表示在今日有发表这样一个宣言的必要。而在今日何以有这样一个宣言的必要呢?岂不是因为"中国人的意态和物质状况"("环境与时代")都不容许"意俄政制"的产生吗?①

与此相应的是,胡适在天津《大公报》还发表《汪蒋通电里提起的自由》,在"汪蒋通电"的五项条件基础上,顺水推舟地提出了具体的要求,供汪蒋两人考虑:

> 第一,政府应该明令全国,凡"不以武力及暴动为背景"的结社与言论,均当予以保障而不加以防制。⋯⋯
> 第二,政府应该明令中央与各省的司法机关从速组织委员会来清理全国的政治犯,结束一切证据不充分的案件,释放一切因思想或言论犯罪的拘囚;并且应该明令一切党政军机关不得因思想言论逮捕拘禁人民。⋯⋯
> 第三,政府应该即日禁止公安与司法机关以外的一切机关随意逮捕拘押人民。⋯⋯
> 第四,政府应该明令取消一切钳制报纸言论与新闻的机关。报纸与杂志既须正式登记立案,取得了出版发行的权利了,政府至少应该相信他们自己能负责任。⋯⋯今日政府领袖既揭起了言论自由的新旗帜来了,我们盼望第一件实行的就是一切言论统制的取消。

---

① 胡适:《胡适全集》第 22 卷,第 197—198 页。

第五，领袖诸公应该早日停止一切"统制文化"的迷梦。汪蒋两先生已宣言不愿"限制国民思想之发展"了。但今日有一些人还在高唱"统制文化"的口号。可怜今日的中国有多少文化可以统制？又有多少专家配做"统制文化"的事？在这个文化落后的国家，应该努力鼓励一切聪明才智之士依他们的天才和学力创造种种方面的文化，千万不要把有限的精力误用到消极的制裁坏抑上去。……①

胡适的这两篇文章一出，让国民党当局感到难堪。"汪蒋通电"的虚妄和掩人耳目，根本不对社会舆论负什么责任，更不对人民守信，胡适却抓住不放，趁机提出这些具体的要求。他的"乌鸦之语"自然让国民党的大独裁者不快。同时可以说，胡适的这些要求也完全是痴心妄想。

也就在这时，胡适的好友丁文江却站出来力主新式独裁的高调。

2

丁文江在 1934 年 12 月 18 日的《大公报》发表了题为《民主政治与独裁政治》的论文，不同意胡适的一系列反独裁主张。

丁文江是胡适最亲密的朋友，也是位政治兴趣甚浓，又时常涉猎政治的科学家。他早年留学日本，又转学英国，受过七年的科学训练，培养了对科学十分投入的敬业精神。归国后，他成为中国现代地质学的拓荒者，也是中国地质调查的开山大师。② 胡适同"清华三教

---

① 胡适：《胡适全集》第 22 卷，第 220—223 页。
② 丁文江在同胡适进行这场争执之后便在湖南科学考察时中毒气身亡。胡适在晚年漂泊异国他乡的孤寂中，写成十多万字的《丁文江的传记》，详述了他们的交往及此时的言论对立，表达了对老友相应的同情和理解。

头"争执时，丁文江远在美、英、瑞典、德、苏等国考察。他在苏联逗留了两个多月。在欧美之行后，他写了不少游记，多刊载于《独立评论》。尤其是对苏联的考察，使他对共产党及斯大林的领导方式和工作实绩产生了兴趣。基于科学主义的态度，他对共产主义（社会主义）这项试验还是推崇的，尽管他对苏联的政体和工作中的流弊也有所知。

丁文江有科学的敬业精神，对政治的介入、干预又十分认真，表现出基于良知的忠诚。1932 年 8 月初，他因熟知地理而预感"一旦热河有了军事行动，北平、天津是万万守不了的"，于是就在《独立评论》第十三号发表《假如我是张学良》，为张学良草拟了守热河的军事计划。1933 年 1 月 15 日，因山海关危急，他便在《独立评论》第三十五号发表《假如我是蒋介石》的长文，反对苟安，主张立刻完成国民党内部的团结，立刻谋军事首领的合作，立刻与共产党商量休战，从而抵抗日军入侵，并把希望寄托在蒋介石身上。① 此文发表不到一个半月，由于实施不抵抗政策，热河沦陷了。3 月 3 日，丁文江、翁文灏与胡适三人协商，拟了一份电报，由翁文灏用密码发给蒋介石：

> 热河危急，决非汉卿（张学良）所能支持。不战再失一省，对内对外，中央必难逃责。非公即日飞来指挥挽救，政府将无以自解于天下。②

3 月 13 日，胡适与丁文江、翁文灏应蒋介石之约到保定面谈。在丁

---

① 参见《胡适作品集》第 23 册《丁文江的传记》，第 146 页。
② 《胡适的日记》（手稿本）第 11 册（1933 年 3 月 3 日）。

文江眼里,蒋介石是此时唯一能解救中国危急的党政要人。

丁文江游历欧美回国后,在《独立评论》第一〇〇号发表了《我的信仰》,开始表示对美、苏、意、德的政体的兴趣。他说:

> 人不但不是同样的,而且不是平等的。……宗教心(即是"为全体万世而牺牲个体一时"的宗教心)是人人有的,但是正如人的智慧,强弱相去得很远。凡是社会上的真正的首领都是宗教心特别丰富的人,都是少数。因为如此,所以我对于平民政治——尤其是现行的议会的政体——没有兴趣。
>
> 同时我也不是迷信独裁制的。在现代社会中实行独裁的首领,责任太重大了,任何富于天才的人都很难称职。何况这种制度的流弊太显明了。要能永久独裁,不但必须消灭政敌,而且要使政敌不能发生,所以一定要禁止一切的批评和讨论。在这种制度之下,做首领的腐化或是盲化,只是时间问题。[①]

于是,丁文江表达了他的"新式的独裁"的构想:

> 我以为,假如做首领的能够把一国内少数的聪明才德之士团结起来,做统治设计的工作,政体是不成问题的。并且这已经变为资本主义、共产主义国家所共有的现象,——罗斯福总统一面向议会取得了许多空前的大权,一面在政客以外组织他的"智囊团",就是现代政治趋向的风雨表。[②]

---

① 胡适:《胡适全集》第 19 卷,第 540—541 页。
② 同上书,第 541 页。

到在《大公报》发表《民主政治与独裁政治》时，丁文江就明确表示反对胡适的主张，提出了"新式的独裁"的要求和方式：

> 一、独裁的首领要完全以国家的利害为利害。
>
> 二、独裁的首领要彻底了解现代化国家的性质。
>
> 三、独裁的首领要能够利用全国的专门人才。
>
> 四、独裁的首领要利用目前的国难问题来号召全国有参与政治资格的人的情绪与理智，使他们站在一个旗帜之下。①

他更希望在此基础上继续努力，以达成"新式的独裁"："目前的中国，这种独裁还是不可能的。但是我们大家应该努力使他于最短期内变为可能。放弃民主政治的主张，就是这种努力的第一个步骤。"②

丁文江公开拥护并主张新式的独裁，使胡适一下子陷入孤立的境地，因为在《独立评论》内部，傅斯年、任叔永此时是关注抗日问题的。在民主、民治与独裁、专制问题的讨论中，胡适只好单独迎战朋友丁文江。他在《答丁在君先生论民主与独裁》中说："我仔细读了两遍，很感觉失望。他对于英美的民主政治实在不很了解，所以他不能了解我说的民治是幼稚园政治的话。""民治国家的阿斗不用天天干政，然而逢时逢节他们干政的时候，可以画'诺'，也可以画'NO'。独裁政治之下的阿斗，天天自以为专政，然而他们只能画'诺'而不能画'NO'。所以民主国家的阿斗易学，而独裁国家的阿斗难为。"他还尖锐地指明，独裁政治之难学，不光是"独裁的首领"难得，也

---

① 胡适：《胡适全集》第 19 卷，第 545—546 页。
② 同上书，第 546 页。

不单是专门人才难得，还有那二百万或四百万的"专政阿斗"最不易得。独裁政体之下往往有许多残暴的不合理的行为，并非是因为那独裁首领要如此做，只是因为多数人对于政治根本没有兴趣促成的。最后，他强调，今日提倡独裁的危害，不但是"教猱升木"，简直是教三岁孩子放火。他断言："中国今日若真走上独裁的政治，所得的决不会是新式的独裁，而一定是那残民以逞的旧式专制。"[①]

陶孟和、陈之迈站到胡适一边，撰文批评丁文江之说。吴景超、张奚若、陶希圣站在丁文江一边，反对胡适。作为胡适、丁文江的"畏友"，陶孟和不肯自居为"丁氏独裁主义的信仰者"，他比较了民主政治和独裁政治以后，表示认同胡适的观点。[②] 清华大学政治学教授陈之迈总结民主与独裁的讨论，认定在中国现状下绝对没有人瞎着眼去学人家的独裁作法。[③] 而陶希圣却持曲隐之论，说胡适的民主政治主张实为议会政治，若以议会政治同国民党相争，国民党内没有人能够同意。[④] 这暗示胡适的主张是不现实的。吴景超的《中国的政制问题》，引起胡适的关注。吴文的结论是：在事实上，"中国现在的政治是一党独裁的政治，而在这一党独裁的政治中，少数的领袖占很大的势力"。在价值问题上，"中国的知识阶级多数是偏向民主政治的，就是国民党在理论上，也是赞成民主政治的"。在技术问题上，吴景超以为实行民主政治的条件还未完备，但"大部分是可以教育的方式完成的"[⑤]。

---

① 《独立评论》第 133 号。胡适：《胡适全集》第 22 卷，第 235 页。

② 陶孟和：《民治与独裁——对于丁文江先生〈民主政治与独裁政治〉的批评》，《国闻周报》第 12 卷第 1 期。

③ 《民主与独裁的讨论》，《独立评论》第 136 号。

④ 同上。

⑤ 1934 年 12 月 30 日《大公报》。《独立评论》第 134 号转载。胡适：《胡适全集》第 22 卷，第 249 页。

丁文江不服胡适、陶孟和的辩驳，又于 1935 年 1 月 20 日在《大公报》发表了《再论民治与独裁》。他认为中国今日的政治原本是"旧式专制"，"中国式的专制原来是不彻底的。所以我们饱尝专制的痛苦，而不能得到独裁的利益。……新式的独裁如果能够发生，也许还可以保存我们的独立。要不然只好自杀或是做日本帝国的顺民了"。

上述文章，胡适没有专门文章回应，只写了《从民主与独裁的讨论里求得一个共同政治信仰》作为总结。由于胡适不再作答，丁、胡争辩便暂告歇息。

五　未尽之语：吐丝与作茧

1

知识分子在吐"思"（丝）之后，时常有自缚的结果。在胡适派自由主义知识分子内部的这场关于民治、民主与独裁、专制的论争，也显示出这个特性。

在胡适同蒋廷黻、钱端升、吴景超、丁文江的讨论中，主持《再生》（1932 年 5 月创刊）杂志的张君劢（嘉森）也加入了这场讨论。十年前，胡适、丁文江同张君劢、梁启超就"科学与玄学"问题展开过论争，在思想界激荡一时。《新月》内部的自由议政组织平社的活动中，张君劢介入过一次。如今，张君劢及"再生派"汇入这场讨论，张君劢主张国家民主政治与国家社会主义，且选择了折衷、调和的观点：修正的民主政治论。

　　"再生派"① 调和民主、效率同权威、独裁的关系，认为民主同权威、效率并不是冲突的对立存在。一方面，普遍的民主政治确有效率迟缓、低下与力量分歧的弊病，但另一方面，一些国家的实践表明，在紧急状态下，民主政治同样可以发挥很高的效率。要达到这一点，必须协调好民主政治中的个人意志和权威主义中的国家权力、利益这两者的关系。在当今国难之时，个人意志完全可以同国家的权力、利益相一致，爱国的潜能可以作为这两者契合的交点。"自心态之发展言之，不能不让个人居于第一位；自民族之发展言之，不能不让国家居于第一位"，即国家的权威与个人的自由意志并重。

　　在这场讨论中，还有许多派别的言论介入，胡适未能全面理会。到 1934 年底，胡适便不想再发言，以冷却这场讨论。尤其是当丁文江的文章出来，胡适草草对付一篇文章后便偃旗息鼓。他在致傅斯年的信中说出了此刻的想法：

　　　　在君兄忽然作驳我们独裁不可能论，我写信（二千多字的长信）答他，你见着否？

　　　　我说："将来你们这班教猱升木的学者们终有一天要回想到我的话。那时我也许早已被'少壮干部'干掉了，可是国家也必定弄得不可收拾了，你们那时自己忏悔误国之罪，已无及了！"

　　　　胡适之不肯公然谈中医，也是这个意思。

　　　　廷黻论专制的文发表时，此间省市两党部中人皆大欢喜！我听了真栗然以忧。"我岂好辩哉？不得已也"。这是你们山东亚圣的味儿了！

――――――――――

　　① 《再生》杂志在抗战胜利后，成了中国民主社会党的机关刊物，仍由民主社会党主席张君劢具体操作。

汪蒋的"感"电,我充分利用来作了三篇文字,正是要"顺
水推船",导人入于水泊。我正想"趁火打劫",岂料丁大哥出此
下策,为一班妄人增加气焰不少!①

《独立评论》到1934年实际上是胡适一人在支撑着。它作为当时
自由主义知识分子最重要的言论阵地,因胡适而存在。胡适在《一九
三四年的回忆》中写道:

　　《独立》的原来社员大都星散了。在君与孟真在南京,竹垚
生在上海,廷黻在欧洲。我一个人编了五十多期。每星期一的晚
上,我平均总是三四点钟才睡觉。冬秀常怪我不应这样糟蹋身
体。我常对她说:"礼拜一的一日一夜是我送给《独立》的。我
作《独立》文字,写完了,编完了,才肯去睡,睡时真觉得心安
理得,怪舒服的。因为我觉得这一天做的事是完全不为吃饭做
的,是我尽自己的一点公民职务。"

　　因编《独立》,时时发见中国民族的可爱方面。我们不曾出
过一个钱的稿费,但是我们至今每期总不缺乏很好的外来投稿。
这些投稿的人之中,也有些是好名的,但我可以想象那大多数都
是"无所为"的诚心有话要说的人。这是一可爱。我们说了将近
三年的平实话,不肯牵就低级趣味,也不肯滥用一个名词。这样
一个没有麻醉性与刺激性与消遣性的刊物,居然站到今天,销数
增到五千以上。这可见国中也有不少爱听平实话的人。这是二可
爱。从投稿里,我时时发见可爱的纯洁青年,这是三可爱(去年
发见一个萨小招,今年发见一个申寿生,都很可爱)。这也是我

____

① 转引自李敖:《胡适与我》,第261页。

们这种"无所为"的工作的报酬了。①

胡适的实际投入，确是刊物存在下去的基本的保证。

2

民主与独裁的讨论的实际结果，是当局对胡适派文人的利用。这时，胡适也很明显地表示，他们的讨论是为了与当局求得一种理解和共同的"政治信仰"。在 1935 年 2 月 16 日出版的英文刊物《IBID》第八卷第二期中，载有胡适的《我们需要或想要独裁吗》。他进一步明确否认中国需要独裁。在 2 月 17 日《大公报》和《独立评论》第一四一号上，他发表《从民主与独裁的讨论里求得一个共同的政治信仰》。他说，今日有许多求治过急的人梦想领袖独裁，这不但不能得到党外的同情，还可以引起党内的破裂与内讧。为国家民族的前途计，无论党内或党外的人，都应该平心静气考虑一条最低限度的共同信仰，大略如陈之迈先生指出的路线，即是汪蒋两先生通电里提出的"国内问题，取决于政治，不取决于武力"的坦途大路。胡适提出国民党党内的人应该尊重孙中山先生的遗教，尊重党内重要领袖的公开宣言，大家努力促进宪政的成功；党外的人也应该明白中山先生手创的政党是以民主宪政为最高理想的，大家都应该承认眼前一切带民主色彩的制度，都是实现民主宪政的历史步骤，都是一种进步的努力，都值得诚意的赞助使它早日实现的。同时，胡适强调："国民党如果不推翻孙中山先生的遗教，迟早总得走上民主宪政的路。而在走上民主宪政的过程中，国民党是可以得着党外关心国事的人的好意的赞

---

① 《胡适的日记》（手稿本）第 12 册（1935 年 1 月 2 日）。

助的。"①

至 1935 年 8 月，胡适在《独立评论》第一六三号发表了《政制改革的大路》，表示不赞成政党政治，也不相信"民主政治必须经过政党政治的一个阶段"，"如果此时可以自由组党，我也不会加入任何党去的"②。但胡适在《从一党到无党的政治》一文中同时强调为公道计，国民党应承认人民有组织政党的权力："我们可以预料在将来的中国宪政之下，政党的竞争必定不会很热闹的。试看这四年的国难之下，国家意识越增高，党派的意识就越降低，这不单是中国一国的现象……有远识的政治家应该抓住这种大趋势，公开的建立'国家高于一切'的意识，造成全国家的，超党派的政治。"③ 胡适的用意是在指明孙中山的"五权宪法"是"无党政治"的精神产物。如果真能实施"五权宪法"，中国社会就能由一党政治变成无党政治。这显示出胡适对国民党一党天下的不满。但同时，也隐含着另外一种倾向，即格里德所指出的："对于不同利益的承认，也是自由派政治态度的标志之一。自由派认为，对有关'共同'利益的互相矛盾的解释进行调解，可提供政治生活的动力。由此看来，胡适要求建立一种'超党政治'的主张，以及他对目标必须要有一致性的坚持，都表现出了一种褊狭的和甚至是早期独裁主义的偏见。"④

胡适所谓的"好意的赞助"完全是有所指的，也是他们在这场内部争论中被蒋介石、汪精卫所利用的。汪精卫出任行政院长以后，胡适派文人之间也在民主与独裁问题上发生争执。汪精卫多次欲拉胡适入伙，或出任驻德大使，或当教育部长，都遭拒绝，胡适推荐热心政

① 胡适：《胡适全集》第 22 卷，第 251 页。
② 同上书，第 346 页。
③ 同上书，第 378 页。
④ 格里德：《胡适与中国的文艺复兴》，第 287 页。

治的王世杰加入政府，当教育部长。王世杰是胡适办《努力》周报时的挚友，北大同人。王世杰当时参与《现代评论》，是胡适派文人中具有较强政治进取意识的。王世杰加入政府后，同胡适保持更加密切的关系，随后成了胡适同最高当局沟通的重要桥梁。

《独立评论》中的蒋廷黻、翁文灏、丁文江、吴景超力主新式独裁或开明专制，都被蒋介石或汪精卫拉入政府。蒋廷黻由出任行政院政务处长到驻苏大使；翁文灏由出任行政院秘书长到抗战后任行政院长；吴景超任行政院秘书；丁文江出任中央研究院总干事。从这些《独立评论》基本成员的身份的变化，可进一步看出这个文人群体的政治色彩，即他们所谓的独立身份的偏倚、倾斜。其他同胡适关系较密切的非《独立评论》同人，如吴鼎昌、张嘉璈（公权）、吴蕴初、刘鸿生等都以"专家参政"的名义加入政府，成为政府形象的装饰。

3

尽管胡适在《独立评论》上一直力主民主、宪政，但刊物的政治倾向却明显地向国民党当局偏倚。在民治、民主与专制、独裁的讨论中可以看出刊物上主专制、独裁论者的力量强大，而胡适却无力抗衡。以至在几年后，胡适的学生杨鸿烈在（1938 年 7 月 16 日）信中说，日本人认为蒋介石现在的政权是建立在胡适的"《独立评论》的哲学"[1] 之上的。也就是说，胡适所反对的、担心的，恰恰正是《独立评论》的一个明显倾向——客观上替当局鼓吹开明专制和新式独裁。可以说，当时除胡适和傅斯年、陶孟和、陈之迈外，《独立评论》的同人多是主张开明专制和新式独裁的。《独立评论》的政治倾向因为胡适反对、争辩的无力而更加昭明。

---

① 《胡适来往书信选》中册，第 375 页。

　　此时吐"思"的自由主义知识分子，后来必然要饱尝"作茧"之苦。胡适、蒋廷黻晚年因"反对党"、《自由中国》问题而受到蒋介石的政治压迫。钱端升、吴景超在 1949 年以后也都不同程度地遭到政治迫害。曾经鼓吹独裁和专制的自由主义知识分子，后来果然如胡适所说的，"自己忏悔误国之罪，已无及了"。

第五章　危机与认同

——战火中的自由之神

一　胡适复出学界：大批自由主义学人唯胡适马首是瞻，在国共军事决战时，他却倒向蒋介石政府

1

1937—1946 年，胡适去国赴美。其间，一年为"民间使者"，四年为驻美大使，四年寓居纽约从事学术研究。

抗日战争到了最后的关键时刻，自由主义知识分子苦撑着期待着胜利。国民党各级官僚、政客则大发国难财，飞涨的物价使知识分子的生活陷入了困顿。

著名历史学家费正清在观察、研究中国的现实政治形势后得出结论："蒋介石作为国民党政权的象征和中心，在 1943 年后期已失去了中国知识阶层的信任和忠诚。"①

---

① 《费正清对华回忆录》，第 311 页。

抗战后期，在中国的费正清在 1943 年 9 月中旬致柯里博士的信中说：

> 自由主义型的、留美归国的清华、北大两校学者，是美国体制与科学准则培养的最好典范，但至今仍然没有为中国的进步提供多大动力。对于真正的争论点，即中共问题，他们大多数是反对派。对于如何推动国家前进，他们还提不出明确的方向。他们正在极其耐心地等待着中国历史上曾经有过的那种百家争鸣、自由讲学的好时光的再次来临。事实上这种好时光可能永不再现了。①

信中明确表示，"中国共产党正在做的事情——不激进无以成事"。费正清看到国民党抛弃知识分子，以及又一场"大革命"的先兆，尤其是发现共产党作为国民党政府的反对力量正在左右未来：

> 在过去的一年中，事实上当局已经实行了"抛弃知识分子"的做法。某些历史学家认为抛弃知识分子是每一次大革命的先兆。我可以作证，许多以前强烈地反共、亲美的自由主义知识分子如今正在提出跟共产党一致的意见，而大多数的美国人也和他们不谋而合。我不相信大多数持论客观的共产党员会相信他们的革命能在短期内有很大发展，或单凭马克思主义的教条就可唤醒中国农民，但他们所具有的重要性远远超过了他们的人数和现有力量，因为他们是唯一有组织的少数党和反对派政治集团，对外国人他们把自己描绘成理想主义的改良者。从而使得政府在其施

---

① 《费正清对华回忆录》，第 305—306 页。

政中更加极权与暴虐、专制，更加坚决地采取和外国人隔绝的措施。不幸的是，他们既无效又无力把反对派和外国人隔开，其畏惧和憎恨外国人政策的结果是把我们统统赶进了反对派的怀抱。①

此时在美国的中国学者胡适，也看清了战后中国新的政治危机。作为自由主义分子，他们面临的又将是新的炼狱。

1944年12月8日，胡适在友人William Henry Chamberlain家吃饭时，遇到从欧洲战场归来的Markham，Markham谈及自己曾在南斯拉夫Tito（铁托）军中住过多时，最近返美。胡适认为Markham所说的铁托游击队及南斯拉夫的情形，同中国沦陷区、游击区的中共情形类似。针对最近欧洲新解放的法、比、丹、意、希腊诸国无一不发生政府军同共产党领导的"抗战队"（"游击队"）火拼的情形——政府主张解除此种共产党游击队的武装，而这些游击队均不受命，于是发生新的流血冲突，胡适在日记中写道："此种事件最足以使我们明了这十多年的中共问题，及这十年的中共对日作战的问题的态度，及将来的中共问题。"②

使美期间，胡适曾就"皖南事变"发表过偏向于国民党的意见。如今，政治触觉敏感的胡适，由欧洲诸国共产党的情形预感到战后"中共问题"将是他"民主建国"理想之路上的最大阻力。在此以前，陈独秀、李大钊所代表的马克思主义（共产主义）只是在学理上同他的实验主义、自由主义进行交锋，产生冲突。胡适的自由主义之旅中，尚未因现实政治同共产党发生正面的、直接的冲突，中国的社会

① 《费正清对华回忆录》第336—337页。
② 《胡适的日记》下册，中华书局1985年版，第605页。

主义运动乃至共产主义思潮对他来说，还未构成同自由主义的直接撞击。

第二次世界大战开始后，胡适从学斋中复出，一时成为中国自由主义知识分子注目的核心人物。中国自由主义运动的空前高涨，使得胡适对政治的介入不能自拔，且倒向蒋介石政府，但又未丧失自由主义知识分子的相对独立。

由于胡适离开祖国多年，第二次世界大战又结束在即，胡适的北大同事、好友，如今成为蒋介石幕僚的陶希圣将自己与陈布雷、傅斯年、陶孟和四人关于国内形势及战后时局的预测告诉胡适，以期取得政治上的共识。陶希圣在信中称，战后环绕中国将有巨大的国际政治风云激荡，今后一年，中国的政治危机实大于军事危机。他们不能坐失挽救国家政治危难的良机。因此，他向胡适诉说国内势局的几个症结所在，要目是：

（一）民主政治与党派问题；

（二）中共武力问题；

（三）苏联之世界政策；

（四）旧金山大会前中共之活动；

（五）柏林陷后中共之方向；

（六）学界之动向；

（七）国民大会可能引起之政争；

（八）彼之最终目的；

（九）政府对苏政策；

（十）学术界努力之必要。

陶希圣说他"察委员长之意，先生如能回国，最有裨于此一时机。即万一不能回国，亦必有以贡献于国家存亡荣辱之会"。他说这正是他写此函的用意，即"先生当知国内之需要于先生者之如何也"。①

2

在胡适和他的朋友心目中，有一个共同的且相对守恒的文化心理，即"教育救国"，不把主持大学的教育行政看作是当官，他们追求教育的相对独立、超脱。战后高校从西南内地迁返、恢复，成为教育界的首要任务。胡适也成了恢复北京大学的关键人物。因此，北京大学校长之位，一方面成了广大北京大学师生关注的焦点，他们对胡适的期盼达到了一种偏至；另一方面，也成了胡适与国民党政府走到一起的重要桥梁。蒋介石及国民党政府想借重胡适的身价和地位，复苏因战乱毁坏的文化教育，并稳定、安抚胡适派自由主义知识分子的政治骚动。

广大学人对胡适的期盼是多方面的，在执掌北京大学这点上更显迫切。钱端升致信胡适，说他回国后是否参政，则应观察一段时日再自决定，但北京大学少不了他，他"也不能长期与青年隔离"②。

周鲠生致信胡适，说蒋梦麟到行政院任秘书长，要辞去北大校长的职务，继任北大校长及"复兴北大"非胡适莫属，"恐此亦不容兄久在国外坐视者也"。③ 身兼武汉大学校长的周鲠生，甚至在另一封信中说他待胡适复归并出长北大时，也要回到北大教书，并说"国内学界政界之进步分子，到处仰望我兄回国领导；学术教育界尤须有领袖

① 《胡适来往书信选》下册，第 16 页。
② 同上书，第 22 页。
③ 同上书，第 24 页。

人物，重树权威，一新风气"①。周鲠生还表示，目前及今后一个时期
政治经济的恢复及改观（"走上民治大道"），"有待于进步思想的权威学
者言论家以超然的立场切实向国人致其警告而指示以出路者也"②。

也有从人格上对胡适投以敬重和期望的。原东南大学"学衡派"
的成员，由胡适招引至北大的汤用彤说："先生为北大校长（未到任
前由孟真兄代理），同人知悉，莫不欢欣振奋，切期台端能早日返国
到校。弟以为今后国家大事惟在教育，而教育之基础，尤在领导者具
伟大崇高之人格，想先生为民族立命之心肠当一如往昔，必不至于推
却万不应推却之事也。"③ 丁声树认为北大的使命于新中国的建设，
将更重大而艰难，幸而得胡适的"伟大领导"，真令人感奋。他还称
道胡适学风、襟度的肫笃伟大只有蔡元培可比拟，而治学方法的感人
之深，三百年来没有人能赶得上。④

还有人把对教育、学术的自由、民主的期盼寄于胡适。张其昀在
信中称："三十年来北大是中国新思想的策源地，为中外所公认，今
后在先生领导之下，确立学院自由的尊严"，并"领导群伦，以踏上
民治的正轨"，"主持全国的议坛"。⑤ 罗常培在信中说，若想复兴教
育，先找回北大已失的学术重心，要想达成这一目的，"须恢复民八
年至十三以前，或二十年至战前的学术空气"⑥。

然而，国内教育界因政治的淫威，"学校已经衙门化，校长简直
是待同属吏（指对教授、学生——引者），法令重重的束缚，部中司

---

① 《胡适来往书信选》下册，第 29 页。
② 同上书，第 30 页。
③ 同上书，第 33—34 页。
④ 同上书，第 39 页。
⑤ 同上书，第 38 页。
⑥ 同上书，第 43 页。

科人员的吹求，奉公守法的人弄得一筹莫展"①。因此，周鲠生希望胡适回国后能领导大学校长们，合力向政府建议进行彻底的改革，以维持学术的尊严，促进教育的发展。贺昌群在致胡适信中说，"今日中国为一不学无术之国家"，因此特向胡适申明：

> 今日两党可能接受者为 instructive Opinion［指导性的意见］而不尽为 Public Opinion［舆论］，因前者须多少具有客观之学理，方不至轻易激动对方恼羞成怒之感情，而使之默默然有所动于中。群深信是非之心，人皆有之。是非若明，两党可能多少作些反省功夫，即此便是收获；此项使命，非先生不能领导。先生既完成五四对中国文化之破坏（或重新估价）使命，愿先生更能负起今日之另一类乎建设之使命……②

一场残酷的战争，不仅使整个民族蒙受巨大的灾难，而且也使广大知识分子的身心遭到空前的摧残、再造。面对抵御日寇的胜利，自由主义文人不单是充满了喜悦之情，同时更饱含一分忧患——对国事，对文化教育，对未来，对自身的存在价值。"穷且益坚，不坠青云之志"。他们在极端艰难的环境下，仍不忘复兴教育，倡扬学术，且把希望寄托在他们的精神领袖胡适身上。

3

抗战胜利即将到来和到来以后，中国的自由主义知识分子都视胡适为精神领袖和社会良知的象征，把他当成一种道德力量。外敌入

---

① 《胡适来往书信选》下册，第 88 页。
② 同上书，第 121—122 页。

侵，内战绵连，这种无法逃避的血与火的现实，使广大知识分子自身
的存在和生计都受到了严重的威胁，甚至陷入极端残酷的困境（如为
生计，罗隆基不得不去卖茶叶，闻一多在街头摆摊为人刻图章），但
他们忧国忧民之心未泯，并表现出超越现实的悲壮。知识分子作为社
会的良知和眼睛，只要有机会便试图发布自己的声音，干预政治，为
公众求得一点应有的正义和权利。这种非物质利益的超越个人内在理
路的行为，一方面受社会责任感、政治使命感的驱使，另一方面也是
对自身存在价值和意义的自我关注、发散。

抗战期间，胡适等大批自由主义知识分子虽然都因抗日的民族意
识强化而没有激扬自由主义运动的波澜，但"民主宪政"运动并非完
全停息。1939 年 9 月 9 日到 18 日举行的国民参政会第四次大会，使
"宪政运动成为抗战建国运动的一环，在各大城市里，甚至在敌后的
乡区，都扬起了要求实施民主宪政的呼声"①。思想舆论界广泛、热
烈地讨论"民主宪政"②，"民盟"等多个政治团体也应运崛起。这
时，胡适远在美国，未能置身其中，也就没有发布自己的声音。

抗战至最艰苦的年代，也是胜利在望之时，国民党内部"民主
派"代表孙科，以孙中山之子的特殊地位首先站出来，成为敢同大独
裁者蒋介石"立异"的人。孙科于 1944 年 5 月 5 日创办《民主世界》
杂志，主张战后要建立一个民主的由议会参与决策的政府，以实现孙
中山的政治理想。孙科把《民主世界》视为"中国民主运动的先锋，
是自由的号角"。对中国共产党，他主张用开明的办法去解决问题，
反对使用武力。在抗战胜利后，孙科又是"联合政府"积极的主张者

---

① 平心：《中国民主宪政运动史》，进化书局 1946 年版，第 368 页。
② 生活书店为此在 1940 年出版了两辑《宪政运动参考材料》和《宪政运动论义选集》。

和赞同者。他主张建立一个由国民党作为第一大党，同时承认各党派参政，由蒋介石做领袖，全国的各军事势力国家化的新政府，以达成团结统一，使中国真正成为三民主义共和国。

抗战后期及战后的一年间，西南名城昆明、桂林是中国自由主义知识分子的集散地。尤其是昆明，由于龙云的政治庇护，西南联合大学聚集了一大批自由主义学人。费正清视这批人为"国外训练的一代"①。这批人，在战后是最为活跃的一股自由主义势力。继8月24日胡适自美国致信毛泽东，劝中国共产党放弃武装斗争，做在野参政第二大党以后，胡适的学生、朋友，昆明西南联合大学的十教授——张奚若、周炳琳、朱自清、李继侗、吴之椿、陈序经、陈岱孙、汤用彤、钱端升、闻一多联名致电蒋介石、毛泽东，要求"立即同意召集包括各党各派及无党无派人士之政治会议，共商如何成立容纳全国各方开明意见之联合政府，再由此联合政府于最短期内举行国民大会代表之选举，定期召开国民大会，以制定根本大法，以产生立宪政府"。

这十人中，闻一多是"民盟"成员，周炳琳、钱端升、吴之椿是国民党党员，其余是无党派人士。这个电文还以《国立西南联合大学张奚若等十教授为国共商谈致蒋介石毛泽东两先生电文》为题，刊登在昆明《民主周刊》第二卷第十二期上。他们在列举四项国事的当务之急后，希望"民主"的实现：

---

① 费正清：《美国与中国》，第 201 页。其中一分统计材料说，抗日战争期间在昆明由北大、清华、南开合并建立的西南联合大学的教授会，共有二百位教授，其中一百七十多位教授是曾在国外受过高等训练的。这一百七十多位教授中，大多数曾在美国获得博士学位。更详实的材料可见王文俊主编《国立西南联合大学史料·教职员卷》（四），云南教育出版社1998 年版。

抑更有进者，民主制度之所以能风靡全世，而战胜反动集团消灭法西斯主义者，乃因其能以全国人民之意志为国家之意志，以全国人民之力量为国家之力量。故真正民主国家，其政府对于个人之价值，与夫个人之人格与自由，莫不特别重视，对于全体人民之智慧，亦莫不衷心信赖。先生等领导大党，责逾寻常，务望正心诚意，循宪政之常轨，以运用其党力，诚能以实际之措施，求人民拥护，藉人心之归向，作施政之指针，则一切纠纷自然消弭矣。夫导国家于富强康乐之域，其道自尊重人民始，而树立宪政轨范心理上之因素，尤为首要。①

1945 年以后，胡适处在自由主义知识分子议政的热线上，尤其是政治兴趣浓重的北京大学的同人（师生）把胡适推向干预政治的前台。当然，这并不一定是胡适的个人意志，也不完全取决于他的意愿，但这时舆论的力量让他身不由己。

1945 年 2 月 10 日，胡适的北大学生、研究文史的罗常培给胡适写信，谈及组党等问题："我觉得战后的中国，确是'我辈不出当如苍生何！'我虽被骝先（朱家骅——引者）拉入国民党，但我仍然是自由主义的信徒，有我在各报发表的星期论文可证。这一点希望你不要太消极了。假如我们组党，您便是我们的党魁！"②像罗常培这样的北大同人，醉心学术，卓有建树，又不忘情政治，表现出积极的政治进取意识。

另一位北大同人、哲学家贺麟，把对"民主政治"的关注与北大

---

① 转引自闻黎明、侯菊坤编：《闻一多年谱长编》，湖北人民出版社 1994 年版，第 911 912 页。

② 耿云志主编：《胡适遗稿及秘藏书信》第 41 册，第 264 页。

的复兴，及"整个中国教育学术之光明进步"相依重。他说："日本投降，中国已走上和平建国之途。政治民主化亦为必然之趋势，但仍须教育、思想、言论各方面积极努力，基础方巩固。中央政府不患其不民主，而患其腐败狭隘，不能集中人才，有害民生耳。三民主义中，国民党贡献最少者亦惟民生。"①

在这历史的重大转折关头，广大知识分子纷纷涌动，出现了现代史上除五四时期外仅有的一个思想自由，知识分子议政、参政的热潮。也就在这时，继罗常培之后，胡适的另一位五四时期北大学生、行政院秘书罗敦伟也致信胡适，请他出面组建中国民主党：

> 顷阅报，我公否认加入民主同盟，极佩极佩。以我公之声誉，党魁有余，何至与彼辈同流也。国内民主运动正待展开，实需要有一民主之大政党。半年来若干名流学者、大学教授以及新兴产业界人士，有中国民主党之酝酿，大致仍主张三民主义，拥护国民政府，完全为一英美式之民主政党。组成分子包括文化界，产业界，再通过社会团体普及到广大之农民层，以第二党为最初目标，必须有压倒各党各派之优势，极盼我公领导。正式党纲，拟请全部决定。如承复示允可，即可正式发起。政府方面亦可获谅解，公开进行。如何之处，静待好音。……故只我公允许领导，即可获致五百人以上知名之士发起，经费绝无问题。伟亦已以此意面告蒋主席，原则上亦颇首肯。②

罗敦伟还一厢情愿地请胡适将"党纲提要，组织标准见示，以便进

① 《胡适来往书信选》下册，第40—41页。
② 同上书，第27—28页。

行"。

对这样的所谓"中国民主党",胡适根本不会认同。因为仍要以"三民主义"为主旨,且得到蒋介石"首肯"的所谓"民主党",是根本无"民主"可言的。由于胡适不予理睬,罗敦伟等身微言轻,组党未成。

随后不久,罗敦伟又致信胡适,说他等"亦感组党之不易,近拟发起一超党派大团结之民本运动",意请胡适为"最高之领导"。罗敦伟还说此"民本运动"以反对党争及发扬民本思想为鹄的,并准备先办名为《民本周报》的刊物,与《独立评论》相似,且由江庸、章元善、张广舆、凌舒谟及各大学教授参加。如果胡适不作"最高之领导",就请以"名流地位"常赐短文。"国人以我公出国太久,片纸只字,当视为拱璧"。①

知识分子的努力并不能改变此时政局的迅速恶化,一些美好的幻想如神话,只可作为精神的漫游,付诸现实便如惊梦。国共内战势在必行,这对于饱受八年抗日战争的苦难的广大知识分子来说,无疑又是一次重大的打击,使他们刚刚因抗战胜利而昂奋的心情,一下子又冷至冰点。于是,他们用热血所驱动的心灵激情去感化这个拒绝融化的冰凌。他们纷纷为谋求和平而奔走呼喊,以真诚和理想去呼唤良知、正义。由于胡适在国际上的重大影响,此刻他在国内知识分子心目中便成为拯救国民于水火、内战的救星。尽管这近于梦幻和游戏,但确实也曾引起舆论的一时激荡。

1946 年 1 月 15 日,在美国的全汉昇致信胡适,转达从国内收到的两篇有趣的文章。其中一篇为何永佶写的论文,主张由北京大学校长胡适、清华大学校长梅贻琦、南开大学校长张伯苓三人"作全国军

---

① 《胡适来往书信选》下册,第98页。

事领袖，俾军队不再给任何党派利用，以致老百姓遭殃"①。这实际上是一种"好人政治"的幻想，这种想借重"教育救国"的梦呓，很快便成了政治笑话。

罗敦伟的两次信件，让胡适在劝告毛泽东放弃武力做在野党的公开信的基础上，再发表数言，以督促"中共放弃武装斗争"②，从政治协商中向前再迈进一步，以"促进和平统一民主"③。胡适的老朋友、抗战初期同胡适交往甚密的高宗武也给胡适写信，请求他利用美蒋的特殊关系，借重美国朝野的力量来改变中国的政治混乱局面："我很盼望你在动身之前，能和你几位美国老朋友交换一点政治上的意见，必要时，我尚盼你领导一班人作一番最有效的新政运动。"④

面对国内急剧恶化的国共对垒的情势和战后国际两大阵营的对立，这批在野的与从政的自由主义知识分子企图有所作为，并拟树胡适为党魁，或办报，或当政治领袖的想法都是不切实际的幻想。因为他们还没有真正了解此时的胡适，所以也就达不成思想上的沟通和共识。其实，胡适已抱定决心，在野"可以帮政府的忙，支持他，替他说公平话，给他做面子"⑤。同时，公开发表言论，支持蒋介石和国民党政府："政党争夺政治权力，应遵循获得大多数人民支持的合法方式。用军队武力推翻政府，并不是一种法律方式，而是革命。为了自卫，政府有责任镇压共产主义的造反。……历经八年抗战之后……贫弱的中国升为世界四强之一。蒋总统当然希望维持

---

① 《胡适来往书信选》下册，第 81 页。
② 同上书，第 98 页。
③ 同上书，第 138 页。
④ 同上书，第 108 页。
⑤ 同上书，第 173 页。

这种国际威望。"[①] 胡适在出任北京大学校长的同时，事实上已把自己同国民党政府捆在一起了。国民党政府的命运，直接决定着他的未来。

二 胡适、储安平、吴景超与《观察》、《世纪评论》：自由主义文人群起议政，在自审与左右夹击中寻求归程

1

储安平是《新月》时期的自由主义思想（主要是胡适、徐志摩、罗隆基、梁实秋、王造时等人的自由主义言论）养育起来的。1946年，他单枪匹马操办《观察》，在筹备时曾通过陈之迈向胡适约稿，希望得到他的支持，以后，每期刊物都寄赠胡适。在《观察》创刊半年以后，储安平又给胡适写信，说明"创办《观察》的目的，希望在国内能有一种真正无所偏倚的言论，能替国家培养一点自由思想的种子，并使杨墨以外的超然分子有一个共同说话的地方"，因而以最大的敬意请胡适俯允担任《观察》的撰稿人。储安平特别强调，约请胡适撰稿，"并非要先生鼓励我这个个人，而是鼓励并赞助我们这种理想，这种风度，这种精神"[②]。由此也可见出胡适这位自由主义大师的精神力量和个人魅力，以及此刻对中国自由主义运动产生的影响。1947年8月，储安平到北平组稿，曾数次到胡适寓所"恭聆教益"。在随后的通信中，储安平表示"先生对《观察》的鼓励和指示，尤使

---

① 转引自周明之：《胡适与中国现代知识分子的选择》，第178页。
② 《胡适来往书信选》下册，第168页。

我们增加不少勇气。我们愿以全力持久经营此刊"①。可以说,《观察》随后雄风抖擞,左右开弓,同胡适的"鼓励和指示"是分不开的。储安平从《新月》下走出,可谓"青出蓝而胜于蓝"。

这里,着重审视一下储安平及凝聚于《观察》的自由主义文人群体的政治倾向。

储安平 1945 年冬天曾在重庆创办《客观》周刊,于 11 月 11 日出了创刊号。但此刊出版 12 期后很快夭折(1946 年 1 月 26 日)。1946 年 1 月 6 日,储安平在重庆召集《观察》发起人会议,"决定刊物的名称、缘起、及征股简约"。《观察》创刊以前,即储安平回上海任复旦大学教授以前,储安平等人心目中已基本明确这两点:

> 一、国内拥有极广大的一群自由思想学人,他们可以说话,需要说话,应当说话。当时国内还缺少一个带有全国性的中心刊物。……
>
> 二、中国的知识阶级绝大部分都是自由思想分子,超然于党争之外的,只要我们刊物确是无党无派,说话公平,水准优高,内容充实,则本刊当可获得众多的读者。②

创刊伊始,储安平写的《我们的志趣和态度》可视为"发刊辞"。其中,谈到该刊的宗旨:

> 我们这个刊物第一个企图,要对国事发表意见。意见在性质

---

① 《胡适来往书信选》下册,第 225 页。
② 储安平:《辛勤·忍耐·向前——本刊的诞生·半年来的本刊》,《观察》第 1 卷第 24 期。

上无论是消极的批评或积极的建议，其动机则无不出于至诚。这个刊物确是一个发表政论的刊物，然而决不是一个政治斗争的刊物。我们除大体上代表着一般自由思想分子，并替善良的广大人民说话以外，我们背后另无任何组织。我们对于政府、执政党、反对党，都将作毫无偏袒的评论；我们对于他们有所评论，仅仅因为他们在国家的公共生活中占有重要的地位。毋须讳言，我们这批朋友对于政治都是感觉兴趣的。但是我们所感觉兴趣的"政治"，只是众人之事——国家的进步和民生的改善，而非一己的权势。同时，我们对于政治感觉兴趣的方式，只是公开的陈述和公开的批评，而非权谋或煽动。政治上的看法，见仁见智，容各不同，但我们的态度是诚恳的，公平的。我们希望各方面都能在民主的原则和宽容的精神下，力求彼此的了解。①

　　储安平还列述了"放言论事的基本立场，亦即本刊同人共守的信约"，摘录如下："一、民主。……我们不能同意任何代表少数人利益的集团独断国是，漠视民意。我们不能同意政府的一切设施措置都只是为了一部分少数人的权力和利益。二、自由。我们要求自由，要求各种基本人权。三、进步。我们要求国家进步，我们绝对反对国家停滞不前。四、理性。人类最可宝贵的素质是理性，教育的最大目的亦即在发挥人类的理性。没有理性，社会不会安定，文化不能进步。"
　　《观察》撰稿人的名单列于封面上，尤见刊物的气度和声势。他们基本上可以代表当时中国的自由主义高层知识分子。第二卷列名的

---

① 《观察》第 1 卷第 1 期。

"撰稿人"由七十人增加到七十八人。加上主编储安平共七十九人。①其实，实际的撰稿人要比列名的多出很多。如朱自清、吴晗、梁漱溟、王绳祖、田汝康、施复亮等虽未列名，也都给该刊写了文章。当然，列入撰稿人名单的，未必全给刊物写稿，如胡适等人。该刊只转载过胡适的文章。

就这批撰稿人的知识结构和社会地位看，他们多在北京大学、清华大学、中央大学、金陵大学、南开大学、燕京大学、复旦大学、山东大学、岭南大学、四川大学、武汉大学等著名高校任教授，多数是无党派人士，早年留学欧美（或日本），饱受西方自由主义思想的浸染，他们多是从事哲学、社会科学，如经济、法学、社会学、文学、新闻等领域的理论和实践工作，只有任鸿隽、胡先骕、曾昭抡、戴文赛等少数人为自然科学家。

这批撰稿人从事的专业虽然不同，自由主义信念却是共同的。其中重要的政论撰稿人有：杨人楩、储安平、萧公权、傅斯年、雷海宗、楼邦彦、钱端升、韩德培、顾翊群、张东荪、李纯青、吴泽霖、吴恩裕、吴景超、何永佶、樊弘、伍启元、王芸生、费孝通、潘光旦、吴世昌、周绶章、赵超构、蔡维藩。潘光旦、何永佶、樊弘、费孝通、张东荪各自的政论文集《政学罪言》、《中国在战盘上》、《两条

①　列名的七十八位撰稿人是：卞之琳、王迅中、伍启元、吕复、沈有乾、吴恩裕、李纯青、李广田、周子亚、宗白华、胡适、柳无忌、孙克宽、高觉敷、许德珩、陈友松、陈瘦竹、夏炎德、梁实秋、张沅长、张东荪、笪移今、郭有守、冯至、程希孟、傅雷、费孝通、杨绛、杨西孟、雷海宗、赵超构、蔡维藩、楼邦彦、钱清廉、钱端升、鲍觉民、戴世光、韩德培、萧公权、王芸生、王赣愚、任鸿隽、何永佶、吴世昌、吴泽霖、李浩培、沙学浚、周东郊、季羡林、胡先骕、徐盈、马寅初、许君远、陈之迈、陈衡哲、陈维稷、曹禺、张印堂、张忠绂、张德昌、黄正铭、章靳以、冯友兰、曾昭抡、傅斯年、杨刚、杨人楩、叶公超、赵家璧、潘光旦、刘大杰、钱能欣、钱歌川、钱钟书、戴文赛、戴镏龄、萧乾、顾翊群。

路》、《乡土中国》、《民主主义与社会主义》还列为"观察丛书"由观察社出版。其中何永佶抗战时在昆明因主编《战国策》而名声大噪。

《观察》创刊以后，声名鹊起，很快风靡全国，为广大知识分子、青年学生所钟爱。储安平为保持刊物的特色，常将《本刊传统》在刊首登出：

> 一、只要无背于本刊发刊辞所陈民主、自由、进步、理性四个基本原则，本刊将容纳各种不同的意见。我们尊重各人独立发言，自负文责。在本刊发表的文字，其观点论见，并不表示即为编者所同意者。
>
> 二、本刊在任何情况之下，不刊载不署真姓名的任何论文。

《观察》创刊伊始，对胡适十分关注。创刊号上有"本刊特约记者南京通信"，题为《组党传说中胡适的态度》，说"有些人希望他组织政党，有些人主张他先办刊物"。该文还特别强调国民党 CC 派的攻势，与胡适的态度："胡适甫抵国内，CC 系即先来一个宣传攻势，宣称胡适回国组党。这一拳，使胡氏猝不及防。胡氏虽然从事外交数年，但毕竟还是书生本色，立刻公开否认。"在第三期的补白处，有《胡适谈话一段》，说 1946 年 7 月 20 日上海文化界在国际饭店招待胡适，胡适作归国后首次公开演讲，内容有："现状之紊乱与不上轨道，由于组织不健全及人事未尽力者颇多。全国上下，尤其文化界教育界人士，应多下研究工夫，探求问题症结，努力改善，则国家民族前途自极光明。"1947 年 5 月 3 日出版的《观察》第二卷第十期，刊出了"本刊特约记者"的通信《五四前夕胡适专访记——黑暗与光明的消长》。胡适在对五四的历史过程和精神导向进行梳理后指出："国内外比第一个五四时更险恶的局势也更在逐日加深了。"关于五四，他

"想不到今年又热闹起来了"。广大知识分子是借纪念五四而关注现实。

2

现在，抽样看几位有代表性的撰稿人的自由主义言论，从中体味《观察》的政治立场和自由主义风度。

一、储安平　作为复旦大学教授，储安平并没有在讲台上尽显功力，而是以雄健、敏锐的大笔和卓越的组织才能，扛起《观察》的自由主义大旗，团结了一大批自由主义学人。他的勤奋、务实，使得《观察》的发行量从初始的四百册上升至十万零五百册，成为当时自由主义知识分子的最强音。储安平文笔犀利，观察分析独到、细密，卓有见识。他自 20 年代末开始从事小说、散文创作，由此打下的功底使他议政论文的笔锋常带感情，文采斐然。1943 年桂林科学书店印行了他的《英国与印度》一书。在 1948 年间，他先后在上海观察社出版了两本散文集：《英人·法人·中国人》、《英国采风录》。他在《观察》上发文最多，成为当时最具实际影响力的自由主义学人。最有代表性的政论当推第一卷第三期的《失败的统治》、第二卷第二期的《中国的政局》和为国民党政府在大陆的统治送葬的《一场烂污》。

从《客观》周刊到《观察》周刊，储安平迅速从书斋走向干预中国政治的前台，从而成为这个时代的自由主义议政的明星人物。

先看《客观》的几则社评。

创刊于 1945 年 11 月的《客观》，每期都有储安平写的时评。他从关注"美国的对华政策"到认定"中国未来局面中的一个安定因素"，从督促"政府改组"到鼓动"中产阶级及自由分子"抬头介入政治，可谓煞费苦心。

起初，他曾乐观地认为，"无论是美国，其他友邦，或中国国内，都应当认清：未来中国的安定和希望，实多少系于今日中国这一批进步的中产阶级知识分子身上。我们应当用各种方法来鼓励他们，使之成为中国未来局面中的一个重要的安定因素"①。为求国家进步并加快进步的速度，他强调政府亟需改组，以容纳有这样四种条件的人才：

一、有现代的头脑者；

二、有良好的行政才干者；

三、有良好的政治操守者；

四、能将国家及全国人民的利益置于党派的利益之上者。②

这是现代精英政治的理想。储安平强调，在多年"反常的统治"之下，有操守、有政治才干及政治抱负的人，大都不愿意参加政治活动。"为了达到造成一个民主的中国的目的，我们应当用种种方法以鼓励中国的中产阶级抬头，成为民主政治的干部。其中特别对于自由思想的大学教授及著作家等，应鼓励他们出面说话，建立一个为民主国家所不可缺少的健全的舆论"③。正是出于这个目的，他继《客观》之后创办《观察》，约定一批撰稿人，把这批活动于书斋和大学讲坛的自由主义教授及作家鼓动、组织起来，为他们提供面向全社会的"讲台"。

储安平在 1945 年 12 月 1 日的《客观》周刊第四期撰文，分析国内的政治形势。首先指明今日国民党的政治、经济的全面危机，使中

---

① 转引自蔡尚思主编：《中国现代思想史资料简编》第 5 卷，浙江人民出版社 1983 年版，第 19—20 页。

② 同上书，第 20 页。

③ 同上。

国人民"在重重压制和剥削下所遇有种种无可言说的苦痛",而国民党无法也不可能实行各种"社会主义的改革"（即使是温和的社会改革）。在这种局面下,"似乎大家只能将实行社会改革的希望,寄托在共产党身上"①。

储安平在分析了中国共产党同国家的关系,中国共产党同苏联的关系后,进一步探讨中共在争取政权中将要走的途径（宪政的,即政治上的；革命的,即经由军事上的）。他明确主张:"共产党应当努力要求结束一党专政,实行宪政民主,主张军队国家化,由种种合法的程序来限制军队为国民党所利用,提倡普及教育,提高人民生活水平,这才是根本的做法,才是一个大党的做法。"②

《观察》创刊后,储安平在《失败的统治》中指出,国民党"二十年执政的结果:一般人民的物质生活,愈来愈艰难；一般社会的道德生活愈来愈败坏。……何以执政二十年,反弄成今日这样一个局面:不仅党的声誉、地位、前途,日见衰落,就连国家社会,也给弄得千疮百孔,不可收拾。"他认为症结在于:"二十年来国民党只聚精会神在做一件事,就是加强消极的政治控制,以求政权的巩固"；这个靠暴力屠杀夺得统治权的政府,只能用暴力政治来维护自己的政权。"二十年来中国的执政者,只有在征税和壮丁两件事上才思及人民,此外人民在政治上几不复占到任何重要地位!"所以,储安平呼吁:

> 今日之世,未有国家垮台而政党可以站住者,亦未有人民贫穷而国家可以富强者；富国先富民,兴党先兴国。要挽回党的颓

① 转引自蔡尚思主编:《中国现代思想史资料简编》第5卷,第22页。
② 同上书,第24页。

局，当前的执政党必须赶快改变作风，换条路走，下大决心，大刀阔斧做几件福国利民的大事，以振人心。①

《中国的政局》是储安平的一篇最有影响力的文章，也是《观察》同人公认的最具有公正性、客观性的代表作，从中足见该刊的作风与气度。文章表述明晰而有力度，持论尖苛而不失严谨性，气势恢弘而不失务实性。他不仅代表《观察》的立场，更显示中国自由主义知识分子的共同心态。文章涉及问题较多，这里，只摘录部分观点：

一、大局已到了穷则变的阶段；虽未变出，确已穷极。在国民党的心目中，今日他们最大的敌人是共产党。

今日国民党脑子里所想的是如何消灭共产党，然而他们两只手所做的却无一不是在培植共产党，替共产党制造有利于共产党的政治形势。

二、现政权业已失去挽回这个颓局的力量，最近且已失去挽回这个颓局的自信心。

三、共产党是要获得政权的。我们在原则上是反对一个政党蓄养军队，以武力来夺取政权的；为中国的元气设想，我们也不希望共产党采取武力革命的方式。但这是就理论而言。就事论事，共产党的不肯放下枪杆，也未尝不能使人同情，因为在国民党这种政治作风下，没有枪，简直没有发言权，甚至没有生存的保障。

四、共产党是一个组织严密的党。就实行社会主义而言，今日中国一般人民，特别是一般知识分子，并不反对，毋宁说是很

---

① 《观察》第1卷第3期。

期望的。今日一般知识分子，在共产党心目下，他们都是"小资产阶级"，但是实际上，今日中国知识阶级，除了极少数一些人外，大都都已沦为"无产阶级"了。

五、国共以外的一般自由思想分子……我们可以拿两句话来批评民盟，即"先天不足，后天失调"。

他们只是在一个相同的情绪下集合起来的，就是"反对国民党"，这是他们唯一连系的心理中心。

要知实际政治不能完全摆脱权术，从战略上说，民盟和共产党互为呼应，实为必然，两者的目的都要削弱国民党，在这个前提下，两者当然要并行连系的。

六、在今日中国的自由分子一方面，除了民盟、民社党这些组织外，就是散布在各大学及文化界的自由思想分子。这批自由思想分子，数量很大，质亦不弱，但是很散漫，从无足以重视的组织。这批人所拥有的力量，只是一种潜在的力量，而非表面的力量；只是一种道德权威的力量，而非政治权力的力量；只是一种限于思想影响和言论影响的力量，而非一种政治行动的力量。①

同时储安平也明确指出国共两党谁得天下后的"自由"的限度问题。

储安平对"民盟"的一批知名的自由主义者的评说也颇显胆识。他认为，张表方（澜）、沈衡山（钧儒）、黄炎培等几位老先生都是过去的人物了。张君劢是个宪政学者、政论家，只宜于任国会议员，不宜于执政掌权。张东荪是个哲学家，不适宜从事实际政治。罗隆基对

---

① 《观察》第2卷第2期。

政治生活有兴趣，可惜最大的弱点是德不济才。民盟诸君子，可以共
患难，不一定能共富贵。这里，储安平对他老师罗隆基的率直评说，
尤为难能。

最痛快的文字还数他发表在《观察》第五卷第十一期的为国民党
政府送葬之文：针对国民党币制改革失败而写的《一场烂污》。这里
摘录几段：

> 在这二十年中，这一个政府，凭藉他的武力，凭藉他的组
> 织，凭藉他的宣传，统治着中国的人民，搞到现在，弄得民穷财
> 尽，烽火遍地。
>
> 现在呢，一切完了，一切完了，作孽作孽，每一个吃亏的老
> 百姓心底里都在咒诅，有一肚皮眼泪说不出来！
>
> 七十天是一场小烂污，二十年是一场大烂污！污烂污烂，二
> 十年来拆足了烂污！

这番言论自然为国民党当局所不容，《观察》在 1948 年 12 月下
旬因"攻击政府，讥评国军，为匪宣传，扰乱人心"[1] 的罪名被查
封，部分同人被捕。

国民党政府在大陆烂掉后，只好逃到台湾岛上去了。

储安平投向共产党领导的人民政府。

1949 年 11 月 1 日，中华人民共和国成立一个月以后，《观察》
第六卷第一期在北京复刊，"本社同人"的社论《我们的自我批评·
工作任务·编辑方针》中宣布："今天中国的人民，都愿意跟着中国

---

① 转引自胡伟希、高瑞泉、张利民：《十字街头与塔——中国近代自由主义思潮研
究》，上海人民出版社 1991 年版，第 339 页。

共产党走，在毛泽东的旗帜下，克勤克俭，务老务实地从事建设新中国的工作。本社同人，将在这样一个新的认识下，站在文化岗位上，按照新民主主义的政治要求，为人民服务，为人民民主事业努力。"

"复刊后的《观察》，无论在哪一方面，都是十分软弱的。但是我们努力学习，改造自己的意愿却是坚定的。知识分子的改造是一个长时期的艰巨的工作，……我们也希望一切先进的朋友带领我们、鼓励我们、帮助我们。"

《观察》出至第六卷第十四期（1950 年 5 月 16 日），宣布改组。"改组声明"称："本社同人将加入从新组织的《新观察》半月刊工作。"

储安平没有了自己的"声音"。

1957 年，作为《光明日报》总编辑，储安平因狂评共产党的"党天下"（二十八年前，他的老师罗隆基首先批评国民党是"党天下"）而成为"大右派"，妻离子散，至"文革"时落得个"生死不明"的结局。

二、杨人楩 留学英国牛津大学，是研究法国大革命和非洲历史的学者，此时为北京大学教授。他是《观察》政论的专栏执笔人，文章的学理性强，且成系统。他的系列政论文章为：《国民党往何处去》、《自由主义者往何处去》、《关于"中共往何处去"》、《再论自由主义的途径》。

在《国民党往何处去》中，他以"旁观者清"的超然立场，警告国民党：

　　第一，先须重整党纪，健全自身组织，使之成为真能与民众福利配合的党。

　　第二，今后一阶段中的统治，应以获得人民的信仰为第一。

第三，国民党既已决定还政于民而实施宪政，便该调整今后的党政关系，以表示其具有领导民主运动的诚意的决心。①

最后，杨人楩指明国民党的去处和途径只有一个："不能离开中国民众。"

在《自由主义者往何处去》中，杨人楩首先指明"唯有不满于现状而欲追求进步的知识分子才是今日中国的自由主义者"，"小组织大联合"是当今自由主义者的组织途径。"自由主义者可以无组织，但为追求进步之故，却有几个不容忽略的共同之点"：

> 首先，自由主义者如欲畅行其志，当然希望能掌握政权；
>
> 其次，自由主义者之促成进步，并不一定要掌握政权，在野亦能同样起作用。……目前，在全国人民要求真正民主的运动中，自由主义者的责任不但要领导人民，而且要教育人民；唯有以在野的地位，始易于尽到此种责任。……自由主义者与其分享政权，还不如形成议会中的反对派之更有力量。
>
> 最后，中国的政治果能进步到自由主义者掌握政权的一天，则政权在握的自由主义者千万不能忘本，始可保全自由主义的创造力。②

杨人楩提醒"今后的执政者"：即使不愿意接受自由主义，也不宜消灭自由主义。第一，要消灭自由主义必须用暴力，凭藉暴力的政权即可遭遇到凭藉暴力的抵抗；自由主义是弃绝暴力的，唯有保全自

---

① 《观察》第2卷第3期。
② 《观察》第2卷第11期。

由主义的精神，始可防止暴力。第二，自由主义的被消灭只是暂时的，使用暴力也不足以保全静态，不如容许反静态的力量而使其能在动态中求进步。第三，自由主义的消灭虽只是暂时的，但此一暂时的打击可能阻遏民族文化的进步。第四，民族创造力如因自由主义的暂时消灭而消灭，则人民将无力量阻遏可能发生的灾难，更无力量恢复应有的民族自信。

在《关于"中共往何处去"》中，杨人楩指出，被中国共产党讥为"帮闲"的"小市民"的一部分自由主义者同共产党疏离，并不一定基于个人的恩怨与好恶，而是出于独立的认识。自由主义者是无法赞同内战的，假使他无法阻止内战，至少不应该助长内战。"保留"争论并非"终止"争论，因为自由主义者始终是不能接受共产主义的。自由主义不当坚持"非甲即乙"之见，应有自己存在的理论根据。

杨人楩分析说明自由主义者在国共甲乙之间是两面不讨好的，表示要在两面不讨好的情况下来争取和平。因此，杨人楩劝告中共"能考虑如何终止内战的问题"①。

杨人楩并未指明"中共往何处去"，只是希望由中国共产党来考虑如何结束内战。

一年以后，自由主义者遭受左右夹击，在内战中何去何从也颇感困惑，尤其是在自由主义者之间有相当大的争执。为此，杨人楩写了《再论自由主义的途径》作为答辩：

> 自由主义者所以要坚持其信念与主张，决不是偶然的。在目前国共两大势力对立的局面中，最现实的态度是"择一而事"。

---

① 《观察》第3卷第10期。

要两面讨好是不可能的，两面不讨好却是最不"现实"的，最聪明的办法是暂时保持缄默，待机而动。自由主义者却要采取这么一种既不现实又不聪明的态度；因为科学的精神使他们有这么一种认识，他们的知识决定了他们所采取的途径。民主态度使他们诉之于说服，由说服而产生的信念必然是很坚定的。①

当然，也有不同意杨人楩文章的观点的。李孝友在《读〈关于"中共往何处去"〉兼论自由主义者的道路》中，检讨以往自由主义者失败的原因，是"自由主义者未能伸根于广大的人民，尤其是广大的农民中去；仅仅是斤斤于注意个人的自由，而忽略了多数人的福利。更未能根本了解中国问题的症结，在于农民的觉醒与土地的改革"②。这显然是当时社会主义理论家所宣扬的思想主张。中国共产党之所以能取得这场革命的胜利，正是从解决大多数人的福利入手，唤醒了农民和改革了土地制度。

三、施复亮　曾经是早期共产党人，如今是自由主义阵营里十分活跃的学人。学生时代，他和傅彬然、俞秀松是浙江省立第一师范学校的学生领袖，曾组织参与杭州的五四学生运动。以后，他和傅彬然入京求学，并加入1919年底成立的"工读互助团"，成为胡适的学生。胡适作为这个追求"新生活"的"工读互助团"的发起人之一，对施复亮的影响很大。施复亮曾拜访胡适，请求指导。施复亮和团中的何孟雄、缪伯英、赵世炎、罗汉后来以李大钊为师，都加入中国共产党，从事政治活动。1927年以后，施复亮脱离中共，成为自由学人。抗战期间，他是文化界救国会的领导人之一，与黄炎培、章乃器

---

① 《观察》第5卷第8期。
② 《观察》第3卷第19期。

等组成民主建国会。如今，他以民主建国的理想来谈自由主义，同时力主"中间路线"。

施复亮针对杨人楩的系列文章，在《论自由主义者的道路》中指出自由主义者始终要求进步，不断从变革现状中求取进步。施复亮强调"保障人民的自由要靠人民自己，保障自由主义者的自由也要靠自由主义者自己。而且自由主义者的自由，主要是用来保障广大人民的自由的，……倘使自由主义者能够这样来利用自己的自由，那就一定能够获得广大人民的支持"。他认为"这是今天中国自由主义者争取自由的正确道路"，因为"决定中国前途的力量，不仅是国共两党，还有自由主义者和国共两党以外的广大人民。这是第三种力量，也是一种民主力量。这一力量的动向，对于中国前途的决定，具有举足轻重的作用"。[①]

施复亮最后指出：

> 自由主义者，可能不是革命主义者，但必然是民主主义者。中国民主政治的实现，必然有待于自由主义者的努力。只有自由主义者，才能自由批评"异见"，同时充分尊重"异见"。只有自由主义者，才能始终坚持民主的原则和民主的精神来从事民主运动，解决政治问题。……
>
> 自由主义者不相信"路只有一条"，他相信有他自己的道路。一个自由主义者，只要他肯始终站在广大人民的中间，始终"反静态"，"反现状"，"反干涉"，"求进步"，"求创造"，跟特权者（即压迫者）"斗争"，我相信必然会有他光明的前途。

---

① 《观察》第3卷第22期。

既然中国的自由主义者在国共两党之间左右不是，被夹击得十分痛苦，于是就有了自由主义者所主张选择的"第三条道路"——自由主义者单独领导政治斗争。

尽管曾是《现代评论》作者的周钟岐在《论革命》中指出中国的革命决定在三个力量上——国民党、共产党和中间派，进而否定了前两者，把希望寄托在中间派身上，① 但是事实上，所谓"第三条道路"或称"中间路线"的最积极的倡导者，还是施复亮，他关于中间路线的系列文章共有十多篇。他在 1947 年 3 月创刊的《时与文》上首先发表《中间派的政治路线》，并在该刊引起讨论。② 据《中国往何处去》上册所选文章看，关于"中间路线"讨论的关键人物是：施复亮、张东荪、程程、伍丹戈、樊弘、伯奇、平心。写文章参加讨论的人更多，如马叙伦、苏平、乔冠华、张申府等。施复亮在《中间派的政治路线》中首先提出政治协商的路线符合绝大多数人民的利益和要求，在本质上是一种中间性的或中间派的政治路线。这条中间派的政治路线仅仅是一个起点，但基本内容已明：第一，中间派所要建设的新民主主义的政治，在形式上是英美式的民主政治，必须把它变成多数平民所共治的民主政治；第二，中间派所要建设的新资本主义的经济是保障劳动大众的职业和生活；第三，中间派要跟工人农民合作。施复亮强调，要实现这样的政治路线，必须使全国的中间阶层形成强大的中间的政治力量，能够在国民党统治集团与共产党之间占据举足轻重的地位，由此促成国共两党回到政治协商的路线上。

施文发表后，平心马上在《文汇报》发表《论"第三方面"与民

---

① 《观察》第 1 卷第 22 期。

② 1949 年 2 月，上海时代文化出版社编了《中国往何处去》上册，作为《时与文》周刊政论选辑出版。据序言所示，上册内容为：论中间路线、论对美对苏、论内战终局、论民主国际；下册内容为：论自由主义、论美国扶日、论知识分子、论土地改革。

主运动——兼与施复亮先生商榷"中间派的政治路线"问题》。平心所说的"第三方面"与施复亮所说的"中间派"基本上是一致的，即国共两党以外的第三方面势力。他首先说明"第三方面并不是超然的'第三种人'"，政治协商的路线也不是中间派的路线。在一番分析论证以后，平心明确表示"政治上的中间路线走不通"。政治路线基本上只有两条。代表民主力量的"第三方面"必须独立存在，"他们只是民主运动中的一个特种兵团，但决不是两个战线之际中间战线的开辟者"①。

施复亮在《再论中间派的政治路线——兼答平心先生》中，进一步提出"中间路线的必要和可能"，并强调政治协商路线就是中间路线。随后，张东荪发表《追述我们努力建立"联合政府"的用意》，说此文由施文引发，因为施文"最能代表大多数人心理"②。

张东荪又在《和平何以会死了》、《美国对华与中国自处》中强调了中间派在促进和平的工作中的重要性。这种响应和进一步的探讨，引起施复亮的再思考，于是他写了《中间派在政治上的地位和作用》和《中间路线与挽救危局》。前者呼吁"国民党统治集团与共产党以外的一切民主党派（包括国民党民主派）和民主人士，在目前应当赶紧团结起来，形成一个强大独立的中间派的政治力量，以便及早促进和平，实现民主"③。后者一再强调"中间路线不断地进步，绝对不必害怕将来共产党的革命和一党专政"④。

施复亮以及"中间派"、"中间路线"的主张者自然也受到了国民党和共产党双方的舆论反击，但他们的信念十分明确，甚至在"内战

---

① 《中国往何处去》上册，第 47 页。
② 同上书，第 67 页。
③ 同上书，第 72 页。
④ 同上书，第 92 页。

打得比什么都凶"时，程程在《从民主政治的条件说到来日和谈》中
还自信"到了内战打得双方精疲力竭的时际"，"中间派"的"中间路
线""仍将发生重大的作用"。[①] 当然也有清醒、超越于这场讨论的。
如伯奇在《自由主义·批判·批判的态度》中明确表示钦佩施复亮的
"批判的态度"，建议倡扬这种批判精神：

> ……批判精神是自由主义的优良传统，……批判是自由主义
> 者的一种有力武器，同时也是自由主义者的一种主要任务——我
> 辈书生，尤其中年以上，文不能运筹帷幄，武不能决胜疆场，我
> 们所能从事的赞襄与挞伐，更似乎只有明辨是非的批判一途。倘
> 使并此尚有姑息与忌惮，那就活该趁早对独断主义低头了。[②]

但是，中间路线只是自由主义知识分子的个人理想。在当时的军
事对抗中，他们根本无力坚守这一路线。失败也是必然的。1949 年
以后，施复亮（存统）从公众视野里消失。1980 年代因作曲家儿子
施光南走红，他偶尔会被连带提及。

四、萧公权　1920 年清华学校毕业后留学美国，1926 年获康乃
尔大学政治学博士学位，有《政治多元论》、《中国政治思想史》等名
作问世。从《独立评论》到《观察》、《世纪评论》，萧公权的一系列
文章多富学理，学院味浓重，其中博士论文《政治多元论》列入英文
"当代心理学哲学以及科学方法论"丛书在伦敦出版，具有广泛的国
际影响。他除了在报刊上发表一系列议政论文外，因两本专著——
《自由的理论与实际》、《中国政治思想史》而名声大噪。此时，萧公

---

① 《中国往何处去》上册，第 98 页。
② 同上书，第 118 页。

权发表《说民主》的长文，分析了国民党、共产党和自由主义者所宣扬的"民主"，指出其中有真假之别。他强调，需要的是真民主，解决中国问题的关键是真民主。①

萧公权关于民主的理解有过于施复亮等人的观点，极富学理性、启发性。他认为，"政治民主注重个人自由，经济民主注重人类平等。后者偏重物质的满足，前者偏重意志的解放。两者之间确有极显著重大的差异。信奉自由主义者与信奉社会主义者互相猜忌攻讦是很自然的一个现象"。进而指明自由主义者、社会主义者、三民主义者鼓吹、倡扬的"民主"的实际含义。萧公权对"民主"通俗的界说是：

人民有说话的机会，有听到一切议论和消息的机会，有用和平方式自由选择生活途径的机会，有用和平方式选择政府和政策的机会——而且这些机会，不待将来，此时此地，便可得着，便可利用——这就是脚踏实地的起码民主。

在中国的现实社会中，民主问题如何解决，萧公权作为一介书生，无力回答。

五、张东荪　早年留学日本，辛亥革命时曾赞成保皇党，反对革命派，随后又成为"研究系"的重要成员。五四时期，他宣传基尔特社会主义（受英国费边社会主义的影响），成为思想舆论界的一个重要的声音。30年代，他与张君劢等组织国家社会党，编辑《自由评论》。此时是"民盟"中央执行委员会常委、燕京大学教授。作为资深的自由主义分子，张东荪面对国共间燃起战火，

---

① 《观察》第1卷第7期。

自由主义受到夹击的局面，首先认识到"政治上的自由主义"的失败，并竭力主张"文化上的自由主义"。由此，在《观察》上同梁漱溟、费孝通、樊弘展开讨论，成为"文化上的自由主义"的最积极的主张者。

在《观察》第三卷第四、五期上，梁漱溟有《预告选灾·追论宪政》一文，结论是中国不能走上宪政之路，因而也就不必勉强去走。理由是"这个问题与中国文化有关"。他主张中国需要由少数高明深睿的哲学家来治理。在第七期上，张东荪发表《我亦追论宪政兼及文化的诊断》，同意梁漱溟所谓"中国患有严重文化失调症"的观点，并进一步从文化上加以阐释、补充。他指出，"现在的坏政府亦只是顺着历史的旧路，更加许多外国的新花样与新方法以致更坏，坏到最高程度而已，以与历史上的政府相较，只是程度差等，并非性质异同。何以中国数千年来没有把政府改好，何以坏政府会如此层出不穷，这便不能不求其原因于文化"。他认为解决这一问题的办法是："主张儒家思想与西洋民主精神有相似点，就可以此一点之接近而把民主主义迎接过来。"

费孝通在《大公报》连续发表《基层行政的僵化》和《再论双轨政治》，对梁漱溟的文章提出一些疑问。北京大学教授樊弘不同意梁漱溟、张东荪的论点，在《观察》第三卷第十四期发表《与梁漱溟、张东荪两先生论中国的文化与政治》，对梁、张"否认民主政治，而主张少数政治，或通儒政治"提出批评，指出民主政治在中国屡试而屡败，是因为中国永远停滞在农业的阶段，缺乏一个工业阶层，没有可以同地主阶级对抗的资本家阶级就无法拥护民主政治。

针对张东荪、费孝通的文章，梁漱溟在《观察》第三卷第十四期发表《略论中国政治问题——答张、费二先生》。他从自己十几年来从事乡村建设的实践得出结论，认为解决中国政治问题，要有方针、有计划来建国，要把一切政治建设、经济建设、教育文化建设融洽为一。既要撤除文化传统的无为主义，也要撤除传统政治上的中央集权。

樊弘在《观察》第三卷第十八期发表《我对于中国政治问题的根本看法——最后答复梁漱溟先生和张东荪先生的指教》，把结论引向民主政治和社会主义，这引起张东荪两次作答：《敬答樊弘先生》（《观察》第三卷第十六期）、《关于中国出路的看法——再答樊弘先生》（《观察》第三卷第二十三期）。在后一篇文章中，张东荪试图将政治行为、经济制度同文化分开，表示赞成"学术自由纯采西洋文化的传统的自由空气"。

正是这场讨论，使张东荪的观点更加明确，产生了他所谓的"文化上的自由主义"的主张。他在《观察》第四卷第一期发表了《政治上的自由主义与文化上的自由主义》，主张把自由主义分为政治上的和文化上的两种。"政治的自由主义在今天廿世纪已是过去了。"但他强调，这"过去"丝毫不含否定自由的意思。"所谓政治的自由主义就是单纯的自由主义，亦可以称之为旧式的自由主义"。"文化的自由主义是人类文化发展上学术思想的生命线。中国今后要吸收西方文化，进一步要对于全世界文化有所贡献，更不能不特别注重这个自由……在文化自由上根本不能有'邪说'，亦不能有'一尊'"。张东荪之所以强调不能有"邪说"和"一尊"，是因为他看到了国民党的溃败，东欧社会主义的崛起，以及"中国今后必须采用计划经济，恐怕已为大家所公认"。他认为"社会的计划性只是为了生产，总是有时间性的"，"社会的一时固定乃是一种不得已的事，……但却必须在固定中留有一个变化的活力可以发生的余地。这就是文化方面的绝对自由"。"本来在西方亦是自由主义的根底本在于文化。文化上没有自由主义，在政治上决无法建立自由主义。中国今后在文化上依然要抱着这个自由精神的大统。文化上的自由存在一天，即是种子未断，将来总可发芽。所以使这二者（即计划的社会与文化的自由）相配合，便不患将来没有更进步的制度出现"。最后，他又向自由主义者进一言："如实在真爱绝对的自由，则应向文化方面努力。"

针对世局变革前的动荡和广大知识分子对未来的担忧、疑惧和悲观的情绪，张东荪又写了《告知识分子》，刊于《展望》第二卷第四期（《观察》第四卷第十四期转摘）。他料定将来无论何种政治上经济上的大改变，知识分子自有始终不变的重要地位，但这还要看知识分子是否了解本身的使命。倘使知识分子真能了解本身的时代使命，不但不必害怕被人清算，而且还能造就比今天更好的光明前途。张东荪感到言犹未尽，又在《知识分子与文化的自由》（《观察》第五卷第十一期）中进一步阐释文化自由主义的观点。

他首先指出，"学术自由与思想自由必须倚靠于精神独立"。在进行分析、论证后，张东荪劝告真正爱自由的学人："你们如果真视自由如生命，应该团结起来，用自己的力量保全已有自由的萌芽，开拓未来自由的田地。但千万不要以为反动势力可以保护你们所倚为生命的自由。"

这种理想主义的情怀，使张东荪坚信在政治上的自由主义"过去"后，只能坚持文化上的自由主义了。为此，他写下了专论《民主主义与社会主义》，由观察社列入第二批"观察丛书"出版。但是，事实却是更为残酷的，在他所谓的未来，绝不可能、也绝不会让他们有文化上的自由。

对他来说，理想只是一个梦，一个关于未来的神话。

3

《世纪评论》是由南京世纪出版社印行的时论周刊，创办于1947年1月4日。它在国民党首府的眼皮底下，言论有所节制，署名主编为张纯明。它虽然不像《观察》那样将约定的撰稿人名列封面，但也自有相对稳定的作者队伍，主要撰稿人有吴景超、志徐、萧公权、何永佶、康永仁（康庸人、庸人）、费孝通、李时友、严仁赓、梁实秋、李慕白、崔敬伯、钱实甫、杨西孟、潘光旦等。杨人楩、巫宝三、陈序经、傅斯年、陶孟和、孙斯鸣、周绶章、吴恩裕、蒋廷黻、翁文灏、楼邦彦、顾毓琇、邱昌渭、朱自清、平情、谢挟雅、张含英等也各有文稿发表。这批人中许多是兼作《观察》撰稿人的，都是此时自由主义知识分子的主要人物。《世纪评论》的主编名义上是张纯明，核心人物则是胡适派文人中的吴景超。

抗战期间及战后，吴景超一度从政于重庆、南京，任国民党行政院秘书，同时主编《新经济》、《新路》、《社会研究》。1943年4月，吴景超与陈通伯（陈源）、李卓敏飞往美国，同闲居在美的胡适有较多的接触。如今他参与《世纪评论》的工作，成为刊物的自由之魂。刊物的《发刊词》表示："我们这个小小的刊物没有党派的背景，没有宣传的作用，本着独立不倚的精神，从事于现实问题的检讨。""国家事我们大家都有责任的，责任所在，自不容袖手旁观，缄默无言。本刊的立场是超然的，本刊同仁的思想，在大体上说，是接近自由主义的。我们审察中国现在的环境，感觉自由主义尚有提倡的必要。"同时，他们表现出对自由主义的理性崇尚：

> 自由主义，与其说它是一种主义，不如说它是一种态度，一
> 种观点。这种态度的特点是广大的同情心，有接收新潮流的雅

量，本着理智的指示，使政治经济能负起现代的使命。自由主义
所要求的是个人人格的尊重，批评精神的提倡，科学观念的培
植。自由主义是动的，现实的，创造的，没有一成不变的信条，
没有固定或武断的主张。它的对象是现实，不专恃权威，不依赖
传统，而是以智理去审察现实的要求。它永远是前进的，随着社
会的变迁而变迁，随着科学的发展而发展。①

　　他们指出，在政治方面，自由主义要求实现民主政治，而民主的
前提就是自由、平等。因此，他们"大声疾呼朝野的领袖人物，放弃
党派的私见，拿出政治家的风度，共同建设现代化的新中国，改善人
民生活，使中华民国迅速踏上富强康乐的道路"②。《世纪评论》在内
容上分社论、专论、文艺（散文、小品、通信）和时事纪要（"一周
间"）四块。专论涉及政治、军事、经济、文化、外交等方面。文艺
方面有三位主要作家：梁实秋、冰心、李慕白。梁实秋后来结集传世
的《雅舍小品》便是在这里连载的。随后又为费孝通开设了随笔特设
栏目《杂话乡土社会》，费孝通传世的《乡土中国》一书最初也是在
该刊连载的。志徐的"时事纪要"为新闻综述，配合专论，成为颇有
特色的栏目。从刊物的主持者和主要撰稿人看来，这是胡适派自由主
义文人的一个同人刊物，它同上海的《观察》、北平的《独立时论》，
并列为胡适派文人的言论阵地。

　　《发刊词》表明："我们愿意本着自由主义的理想，为国家民族
尽我们所应尽的责任。我们的论调是严肃的，我们的态度是诚挚
的，我们的批评是公允的。我们不作意气之争，不作偏激之论。"

---

①　《世纪评论》第1卷第1期。
②　同上。

第一期的社论便是《中国需要忠实有力的在野党》。社论明确地提出，"真正的宪政需要一个忠实有力的在野党，反对党"，认为"联合政府只是过渡的办法，而不是永久的制度"，"一则我们愿意不折不扣的宪政早日实现；二则我们不愿中国将来的政治形态踏上战前德法诸国多党分歧的故辙"。

> 我们认为中国现在不需要更多的政党，不需要更多的政党参加联合政府，而需要一个有力量、有见识、有风骨的在野党，站在全民的立场上，不断地向政府作建设性的忠告。它们既然在野，就可以不受一切拘束，不存任何顾虑，而"反对"政府的错误措施。反对不是"打倒"，不是漫骂，而是在引政治于正轨。反对的方法是见公道于批评，不作意气之争，不为他人所用。反对党的人士虽然反对了政府，他们对于管理众人之事的工作，却可以有重要的帮助。

正是基于自由主义的信念和态度，刊物随后对时势和政府的评论、关注，都立足于提出问题、解决问题。吴景超关注时政，萧公权关注宪法，徐道邻、楼邦彦、周绶章、蒋廷黻探讨政治制度，康永仁、巫宝三、严仁赓、杨西孟寻求解决财政、经济危机的方式、方法等，他们共同构成了刊物的时政评论色彩。

同时，像梁实秋这位主要写作散文、小品的文人，此时也要为加入"民盟"的朋友罗隆基讨个公道，针对当时各方面对罗隆基的攻讦和漫骂，以《罗隆基论》① 一文为好友辩解。蔡尚思写作《知识分子

---

① 《世纪评论》第 2 卷第 15 期。

的类型和评价》①，为知识分子寻找位置和实现价值的方式。季羡林写作《论正义》，在战火纷飞的年代向社会呼唤良知和公道。李慕白鉴于当前教育无法可依，学术不能独立，写了《大学教授的本质问题》②，呼吁大学教授奋起争取自身的权力，为中国政治走上轨道尽一分力。

《世纪评论》的作者队伍基本上和《观察》相同，他们本着爱国的良知和对时势的关切，发表了一系列时政论文为寻求解决现实危机的途径，共同体现出自由主义知识分子的张力和社会批评意识。周绶章在《世纪评论》第四卷第十期发表《为真正的自由主义分子打气》，针对来自现实政治的迫害和左右双方舆论上的攻击，为自由主义知识分子正名、打气：

> 第一，自由主义绝非"没有主义"，自由主义分子绝非没有主义没有信仰的人。他们以自由为主义，相信唯有不受任何偏见的束缚，通过自由的道路才能得到真理。
>
> 第二，自由主义绝非"帮闲主义"，自由主义分子绝非"帮闲分子"，他们一切只为国家，一切只为人民，对于任何政党都不先存敌意，因之，对于现政权亦并不主张不问青红皂白，必欲铲其根而后快。他们希望所有的政党都能够不断进步，都能够看清时代趋向，人民要求，以共谋国家政治的改造。其动机大公无私，其表现堂堂正正，绝非为统治者作御用工具，要讨个一官半职。……
>
> 第三，自由主义绝非"投机主义"，自由主义分子绝非"投

---

① 《世纪评论》第4卷第18期。
② 《世纪评论》第3卷第1期。

机分子",他们主张顺应时代潮流,因为历史是进步的,时代潮流所趋的方向是进步的方向;他们主张满足人民需要,因为 20 世纪是人民世纪,一切政教措施都应该绝对合乎民意。

第四,自由主义绝非"尾巴主义"、"民族失败主义",自由主义分子绝非"尾巴主义者"、"民族失败主义者",正好和那些卖身投靠,惯于为人作尾巴作奴才的无聊政客相反,自由主义分子具有坚定的操守,高尚的人格,能有所为,也能有所不为,一切言论主张只在反映人民需要,求其心之所安。

从这里可以清楚地看出《世纪评论》所代表的自由主义的道义力量和价值取向。

《观察》、《世纪评论》共同的作者群或撰稿人——当时中国的自由主义知识分子精英,最终还是失去了独立性,分别依附于国民党和共产党的不同政体。

三 信念操练:胡适派文人的宪政试验,及胡适的 议政时论

1

国民党政府统治的近二十年间,经历了军政、训政和宪政三个历史阶段。此时,国内战事烽烟四起,国民党当局摆出个"宪政"的样子,上演一幕幕行宪国大、选举总统的闹剧。

除了在道义、精神上支持《观察》以外,胡适还从事一些民间的自由政治活动,由此带动一批自由主义文人关注时政、干预时政乃至

从事宪政试验。

1947年5月，胡适邀请北大、清华等高校的一批具有自由主义色彩的教授、学者，组织了独立时论社，创办《独立时论》（张佛泉主持具体事宜），相约针对国内的政治、社会、经济、军事、外交诸问题分别撰写文章，或刊于《独立时论》，或交有关报刊发表。后来加入该社的有四十多人，联络了全国三十八家报刊作为独立时论社的特约登文阵地。只是《独立时论》没有像当年《努力》周报、《新月》、《独立评论》那样形成较强大的舆论力量。因为此时已进入武力较量的时代，胡适和他的同人倾向并劝进的国民党政府正穷于应付打内战。胡适这批人也只能沦于秀才谈兵的空疏和无力。《独立时论》当然不会产生类似《观察》、《世纪评论》那样的影响。

继独立时论社以后，胡适又于这年7月19日联络天津知识界的一批自由主义分子，在北平成立平津民治促进会，自任理事长，准备从事民主政治的具体实验。在该会成立大会的开幕词中，胡适称"这个会可以纠中国人对公家事没兴趣的风气。我是一个无市政专家知识的公民，但也想在这个会里作一点事"。"本会非政党，目的在地方，也在全国，这仅仅是平津一部分有职业的公民业余想作点事。……盼能制定市宪章，可能时更奢望其为全国模范。"这种以民主宪政为目的的设想在当时本是一件有利于当局统治的事，却无法付诸实践。后来该会虽然开展了一些活动，却没有产生预期的效果。

9月21日，胡适在北平参加投票选举市参议员后，同崔书琴、张佛泉、王聿修、楼邦彦、谭炳训一起搭车去天津出席天津市民治促进会联合会议。当天下午和次日分别在南开女中和公能学会演讲《我们能做些什么》。

胡适在演讲中提问："无论公能学会，市民治促进会，像这一类的组织，背后既没有政党又没有军队，也没有什么特殊力量，我们能做些什么事情？"他向听众指出三条路：第一是研究问题，发表政论，批评政治，研究政治；第二是新闻记者应走的批评之路——"扒粪主义"（揭露时弊）；第三是鼓励投票，调查候选人资历功罪。进而达到改革政治，改革社会的目的，并造就一个公开的有能力的好政府。

胡适的这项民主、宪政试验只是即兴之作，他领导的平津民治促进会事实上无所作为，自生自灭。

2

在扶植自由主义刊物，组织民间自由议政、议事的同时，胡适还发表一系列自由主义言论。这多是些空泛的学理性议论，于时局无补，也没有产生较大的影响。1947年7月20日，胡适发表了具有明显反共倾向的文章《两种根本不同的政党》。一种是没有严密的组织纪律，党员有言论行动的自由。这种党靠争取选票取得政权，同时容忍并且尊重少数党的权利。英、美的政党属于这一种。另一种是有严密的组织纪律，党员没有言论行动的自由，没有个人秘密行动，这种党的目的在于一党专政，并不惜用任何方法取得政权，以至绝对不容许反对党的存在，以巩固一党永久专政的权力。胡适把这两种类型的政党称为甲乙两式。他认为，近年国民党准备结束训政，推行宪政，这个转变可以说是应付现实局势的需要，也可以说是实践孙中山的政治纲领的必然趋势。一个握有政权的政党自动让出一部分政权，请别的政党来参加，这是近世政治史上稀有的事。胡适认为，无论党内或党外的人，似乎都应该仔细想想这种转变的意义。这个转变应该是从乙式的政党政治变到甲式的政党政治，这里面似乎应该包括党的内容与作风的根本改革，而不仅仅是几个政党分配各种选举名额或分配中央与地方的官职地位。如果训政的结束能够引起一个爱自由的、提倡独立思想的、容忍异己的政治新作风，那才可算是中国政治大革新的开始了。① 这里，胡适以乐观的态度来看待国民党一时的宪政。实际上，他是在劝谏国民党政府给国民以更多的自由，使政治有开明的转机。

由于《两种根本不同的政党》的社会影响（在《独立时论》发表后各大报都转载，并收入《独立时论集》及《胡适的时论》一集），北平广播电台便约他撰文。他写成了《眼前世界文化的趋向》的广播稿，于8月1日播出。胡适指出当今世界文化共同的理想目标是：

第一，用科学的成绩解除人类的痛苦，增进人生的幸福。

第二，用社会化的经济制度来提高人类的生活，提高人类的生活程度。

第三，用民主的政治制度来解放人类的思想，发展人类的才能，造成自由的独立的人格。②

针对有人否定民主政治，主张代表劳农阶级的少数党专政，铲除一切反对党的说法，胡适批评道："那民主自由的趋向是三四百年来的一个最大目标。一个最明白的方向。最近三十年的反自由，反民主的集体专制的潮流，在我个人看来，不过是一个小小的波折，一个小小的逆流。我们可以不必因为中国起了这一个三十年的逆流，就抹煞那三百年的民主自由大潮流，大方向。"③

胡适以苏联为例，认为他们"阶级斗争的方法，造成了一种不容

①　胡适：《胡适全集》第22卷，第685—686页。
②　同上书，第690页。
③　同上书，第693页。

忍，反自由的政治制度”。“这种反自由，不民主的政治制度是不好的，所以必须依靠暴力强力来维持他。结果三十年很残忍的压迫与消灭反对党，终于从一党的专制走上一个人的专制”。胡适劝导国人，不可因世界上两大集团的对立而气馁，应当“努力建立我们自己的民主自由政治制度。我们要解放我们自己，我们要自由，我们要造成自由独立的国民人格，只有民主的政治，可以满足我们的要求”①。

《眼前世界文化的趋向》播出及发表以后，招致一些听众、读者的抗议，有人认为胡适太乐观和太单纯，也有人批评他的反苏倾向，认为他偏袒民主自由的潮流，便把其他的视为逆流。对此，胡适又发表了《我们必须选择我们的方向》作为答复，口气更加坚决。他重申自己所“偏袒”的自由、民主潮流，说“这是我的基本立场”：

> 第一，我深信思想信仰的自由与言论出版的自由是社会改革与文化进步的基本条件。
>
> 第二，我深信这几百年中逐渐发展的民主政治制度是最有包含性，可以推行到社会的一切阶层，最可以代表全民利益的。
>
> 第三，我深信这几百年（特别是这一百年）演变出来的民主政治，虽然还不能说是完美无缺陷，确曾养成一种爱自由、容忍异己的文明社会。②

胡适把笔锋转向苏联的社会制度，说它是“专制集团”，用“暴力压制大多数人民”，成了反自由、反民主、不容忍的一股势力。并认为苏联如今是：一、不敢相信他们的人民，还得用冷酷的暴力压制

① 胡适：《胡适全集》第22卷，第694页。
② 胡适：《胡适选集》（三），台湾文星书店1966年版，第180—181页。

大多数的人民；二、不敢和世界上自由、民主国家自由交通；三、继续向四周扩张、侵略，乃至倒退到帝俄的扩张、侵略时代。他强调：

> 我们中国人在今日必须认清世界文化的大趋势，我们必须选定我们自己应该走的方向。只有自由可以解放我们民族的精神，只有民主政治可以团结全民的力量来解决全民族的困难。只有自由民主可以给我们培养成一个有人味的文明社会。①

面对血与火的社会现实，"自由"是什么？"民主政治"是什么？怎么实现？内战如此激烈，自由主义知识分子怎么应付？这在胡适都是些未知的东西。胡适因不可抗拒的时局的困扰，自己也感到思想的无力，所以在 1948 年 3 月 3 日复陈之藩信中强调："思想切不可变成宗教。变成了宗教，就不会虚而能受了，就不思想了。我宁可保持我无力的思想，决不肯换取任何有力而不思想的宗教。"②

可以说，此时胡适的自由主义思想，的确是"无力"了。

3

胡适派文人此时对苏联的认识和批评，在舆论界可以说是一种代表性的声音。

事实上，胡适对苏联的认识有一个相应的过程。1926 年他欧游时，曾到过苏联。从实验主义的角度，他认为苏联的社会主义"实验"有可行性，并为此发表了一系列言论，引起了国内朋友和舆论界的注意。他对苏联的"同情"和"赤化"的言论，如今在他的日记中

---

① 胡适：《胡适选集》（三），第 183—184 页。
② 胡适：《胡适全集》第 25 卷，第 323 页。

找到了更翔实的背景解释和时间脚注。1926 年 7 月 30 日至 8 月 1 日，他在莫斯科会见了中共人士刘伯坚和蔡和森，其中同蔡和森还有几个小时的辩论。他在 8 月 3 日的日记中真实地记录下了自己的思想：

> 今日回想前日与和森的谈话，及自己的观察，颇有作政党组织的意思。我想，我应该出来作政治活动，以改革内政为主旨。可组一政党，名为"自由党"。充分的承认社会主义的主张，但不以阶级斗争为手段。共产党谓自由主义为资本主义之政治哲学，这是错的。历史上自由主义的倾向是渐渐扩充的。先有贵族阶级的争自由，次有资产阶级的争自由，今则为无产阶级的争自由。……不以历史的"必然论"为哲学，而以"进化论"为哲学。资本主义之流弊，可以人力的制裁管理之。
>
> 党纲应包括下列各事：
> 1. 有计划的政治。
> 2. 文官考试法的实行。
> 3. 用有限制的外国投资来充分发展中国的交通与实业。
> 4. 社会主义的社会政策。[1]

"二战"后期及战后，胡适派文人中"清华"脉系的罗隆基、潘光旦、闻一多、吴晗、费孝通、潘大逵等，在昆明、重庆等地大多加入了"民盟"。而"北大"脉系的，随胡适回国执掌北大而群聚他的旗下，希望他组党、办报或加入政府，且同国民党有相应的亲和力。

"清华"脉系在北平、上海、南京的一批知识分子，一部分加盟《观察》、《世纪评论》，成了撰稿人；已加入"民盟"的，则以类似在

---

[1] 胡适：《**胡适全集**》第 30 卷，第 223 页。

野党的形式公开活动，成了政治上反对国民党的群体力量。这后一批人在昆明时，已创办《民主周刊》，且在同国民党直接冲突中，牺牲了李公朴、闻一多两位斗士，而潘光旦、张奚若、费孝通等几位教授在国民党特务的枪口恐怖下，只好到美国领事馆避难。可以说，"民盟"的反蒋介石、反国民党，完全是被国民党逼出来的。

在"新月"时期群聚胡适旗下的那批"清华"脉系的自由主义文人，此时基本上成了"民盟"的主力，少数人则游弋于舆论界。"新月"时期的"三个火枪手"，罗隆基此时为"民盟"的宣传部长，梁实秋加盟《观察》、《世纪评论》，成为自由撰稿人，王造时则是"救国会"的笔杆子。

王造时自抗战前加入"救国会"，成为"七君子"之一以后，名声大噪。此时，他和罗隆基、储安平一样，已不再靠胡适这个"保姆"了，他们都嫌胡适同国民党政府过于亲近，有失自由主义者的独立身份。王造时对苏联的认识和表态，早于胡适、钱端升、周鲠生，在1941年即有公开的言论。

1941年4月13日，苏联外长莫洛托夫与日本外相松冈洋右、驻苏大使建川美次在莫斯科共同签署了《苏日中立条约》，同时附有《宣言》，其中表示"苏联誓当尊重'满洲国'之领土完整与神圣不可侵犯性；日本誓当尊重蒙古人民共和国之领土完整与神圣不可侵犯性"[①]。

在重庆的王造时等"救国会"的同人，都以为《苏日中立条约》所附的这个《宣言》对中国抗战是一个打击。出于爱国之心，大家推举王造时起草了《致斯大林元帅的公开信》，由沈钧儒、章乃器、史良、李公朴、沙千里、张申府、刘清扬、胡子婴、王造时九人签名。

---

①　转引自叶永烈：《沉重的 1957》，第 105—106 页。

对此《宣言》，他们公开表示了中国"救国会"同人的遗憾，指出苏联这是出于自己的利益，妨害中国领土与行政的完整。这一爱国举措，在 1949 年中华人民共和国成立以后的中苏友好"一边倒"时期，却成了王造时"反苏"、"反斯大林"的"罪证"，成了他在 50 年代后期反右派斗争严重扩大化时遭难，以至家破人亡的重要原因之一。

"二战"结束后，美、苏两大军事政治强国，以及由他们所率领的两大集团，分别支持国共两党，成了左右中国局势的主要的国际力量。此时胡适的朋友钱端升、周鲠生都就苏联问题发表看法，并结合中国的具体国情阐述中国在外交上应采取的立场。

钱端升在《观察》上撰文，警告中国在美、苏之间不可偏于一方，尤其不可联此攻彼。他对国民党政府的联美反苏感到不满，他不认为"苏联有威胁我们安全独立的企图"[1]，因此，也就不存在反苏的理由。他明确表示：第一，国际政治的变化不容我们将美、苏视为敌对国家；第二，就过去的是非曲直而言，我们没有偏袒一方的理由；第三，从我们自身的利害看来，我们不可联美以反苏。我们惟有兼亲美、苏，才能因世界的安全而获得中国的安全，才能因两国的资助而致力于国内的建设。

钱端升是胡适在抗战时出使美国的外交伙伴，也是胡适派文人中的骨干分子，如今在北大政治系任教。周鲠生是胡适的北大同事，著名法学家、外交学家，此时出任武汉大学校长。他们两人在对苏问题上同胡适的意见不一。周鲠生认为"在联合国列强中间尚没有真正像战前德意志、日本那样好战的侵略势力"，因此，他不主张反苏或联此攻彼，对所谓新的合纵连横表示反对。他指出，"中国向来有所谓以夷制夷，以毒攻毒之策。在近代外交上那套旧把戏曾经试过而不见

---

① 钱端升：《世界大势与中国地位》，《观察》第 2 卷第 3 期。

效，有时反招致危险的结果，受人讥评"。①

胡适在《国际形势里的两个问题——给周鲠生先生的一封信》中，对两位老朋友对国际局势的观察竟相隔如此之远颇感惊讶。他说：

> 老兄知道我向来对苏俄是怀着很大的热望的。我是一个多年深信和平主义的人，平常又颇忧虑中国北边那条边界第一长的边界，所以我总希望革命后的新俄国继续维持他早年宣布的反对帝国主义、反对侵略主义的立场。这种希望曾使我梦想的俄国是一个爱好和平的国家，爱好和平到不恤任何代价的程度（peace at any price）。老兄总还记得，我曾用这"爱好和平到不恤任何和平代价"一个观念来解释苏俄最初二十年的外交政策，说他从布雷斯特李托乌斯克和约（Brest-Litovsk Treaty）起，一直到一九三九年的对德不侵犯条约，都可以说是"爱好和平到不恤任何代价"的表示。一九三九年九月以后，波兰被瓜分，芬兰被侵略，这些事件确曾使我对苏俄开始怀疑。但我总还不愿意从坏的方面去想，因为我的思想里总不愿意有一个侵略国家做中国的北邻。……
>
> 但是雅尔达秘密协定的消息，中苏条约的逼订，整个东三省的被拆洗——这许多事件逼人而来。……
>
> 这是世界最不幸的事，也是苏俄自身最不幸的事。……
>
> 我抛弃了二十多年对苏俄的梦想，我自己很感觉可惜……我们不能不惋惜：苏俄今日被人看作一个可怕的侵略势力，真是苏

---

① 《历史会重演吗》，《中央周刊》第 10 卷第 9 期。

俄自己的绝大不幸，自己的绝大损失了。①

胡适此时的感觉是正确的，日后苏联历史的发展也不幸被胡适说中了。

这封信登出一年后，胡适在读老友陈独秀的最后一批书信时，写就了《陈独秀最后对于民主政治的见解——〈论文与书信〉序言》，他引述了陈独秀 1940 年 9 月致西流（濮清泉）的信中关于斯大林与苏联政体的一段话，表示自己在对苏问题上与陈独秀是一致的。陈独秀说：

> 我根据苏俄二十年的经验，沉思熟虑了六七年，始决定了今天的意见。（一）我认为非大众政权固然不能实现大众民主；如果不实现大众民主，则所谓大众政权或无级独裁，必然流为史大林式的极少数人的格柏乌政制，这是事势所必然，并非史大林个人的心术特别坏些。②

胡适特别抄录了陈独秀关于斯大林与苏联政治体制关系的那段话，认为陈独秀晚年明白了民主政治的意义，也认清了斯大林的一些错误作法及流弊。胡适对苏联的进一步认识是在 1946 年以后。所以，他对陈独秀的"最后见解"特别重视。

4

面对大好河山战火烽烟的现实，胡适在 1948 年 8 月 1 日写了

---

① 《胡适来往书信选》下册，第 318—320 页。
② 水如编：《陈独秀书信集》，新华出版社 1987 年版，第 502—503 页。

《自由主义是什么》，主张"和平改革"，反对"暴力革命"的流血牺牲，表现出十分明确的反共政治倾向，成了替国民党政府说话的文人。他认为，自由主义在这两百年的演讲史上，还有一个"特殊的、空前的政治意义，就是容忍反对党，保障少数人的自由权利"，而东方的自由主义运动却没有抓住政治自由的特殊重要性，结果没有走上建设民主政治的路子。

9月4日，胡适在北平电台播讲《自由主义》，将上述观点概括为：自由主义的第一个意义是自由，第二个意义是民主，第三个意义是容忍反对党，第四个意义是和平的渐进的改革。

和平改革有两个意义：第一就是和平地转移政权，第二就是用立法的方法，一步一步地进行改革，一点一滴地求进步。容忍反对党，尊重少数人的权利，正是和平的政治社会改革的唯一基础。对和平的渐进的改革这一具体的社会运作程序上的意义，胡适的解释是：

> 因为在民主政治已上了轨道的国家，自由与容忍铺下了和平改革的大路，自由主义者也就不觉得有暴力革命的必要了……近代一百六七十年的历史，很清楚的指示我们，凡主张彻底改革的人，在政治上没有一个不走上绝对专制的路，这是很自然的，只有绝对的专制政权可以铲除一切反对党，消灭一切阻力，也只有绝对的专制政治可以不择手段，不惜代价，用最残酷的方法做到他们认为根本改革的目的。他们不承认他们的见解会有错误，他们也不能承认反对的人会有值得考虑的理由，所以他们绝不能容忍异己，也绝对不能容许自由的思想与言论。所以我很坦白地说，自由主义为了尊重自由与容忍，当然反对暴力革命，与暴力

革命必然引起的暴力专制政治。①

很明显，胡适此时宣扬的自由主义实际上是为了遏制国共内战和暴力革命。但现实却是不可逆转的。

四　危机中寻求政治认同与自我拯救：胡适派自由主义文人的分化

1

1948 年，在胡适的"自由之旅"中出现了两次"政治神话"的恶性膨胀之事：一是 4 月，他被蒋介石戏弄，参与竞选总统未遂；二是 11 月，因翁文灏内阁失败，他在向蒋介石"十大进言"以后，被蒋介石提名出任行政院长——未遂。从后者的一些具体细节中，可见自由主义知识分子的软弱及政治上的虚幻。

在 11 月 26 日，即陶希圣奉蒋介石之命来北平劝胡适出任行政院长而离开北平几日后，胡适曾向北京大学秘书长郑天挺谈及陶希圣拉他从政之事。郑天挺向胡适建议，如果去组阁，"人才内阁是这样的：党人少要，旧阁员少要，不必一定是内行，必须有声望，有识见，有担当"。这个组阁标准，实际上是胡适等一批自由主义知识分子心目中的"贤人政治"。他和郑天挺讨论的内阁人选，多是自由主义知识分子，且在国外受过现代文明的训练。这份名单是：行政院副院长傅斯年，内政童冠贤、朱骝先（家骅）、周鲠生，外交王雪艇（世杰），

---

① 1948 年 9 月 5 日北平《世界日报》。胡适：《胡适全集》第 22 卷，第 739—740 页。

国防俞大维，财政 K. P. Chen?，教育杭立武?，交通石志仁、凌鸿勋，司法林彬?，卫生刘瑞恒，工商李烛尘，农林钱天鹤、谢家声，粮食杨绰庵。① 这批自由主义知识分子，即便是被"行政院长"胡适强拉从政，又如何能使腐败的国民党政府起死回生呢？

2

胡适于 12 月 15 日由蒋介石派飞机接出北平。闲居南京的胡适开始反思这三十年来自己所走的"非政治的文化思想的救国路线"。

在奉蒋介石之命赴美求援以前，胡适拜会前燕京大学校长、美国驻华大使司徒雷登。胡适诉说自己的遗憾，承认抗战胜利后只凭兴趣钻到古书堆里，而"未在思想战场上努力"，使自由主义陷入困境。

关于此次谈话的内容，司徒雷登在向美国国务院提交的关于中国问题的报告中有所记载：

> 和胡适那次谈话令人很难过，因为他要向国民政府效忠，在此种竭忠尽智上，他代表的爱国理想是最纯洁的。所以蒋总统虽然有他的缺点，也应当得到支持才对。在国民党诸领袖之中，几乎只有他没有贪婪的污点，没有官场中那些典型的不道德行为，所以他应当得到支持……胡适眼里含着眼泪问我，他说看在老朋友的关系上，让我告诉他他应当向蒋总统说些什么话。他说他已然决定放弃他的学术研究，他问我他应当对国家做些什么事。我告诉他，国民政府的弱点是精神方面的，不是军事方面的，就是士无斗志。老百姓对政府的养民能力失去了信心，对忍受战争之苦的目的起了疑问。在这种情况之下，美国政府是无能为力了。

---

① 据《胡适的日记》（手稿本）第 16 册实录，保留原文中的"?"。

我再三请蒋总统务必要取得舆论的支持。我不知道胡适还能不能像三十多年前发动新文化运动那样大告成功，如今在自由民主问题上再领导一次"新思想运动"，或是"文学革命"。他说在日本投降之后，他没有竭尽其才能在这一方面努力，而因为太自私才又回到学术研究活动上去，深以此为恨事。①

胡适一走，自由主义的大树倒了。本属时聚时散、有来有往的胡适派文人，真的如群鸟散去，出现了各寻去向的情景，除少数到美国和中国台湾、香港外，大多留在大陆。

艰辛的命运和自由的困厄还在等着他们。

---

① 转引自贾祖麟：《胡适之评传》（张振玉译），南海出版公司1992年版，第264—265页。

第六章　从"民主自由中国运动"到"中国民主党"

——胡适的张力与雷震的努力

在 20 世纪 50、60 年代的台湾，政体是大陆旧政权的苟延，统治者因溃败大陆而更加钳制思想，但又因对美国的依附，不得不顾及美国人的舆论压力和社会参照影响，于是，给自由主义知识分子一点说话的"自由"权利，同时把这点"自由"作为象征物，来装饰所谓的"自由中国"。自由主义知识分子那点微弱的力量，在长达数十年的军事戒严时代，根本无法也不可能同当局的官方思想形态形成对峙。这也正是储安平在《中国的政局》一文中所说的"多与少"的问题。

在这个特殊的背景下，胡适派自由主义文人的活动，必然被涂上时代的悲剧色彩。

在胡适"自由之旅"的苍茫岁月中，以他为核心的自由主义文人中先后有两个基本的群体结构：自由中国社和文星社。前者的代表人物为雷震、夏道平、殷海光，后者的代表人物为李敖。作为《自由中国》社的主持人，雷震以自己的务实和坚韧，乃至屈原式的愚忠，既使胡适晚年那近于苍白的理想化的理性的自由主义得以张扬，也有所附丽，又使胡适派文人在 1949 年大陆解放后薪尽火传，一部分力量在台湾地区得以重新集结、调适，并再度介入政治。胡适、雷震、殷

海光、李敖及《自由中国》、《文星》，成了台湾一个历史时期内民主、
自由的象征性形象，也是一种社会化的民主、自由的力量。

一　内部变革的尝试：雷震与"民主自由中国运动"的缘起

1

雷震，字儆寰，浙江长兴人，早年在日本京都帝国大学主修行政
法学及宪法。1933—1938 年，他在王世杰主持的教育部任总务司长，
广泛结交文化教育界自由学人。抗日战争期间及战后，他先后出任国
民参政会副秘书长、政治协商会议秘书长、制宪国大副秘书长等要
职。因为长期从事"各党各派，民主宪政"的"统战工作"，他有国
民党的"统战部长"之称。

雷震在抗战及战后多年的"统战"工作中，受自由、民主势力的
影响，认识到国民党一党专制的弊端，并因早年留学日本时的专业训
练，他对民主宪政有一种理念上的热衷。据《自由中国》社同人胡虚
一所作《读〈爱荷华忆雷震〉书后》① 所示，雷震在 1947 年即对国
民党的一党专制有所不满。他在 2 月 18 日的日记中记有向陈立夫进
言的情况：

> 余进言谓今日办党，应变更作风。过去为一党专政，今后为
> 多党政治，不独方法不能同，而一切作风，均应改变。并望其一

---

① 《爱荷华忆雷震》为当年《自由中国》的文艺编辑聂华苓所作。

改过去狭隘作风，而代以宽大之作法。但渠仍不以然。①

7月25日，他在日记中又记下了："午间有罗贡华、邓子航、范予遂、陈克文、李口、宋宜山、程希孟诸兄午餐，讨论选举问题，及今后对付政治办法，佥以为民主势力不扩张，中国今后必无出路也。"②

此时，胡适执掌北京大学，蒋廷黻出任行政院战后救济总署署长。蒋廷黻与雷震有共同的政治兴趣，他们既不拥护共产党，又不满左舜生、张君劢、伍宪子、李璜等依赖国民党的津贴成为附庸物和装饰品的"书生政党"。蒋廷黻、雷震希望国民党内主张"民主宪政"的分子分离出来，另组新政党，同国民党作公平的自由的政治竞争，以发挥"监督和制衡"的民主宪政的功能。他们理想中的"新党"的组织首脑就是胡适。但是胡适却对组党毫无兴趣。可以说，另组新党事一开始便是悬在空中。

1948年4月，国民党行宪国大选举首届总统，胡适被蒋介石提名为总统候选人，被耍弄了一阵子。在选举过程中，雷震向胡适透露了他和蒋廷黻对胡适寄以"组党首脑"的企盼。胡适当即反问雷震："你和廷黻真认为我胡适之具有这种'组党'的政治才能和本钱吗？"③不等回答，胡适便戏嬉地说道：

> 儆寰呀，你们要找我来倡组一个有力量的独立新政党，作为监督执政已久的国民党的制衡，为中国民主宪政的政党政治，建

① 李敖编著：《雷震研究》，台湾李敖出版社1988年版，第181页。
② 同上书，第181—182页。
③ 同上书，第189—190页。

立良好的规模和基础,事是很好,只是人找错了。我认为这等
事,你和廷黻可找孟真去谈谈。孟真的办事气魄、才能和担当,
是个天生的办事领袖人才,请他试组一个新党看看。只怕他的健
康不许可他了。如孟真的健康不许可,那就由廷黻自己来。当然
以你的办事才具,你也可以自己来;但怕你的国民党,不会许你
另起炉灶的,你的总裁同志,现在正需要你帮忙办"各党各派"
的事,他更不会许可雷震同志另组新党的。"秀才造反,三年不
成"。但孙中山例外,哈哈![1]

4月5日,国内外记者报道了蒋介石不愿意当总统候选人,有意
让给胡适,而遭中央委员排拒的消息。蒋介石见自己的目的(既应付
了舆论及美国朝野,又排挤了李宗仁竞选总统)已达到,便让王世杰
出面安抚胡适,了结这一骗局。8日晚,蒋介石约胡适到官邸吃饭,
并当面向胡适致歉意。据《胡适的日记》:

> 他说,他的建议是他在牯岭考虑的结果,不幸党内没有纪
> 律,他的政策行不通。
> 我对他说,党的最高干部敢反对总裁的主张,这是好现状,
> 不是坏现状。
> 他再三表示要我组织政党,我对他说,我不配组党。我向他
> 建议,国民党最好分化作两三个政党。[2]

由此可见,在国民党自由分化产生新党这一点上,胡适同雷震、

① 李敖编著:《雷震研究》,第190页。
② 《胡适的日记》(手稿本),第16页(1948年4月8日)。

蒋廷黻的主张是一致的。这种政治上的自由主义完全是胡适派文人一厢情愿的幻想。他们既不满意国民党的专制，也不满"三党三派"联合的"民盟"，而自己却无力在政治上有新的举措。

2

1948 年底 1949 年初，蒋介石的嫡系部队——黄埔系精兵强将惨败于淮海战役，伤了元气。长江以北红旗飘扬，共产党军队饮马长江，伺机强渡。蒋介石则想凭借长江天险，固守半壁江山。就在这时，雷震等人见组织新党已完全不可能了，便开始准备发起一场"民主自由中国运动"，以图挽救国民党的败局。这种新的行动仍摆脱不掉对国民党的幻想和依附，自食后果在所难免。对此，后来的《自由中国》同人傅正有一段颇为概括的话：

> 说到《自由中国》创办前的背景，国内是反共几乎到了绝望的时候，在民国三十八年一月徐蚌会战结束，中国大陆快丢了，美国白皮书虽然还没有发表，但态度已定。这时国内外有一个共同要求，政治上需要另外一个新的号召。国民党也感觉到：国民党这块招牌，乃至于三民主义那一套，已经无法起死回生，挽救这个局面，所以《自由中国》运动也就应运而生。①

在这个"运动"中，起主要作用的是雷震。

雷震此时联络在南京、上海的傅斯年、王世杰、杭立武、胡适等文化教育界（或政界民主派）的名人，欲组织自由中国社，创办名为《自由中国》的报刊，一方面宣传"民主反共"，另一方面企图以"自由中国

---

① 李敖编著：《雷震研究》，第 195 页。

社"为核心凝聚信仰民主宪政的人士，形成一个自由主义的政治团体，并逐步发展成为一个"自由党"——新党，以监督、制衡国民党（乃至同国民党竞争）。

于是，在胡适、王世杰、傅斯年、杭立武的参谋下，雷震开始操持具体的工作事宜。他起草了"自由中国纲领草案"，油印分寄给有关人士，同时还草拟了自由中国社发起人名单[①]。其中，除少数在国民党政府任职外，多数为文化教育界的名流、知识界的精英。这是继储安平创办《观察》而特约的七十八位撰稿人之后，中国自由主义知识分子的又一次大规模的群聚。除钱钟书、周鲠生、竺可桢等少数外，这批人多同当局有相应的亲和力，是国民党内部的民主派，尤其不满和害怕共产党的暴力革命。他们后来随国民党政府逃到台湾或流亡香港和美、英等地。

由于时局急变，溃败的国民党失去了大陆的统治，蒋廷黻出任联合国安理会常驻代表，胡适被蒋介石派往美国作民间外交，雷震等发起的这场"民主自由中国运动"尚未真正展开，在大陆便失去了具体的对象和意义，只好迁徙台湾。

---

① 拟约为自由中国社发起人名单胡适、王世杰、蒋廷黻、罗家伦、周鲠生、杭立武、雷震、萧公权、崔书琴、许孝炎、张伯谨、何联奎、程希孟、陈源、浦薛凤、谷正纲、张厉生、毛子水、钱钟书、苏雪林、樊德芬、袁敦礼、叶公超、王传曾、罗鸿诏、张庆桢、竺可桢、傅秉常、张国焘、张佛泉、陶希圣、董显光、陈雪屏、魏书蒙、张忠绂、杨西昆、杨端六、徐□□、梁实秋、燕树棠、傅斯年、蒋匀田、王云五、于斌、万仞千、张君劢、左舜生、周□□、李璜、陈启天、王师曾、夏涛声、陶元珍、杜光埙、张维桢、袁昌英、俞鸿钧、李惟果、李书华、陈博生、萧同兹、范争波、刘酒诚、王星拱、梅贻琦、薛笃弼、吴国桢、王宠惠、陈之迈、陈英竞、张彭春、张其昀、朱世明、郭有守、李□雍、沈怡、成舍我、黄正铭、曾虚白、邓友德、郑彦棻、董文琦、陈华洲、柳光述、沈昌焕、张真如、高□冰、刘驭万、张汇文、李伯申。

二 寻求自由的舞台：《自由中国》创刊与蒋廷黻的
   "中国自由党"流产

1

1949 年 11 月，雷震、王世杰、杭立武、傅斯年等国民党政府内部或学界的自由派在台湾立定以后，便开始推行他们在大陆无法实施的"民主自由中国运动"。他们组建了《自由中国》杂志社，创办《自由中国》半月刊。这是在南逃前曾得到蒋介石"首肯及嘉勉"的事，而国民党也图借此项运动起死回生。这样，他们一开始就为自己设置了樊篱。蒋介石的"首肯及嘉勉"本身就为他们确立了一定的"度"和"阈"，他们的行为必须在当局容忍的范围内展开。这就决定了他们的局限和历史命运。这也是自由主义知识分子无法独立的又一次表现。

胡适受蒋介石单独密召后赴美国作民间外交，为国民党政府争取援助（主要是道义精神上的）。1949 年 4 月 14 日，胡适在赴美的船上写了《〈自由中国〉社的宗旨》，后来发表于 11 月 20 日在台北出版的《自由中国》创刊号。这篇文章（简约概括为四条宗旨）充分显示出此刻胡适心目中的言论自由同国民党的密切关系，表明了他们的政治立场，由此决定了该刊的舆论导向。

写作《〈自由中国〉社的宗旨》时，大陆尚有半壁河山在国民党统治下，胡适对国民党政府还抱有幻想。船到檀香山时，胡适便把它寄给《自由中国》发起人雷震、杭立武。胡适虽置身海外，却被推举为发行人，成了一张招牌。刊物每期都把这四条"宗旨"刊载在卷首，作为提醒同人"努力的宗旨"。

胡适写此"宗旨"几易其稿，最后写成这篇短文还十分不满意。他将它寄给雷震、杭立武等人时附有短信，要他们请崔书琴、张佛泉、毛子水等人仔细斟酌，最好是完全重写，并提醒他们"请不要忘了，傅孟真是作文章的大好手！……万不得已时，还是不发表书面的宗旨或约章，若发表宗旨定稿，请不要具名"。实际上，雷震等人把这个"宗旨"只字未改，印出来了。后来胡适逐渐觉得这四条宗旨的不足，说写作时"中国还保存着三分之二的河山，所以我那四条里就没有提国家的独立。试举此一例，可见那四条已不够用了"。所以，他要台北的同人、朋友，千万要认真细致，实际建立"一个'自由中国'的组织，细细讨论一套切合今日需要的宗旨"，并说"雪艇、孟真、子水、佛泉诸人一定有更好、更切要的意见"。①

《自由中国》杂志 11 月在台北创刊。12 月，在美国的蒋廷黻联络张君劢、顾孟余等流亡的自由主义人士，宣布组成"中国自由党"，公布了《中国自由党组织纲要草案》，并随即在《自由中国》第二卷第一、二期发表。这个"纲要草案"便是脱胎于雷震在大陆起草的"自由中国纲领草案"。雷震认为，蒋廷黻的这一活动实际上是大陆"民主自由中国运动"的继续。不料蒋廷黻在美国的活动被台湾当局视为海外"第三势力"抬头而加以扼制，很快就流产了。而在台湾的《自由中国》杂志却影响越来越大。

2

蒋廷黻的"中国自由党"的短暂的"存活期"，表明他们的无力和时机的不成熟。他们远在海外，即便勉强维持下去，几个书生对中

---

① 转引自张忠栋：《胡适五论》，第 255—256 页。

国现实政治又能产生什么实际作用呢？1950 年 3 月 3 日，蒋廷黻自纽约给雷震写了一封短信，说明对"先办运动，暂不组党"的意见：

> 一月廿八的大札早已拜读。《自由中国》已收到七期，□□内容极好，实在值得大家努力一下。弟好久没有写文章，有点怕动手，但总要试一下。先办运动，暂不组党。这也是个法子。组党的意思，弟在卅五年的冬天提过，并且草了一个简略大纲。如果当时成立，那局势就好对付多了。现在你们既然只能运动，弟何独敢异？不过将来仍要感觉又失良机，良心上难过。我们总是避难就易。①

对于蒋廷黻、张君劢等在美国进行的"中国自由党"的活动，胡适是反对的。他同蒋廷黻是好友，且常见面。蒋廷黻、张君劢等人参与筹划的"中国自由党"，是海外既反共又反蒋的所谓"第三势力"的一个重要组成部分，取得了美国官方和舆论界的支持。他们自知声望和实力有限，开始组党时便想推举胡适为党魁，却遭拒绝。此时胡适对反共，对督促蒋介石政府的政治改革已铁了心肠，因此拒绝与"第三势力"公开的来往。当"第三势力"活跃分子张君劢发动他时，他表明了自己的政治立场："在目前共产与反共大斗争的激流中，不是共产，就应该是彻底的反共。中间绝无余地可资徘徊犹豫。"他竭力主张"第三势力"应该"加入反共阵营"。当美国人告诉他说中国有一种新力量即"第三势力"时，胡适说现在世界上只有两种势力，一种是共产党的恶劣势力，另一种是反共的民主自由力量，所谓的"第三势力"只是"受世界局势迷惑而本质反共的人士"。在美国，胡

---

① 李敖编著：《雷震研究》，第 201 页。

适有意站在台湾国民党政府一边，为它张目。直到1952年底胡适赴台讲学时，还针对记者提出的关于"第三势力"问题发表专题谈话，劝导台湾当局和舆论界"应该变成一种宽大的舆论，以宽大对待这些人士，使误入迷途的人有一个回头是岸的机会，这正是团结全世界反共的自由人士最基本的办法"。

蒋廷黻是蒋介石政府派遣的驻外官员，如今他的这一行为被当局视为犯上、捣乱。蒋介石顾忌美国人的舆论，表面上宽容蒋廷黻的"中国自由党"，背地里却刚柔相济地使蒋廷黻的组党打算落空。对此，唐德刚在《胡适杂忆》中有一段记载：

> 我记得我们那时还谈了些有关蒋廷黻的掌故。我偶尔提到蒋氏可能是"复兴社"里的要员。
>
> "很有可能，很有可能！"胡先生说当他1952年返台湾蒋公（指蒋介石——引者）约见之时，他们曾涉及胡、蒋二位有意组党之事。"蒋先生说：'请告诉廷黻不要另外组党了，还是回到国民党里来吧！'"
>
> "这'回到'二字里有文章！"胡先生不疑处有疑地向我说："蒋廷黻未加入过国民党，为什么要'回到'国民党里去呢？"
>
> 胡先生怀疑蒋廷黻先生是个力能通天"蓝衣社"大员。我们并且把《独立评论》找出来"考据"一下蒋廷黻加入"复兴社"的可能年代。[1]

蒋廷黻被蒋介石拉回台湾，他和张君劢策划、发起的"中国自由党"也就瓦解。

---

[1] 《胡适杂忆》，台湾传记文学出版社1979年版，第30页。

胡适虽然不参加也不赞成在美国及香港的"中国自由党"的活动，但他主张"新党"应由国民党内部自动分化出来。他天真地以为，这样既可保全流落台湾的国民党政府在国际上的地位，又可维持蒋介石的个人权威。同时，确立一个监督、制衡国民党的机构。

3

胡适虽未能居庙堂之高，却因处江湖之远而为其君忧。这是他作为现代自由主义知识分子无法摆脱传统士大夫所坚守的政治信念和行为操守的一面。这是个千年的政治死结，胡适最终未能自我解开。为了保全流落台岛的国民党政府在国际上的地位和蒋介石个人的权威（这在国民党党人中已失落了许多），胡适以"孤臣"之忠诚，"逆子"之真挚（在国民党人看来，胡适的自由主义是异己的东西，是思想造反），于1951年5月底写了一封长信，交《自由中国》的同人杭立武带呈蒋介石。信中先谈了自己两年来在国外的自我反省，接着谈"知己知彼"，劝蒋介石多读中共出版的书，如《斯大林论中国》之类，并就国民党政府的总统任制及到台湾后的选举问题，向蒋介石进言，劝蒋使"国民党自由分化，分成几个独立的新政党"，而第一件事是要蒋介石辞去国民党总裁，并使立法院现行的"无记名表决"改为"唱名表决"。

对于胡适的一片痴心，蒋介石内心里厌恶，但表面上还得给他一点儿面子。9月23日，蒋介石的复信从台北带往纽约转交胡适，信中认为胡适所言宪法问题、党派问题，以及研究共产党一方情况，"均为目前急务"，但蒋介石要求胡适能回到台北再谈其详。由于蒋介石含混其词，回避了胡适关于改造国民党及民主选举之事，胡适感到"党派问题，我的见解似不是国民党人所能了解，似未有进展"。他的自由主义同蒋介石的独裁政治是无法沟通的，蒋介石把自由主义视如共产主义一类的东西加以理性上的排斥。

尽管胡适在民主政治上的见解、主张与蒋介石完全不同，但是他还是苦口婆心地向大独裁者讲道，试图通过这种影响和感化，帮助蒋介石向民主政治迈进。1952年9月14日，他写了八页的中文长信，借将在10月10日国民党召集大会之机劝蒋介石实施政治改革。他表示：

一、民主政治必须建立在多个政党并立的基础之上，而行宪四五年来未能树立这基础，是由于国民党未能抛弃"党内无派，党外无党"的心理习惯。

二、国民党应废止总裁制。

三、国民党可以自由分化，成为独立的几个党。

四、国民党诚心培植言论自由。言论自由不是宪法上的一句空话，必须由政府与当国的党明白表示愿意容忍一切具体政策的批评，并须表示，无论是孙中山、蒋介石，无论是三民主义五权宪法，都可以作批评的对象（今日宪法的种种弊病，都由于国民党当日不容许我们批评孙中山的几个政治主张，例如国民大会制，五权宪法）。

五、当此时期召开国民党大会，不可不有剖切的"罪己"的表示。国民党要"罪己"，我公也要"罪己"。愈能恳切罪己，愈能得国人的原谅，愈能得世人的原谅。但罪己的话不可单说给党员听，要说给全台人民听，给大陆上人民听。①

胡适还在信中向蒋介石讲述了近期发生在土耳其的执政党第一次

---

① 《胡适的日记》（手稿本）第17册（1952年9月14日）。

遵从民意，顺应民众的政治选择，和平转移政权的事例。

蒋介石在《新月》时期尚且不允许他们批评国民党，批评孙中山，批评政府，如今台岛风雨飘摇，蒋介石又如何能听得进在国民党当局看来实为分裂、瓦解政权的自由主义言论！胡适与虎谋皮，蒋介石对自由主义却是虎视眈眈。

三　走向政治对抗之时："反对党"呼声四起，胡适退避三舍

1

1957 年 4 月 1 日，《自由中国》登出朱伴耘的题为《反对党！反对党！反对党！》的文章，这引起了雷震对"反对党"的极大兴趣。朱伴耘讨论、呼吁成立"反对党"的系列文章，一直写了"七论"，直到 1960 年雷震被捕，《自由中国》垮台。

"反对党"的呼声一出，台湾及流亡在美国的一部分自由主义人士便十分积极地响应，并相应地传出胡适将出面领导的舆论。雷震把这个信息报告胡适，希望得到他的支持，并表示将拥胡适为党魁。胡适于 8 月 29 日写信给雷震，"劝他们切不可轻信流言"。胡适说：

> 我前几年，曾公开表示一个希望：希望国民党里的几个有力的派系，能自由分化成几个新政党，逐渐形成两个有力的政党。这是我几年前的一个希望。但去年我曾对几位国民党朋友说，我对于国民党自由分化的希望，早已放弃了。我颇倾向于"毁党救国"，或"毁党建国"的一个见解，盼望大家把眼光放得大一点，用"国家"来号召海内外几亿的中国国民的情感心思，而不要枉

费精力去"办党"。我还希望国民党的领袖走"毁党建国"的新路，我自己当然没有组党的心思。①

胡适自己不愿组党，即不相信自己的力量可以拯救中华民国，同时也清楚，在国民党一党专制之下，任何名义上的"反对党"是不可能生存或成功的。因此，他郑重地向雷震说的"最后两句话是"：

（一）港台议论好像都认定"反共救国会议"可以召开，而这个会议可以促成反对党的出现。我看这是幻想，毫无根据。如果某些人士期望"反共救国会议"促成反对党，那末我可以预言，那个会议一定开不成。（二）港台同时好像真有"反对党呼之欲出"的"讹言"，愈传愈像煞有介事的！我的看法是，如果台湾真有许多渴望有个反对党的人们，他们应该撇开一切毫无事实根据的"讹言"、"流言"——例如胡、蒋在美国组党的妄传——他们应该作点切于实际的思考，他们应该自己把这个反对党建立起来，应该用现有的可靠的材料与人才做现实的本钱，在那个现实的基层上，自己把这个新政党组织起来。胡适之、张君劢、顾孟余……一班人都太老了，这些老招牌都不中用了。②

胡适对此事的悲观，说明他的自知和明时。

2

此时，雷震顶着当局的政治压力，积极同民社党、青年党中的朋

---

① 万丽鹃编注：《万山不许一溪奔——胡适雷震来往书信选集》，台湾"中央研究院"近代史研究所 2001 年版，第 116—117 页。
② 同上书，第 119 页。

友来往，讨论联合成立反对党的可能性。这些热心人士有成舍我、齐世英、陶百川，台湾地方民主势力的领袖人物吴三连、杨金虎、高玉树，以及《自由中国》同人张佛泉、殷海光等。至 1958 年出版法修正案通过后，由于争取言论自由失败，组织"反对党"的呼声更高。这时国民党内部的"自由派"人士、立法委员胡秋原、程沧波、夏涛声、刘百闵、胡钝俞，以及已经起草地方自治研究会章程的郭雨新、李万居等，也都竭力倾向于由雷震出面组织反对党，并执意要雷震请胡适出来领导。胡适虽然一再推辞，但他在这年 5 月 27 日《自由中国》社所作的《从争取言论自由谈到反对党》的演讲，被《自由中国》同人及各界民主、自由人士视为对组织"反对党"的鼓励和支持。

四　胆小君子爱惜羽毛："中国民主党""临产"，　胡适持消极态度

1

1960 年 3 月，蒋介石违背宪法（事先授意修改宪法），强奸民意，连任第三届总统，导致在野人士，尤其是台湾地方民主势力的极大不满。于是他们举办选举座谈会，推雷震、吴三连、李万居、杨金虎、许世贤、高玉树、王地七人为主席团成员（除雷震外，多是台湾本土人士），决议要改进选举，"团结海内外民主反共人士，并与民、青两党协商，立即筹组一个新的政党"。《自由中国》社的雷震、夏道平、殷海光、傅正等也为组党作积极的准备。

1960 年 3 月 16 日，雷震就反对党事向胡适请教，胡适说只要

是民、青两党同国民党民主派及台湾人合组反对党，如果组织成了，他首先表示赞成。因为这时青年党领袖、立法委员夏涛声也同雷震走到了一起。5月4日，台湾地方实力派的吴三连、郭雨新请胡适出面组织反对党，胡适劝他们自己干，并说只有台湾人有民众支持，因为靠依附国民党的民、青两党分化出来的人参与组党，是缺乏号召力的。

关于这段历史的具体情况，雷震在回忆录中有详细的表述，其中说：

胡适先生于民国四十七年就任中央研究院长，我经常至南港他那里坐，有时去是为了听他演讲，有时为了《自由中国》社的事情。如无他人在座时，他常常称赞凯末尔的了不得，土耳其因此而繁荣了，今天则站在西方民主国家的行列。因此我就劝他出来组党，和当年他与蒋廷黻要组织中国自由党一样，他只做党魁，实际工作由我负责，我担任秘书长名义。胡适说，他今日担任了中央研究院院长，这是一个学术机关，同时又出来搞政治，实不相宜。他却极力劝我们出来组织，他可在旁边赞助。于是谈过好几次。他的学生，青年党领袖，时任立法委员的夏涛声有好几次也在场。最后，他说可做我们的党员，召开成立大会和党员大会时，他一定出席讲演捧场，要我们出来组党。我们说："恐怕党未组成，而人已坐牢了。"胡适先生笑着说："国民党已把大陆丢掉了，今日总该有点进步吧！"我们齐声答复说："今日地盘小了，可能握得更紧吧！"这样谈过多少次而没有结果。

关于新党名称，我们主张仍用"中国自由党"。胡适说那个倒霉的名字不必再用，我们今日组党是为改善选举，为争民主，就叫"中国民主党"好了。①

就"中国自由党"而言，胡适一方面不满于蒋廷黻擅自行动，分裂了他们起初策划的"民主自由中国运动"，另一方面又怀疑蒋廷黻是"蓝衣社"的秘密成员。同时，也对蒋廷黻只提出党名，而无实际行动，且被蒋介石瓦解、诱招感到不满。

由于胡适的背后支持，雷震、夏涛声等人便公开活动，5 月 19日《联合报》登出了《民青两党及无党派人士检讨地方选举，决定筹组新党》的消息，披露了 18 日有七十二人集会座谈的情况。《自力晚报》也登出了《酝酿中的反对党》的文章，报道了 18 日的会议胡适未出席的事实。

2

组织"中国民主党"之事，一方面是雷震、夏涛声及台湾本土民主人士的积极行动，另一方面也的确得到了胡适的鼓励。他虽不愿积极出山为党魁，但他还是在消极之中希望别人能干出点成绩。雷震回忆说：

> 尽管胡适先生这样勉励，我还是不敢出来组党，因为主办这几年《自由中国》半月刊，为了印刷之事，使我苦头吃足了，没有当年的勇气了。盖国民党当局虽然丢掉了大陆，还是过去大陆时代的老样子，对于宪法上所规定人民的权利，一概置之不顾，我还是恳求胡先生出来领导，和当年主办《自由中国》半月刊一样，不料胡先生却说："你是读过《四书》的，孟老夫

---

① 李敖编著：《雷震研究》，第 210—211 页。

子说过：'待文王而后兴者，凡民也。若夫豪杰之士，虽无文王
犹兴。'"这当然是鼓励我们自己出来组党，不必等待他出来领
导而始为之，但是我还在犹豫之中。可是胡适又鼓励我多次，
他说："俟河之清，人生几何！"我们还是踌躇不前，因为我做
了几十年的国民党党员，在大陆上在政府中做过二十年的事，
也办过党，国民党当局的性格，我知道得很清楚，连国民党孙
总理左右手胡汉民先生都敢关起来，还不会关我吗？我更怕连
带的把《自由中国》半月刊拖垮了。

　　有一天，我和夏涛声去南港中央研究院胡适先生处专谈筹组
反对党问题，胡适先生劝我们不要徘徊瞻顾，须拿出勇气来，并
留我们吃晚饭。……他送我们上汽车给我们开车门时说："俗话
说：秀才造反，三年不成。"可见胡适先生希望组织新党之
切也。①

　　"秀才造反，三年不成"这句话被胡适说中了。从 1957 年到
1960 年，只是三年的时间，雷震及《自由中国》的种种意图、活动
便被当局绞杀。

　　"反对党"在积极酝酿之中，且联合台湾地方势力，这是蒋家父
子最嫉恨的，他们放出口风要制裁雷震及《自由中国》。胆小的胡适
见风掉头，由支持雷震转向劝阻。

　　6 月 16 日，胡适老马识途，劝雷震略作约束，组党不可太急，
批评政府的火力不可太大，因为国民党上层拥蒋的力量强大。他说：
"你说的话，我自己说的话，都会记在我的账上。你知道吗？'杀君马
者道旁儿'。人家都称赞这头马跑得快，你更得意，你更拼命的加鞭，

---

　　① 李敖编著：《雷震研究》，第 213 页。

拼命的跑，结果，这头马一定要跑死了。现在你以为《自由中国》出
了七版、八版，你很高兴，这都是你的灾害!"尽管胡适如此劝阻，
雷震等人仍希望他出面领导。6 月 30 日，雷震、夏涛声再次找到胡
适，告知"反对党"要在 9 月成立，仍想推举胡适为党魁。胡适却
说:"我不赞成你们拿我作武器，我也不牵涉里面和人家斗争。如果
你们将来组织成一个像样的反对党，我可以正式公开的赞成，但我决
不参加你们的组织，更不给你们作领导。"①

3

7 月 9 日，胡适启程去美国西雅图，出席"中美学术合作会议"。
此前一周，胡适曾应雷震、夏涛声之邀出席"选举改进座谈会"的召
集人为他出国举行的饯行晚宴。雷震、夏涛声是想要胡适向舆论界公
开发表对"反对党"的支持意见，并打探胡适返台的时间，以便在那
时召开成立新党大会，推胡适上台。在宴会上，胡适表示"反对党"
这个名称不合适，说他还是一贯主张在野党。他个人赞成组织在野
党，并且希望在野党力量强大，能够真正发挥制衡作用，以和平方法
争取选民的支持，使政治产生新陈代谢。

7 月下旬，雷震给胡适去信，询问他何时回台，并再次表示，他
们的反对党要等胡适回来之后才开成立大会。

胡适的回信写于 8 月 4 日，即雷震被捕前一天，他的具体意
见是:

　　　收到你七月廿二日的信了。你写此信时，还颇乐观，如说
　　"某君转告，国民党当局已告诉美国人，他们对新党不取缔，任

---

① 胡颂平:《胡适之先生年谱长编初稿》第 9 册，第 3305—3306 页。

其组织"。又如说国民党"中央党部放出空气，说十二月地方选举，将准候选人公推监票员"。

你此时一定已见到《中央日报》七月廿九日的社论了。

我在五、六月之间，就曾指出，有人说你们拟的宣言"太消极"、"太否定"（too negative）。我的意思是说"太骂人"、"太攻击人"。你们的党还没有组成，先就痛骂人，先就说要打倒国民党，先就"对国民党深恶痛绝"。国民党当然不会"承认"你们的党了。

我的行期，一时难定。

我盼望你们千万不要"盼侯先生到台后再宣布"《组党宣言》。这一点同我六月中劝你们不要在艾森豪〔威尔〕总统到台北之前几天发表你们的宣言，是一样的意思。你们当时不听我的劝告。现在我很郑重的劝你们千万不要等候我"到台后再宣布"。

你们要组党，本来同美国人无干，更同艾〔森豪威尔〕总统的来台绝无关，所以我劝你们不要赶在艾克到台之前几天发表宣言。把两件不相干的事，故意连系起来，叫人看上去好像有点相干，——那是不诚实。你说是不是？但六月初，你完全不懂得我的话。那天晚上，我看见"宣言"已排印好了，所以我也不多说话了。

我举此例子，表示你们的想法、看法、做法，我往往不能了解。我的想法、看法、做法，你（单指老兄）也往往不能了解。（别人更不说了）。

所以我此时不能悬想你们的组党宣言发布时，我可能取什么态度。

所以我劝你们千万不要等候我。①

胡适托钱思亮自美国带回的信还没有到雷震手中，蒋经国已策使人马，釜底抽薪，把雷震及《自由中国》的编辑傅正、刘子英、马之骕投入大狱。

五　政治淫威之下："中国民主党"胎死腹中，《自由中国》文人群体的散落

1960 年 8 月，蒋家父子把雷震以"涉嫌叛乱"罪下狱十年。9 月18 日，台北《联合报》登出了《李万居等发表声明，新党即可宣布成立》的消息。但立即被蒋家父子从中破坏掉。"中国民主党"就这样被绞杀于"母腹"之中，李万居也因此受牵连，在贫病交加中度过不足十年的余生。《自由中国》的同人殷海光，被台湾大学解除教授职务，陷入了李万居一样的命运。

至此，在台湾的这一部分自由主义知识分子，在横逆、绝望中呻吟、挣扎。

11 月 18 日，胡适自美返回台北拜见蒋介石，就"中国民主党"之事有一段谈话。这是他对此事的真实看法：

> 我回到台北的第二天，所谓"反对党"的发言人——李万居、高玉树、郭雨新、王地、黄玉娇——来看我。我屋中客多，我答应了那个礼拜三晚上（十月廿六日）同他们吃饭面谈。礼拜

---

① 万丽鹃编注：《万山不许一溪奔——胡适雷震来往书信选集》，第 235—236 页。

三（廿六日）的上午，我去看副总统，我把我要向他们说的话，先报告副总统。我说，李万居一班人既然说，他们要等我回国，向我请教，我有责任对他们说几句很诚恳的话。我要劝告他们两点：1. 在时间上要展缓他们成立新党的时期：他们应该看看雷案的发展，看看世界形势，如美国大选一类的事件。不可急于要组党。2. 我要劝他们根本改变态度：第一要采取和平态度，不可对政府党取敌对的态度，你要推翻政府党，政府党当然先要打倒你了。第二，切不可使你们的党变成台湾人党，必须要和民、青两党合作，和无党派的大陆同胞合作。第三，最好是要能够争取政府的谅解，——同情的谅解，——以上是我对副总统说我预备那晚上对他们几位说的话。同时我还表示一个希望。十年前总统曾对我说，如果我组织一个政党，他不反对，并且可以支持我。总统大概知道我不会组党的。但他的雅量，我至今不忘记。我今天盼望的是：总统和国民党的其他领袖能不能把那十年前对我的雅量分一点来对待今日要组织一个新党的人？①

十七年以后，即雷震蹲完十年大狱，被保释出来闲居至 1977 年，他为自己书写墓碑时所拟的两个头衔是：

　　自由中国半月刊发行人和中国民主党筹备委员

对此，雷震的夫人宋英女士竭力反对。她的一段话，颇可以作为"中国民主党"一事的总结：

————————————

① 《胡适的日记》（手稿本）第 18 册（1960 年 11 月 18 日）。

你的中国民主党，在你坐牢前，连筹备委员会都还没有成立，到你坐牢以后，李万居、高玉树等人才在报上发表声明，成立中国民主党筹备委员会。但后来他们不但未把新党筹备成立起来，且又作了鸟兽散，别人早已没有这回事了，做大官的做大官，发大财的发大财，偏你坐了十年牢，还不死心，现在还要在自己的墓碑上，记上一笔，有什么意思呢？生前未当成中国民主党筹备委员，死了还要写在墓碑上过瘾吗？你要这么写就这么写吧！不要将来人死了，因你墓碑上写有什么中国民主党筹备委员的头衔，连墓碑都不许立起来，那就难堪了啊！①

"哀莫大于心不死"！无地自由的雷震，死后同亡儿雷德成及《自由中国》编委罗鸿诏、殷海光合葬于他选定、买下的"自由墓园"。他总算在身后占有了理想的"自由中国"中的一分自由墓地。

雷震等人下狱后，胡适遭舆论抨击，在内疚、不安中度过一年多的时光。这段不堪回首的悲壮往事，成了胡适临终前的一个痛苦的情结。很快，他也在上天无路，自由无着的情况下，进入"自由中国"的地狱。

胡适派文人的政治神话的时代早已结束了。那么，后来人是不是又在演示新的政治神话？是不是还在继续做着民主、自由的梦？在为自由守望？

1996 年 6 月写完于河南大学

1997 年 6 月 26 日—7 月 2 日修改于上海

2008 年 10 月 10 日—11 月 20 日再改于南京大学

---

① 李敖编著：《雷震研究》，第 229 页。

参考文献

刊物（以英语字母为序，首字按汉语拼音排列）

《东方杂志》（上海）

《独立评论》（北平），影印本

《观察》（上海）

《国粹学报》（上海）

《国故》（北京：北京大学）

《国闻周报》（天津）

《甲寅》（北京—天津）

《竞业旬报》（上海）

《留美学生季报》（上海）

《努力周报》（北京）

《清华周刊》（北京）

《少年中国》（北京—上海），影印本

《世纪评论》（南京）

《时代公论》（南京）

《太平洋》（上海）

《现代评论》（北京），影印本

《新潮》（北京：北京大学），影印本

《新青年》（上海—北京），影印本

《新月》（上海），影印本

《学衡》（南京—北京），影印本

《文星》（台北）

《自由中国》（台北）

《周论》（北平）

著作

阿克顿：《自由史论》（胡传胜等译），译林出版社，2001。

艾　恺：《世界范围内的反现代化思潮——论文化守成主义》，贵州人民出版社，1991。

艾　恺：《最后的儒家——梁漱溟与中国现代化的两难》（王宗昱等译），江苏人民出版社，1993。

蔡尚思主编：《中国现代思想史资料简编》，浙江人民出版社，1983。

蔡元培：《蔡孑民先生言行录》，广西师范大学出版社，2005。

曹伯言、季维龙：《胡适年谱》，安徽教育出版社，1989。

陈独秀：《独秀文存》，安徽人民出版社，1987。

陈万雄：《五四新文化的源流》，三联书店（香港）有限公司，1992。

丹尼尔·贝尔：《资本主义文化矛盾》（赵一凡等译），生活·读书·新知三联书店，1989。

费正清：《美国与中国》（孙瑞芹、陈泽宪译），商务印书馆，1966。

费正清：《费正清对华回忆录》（陆惠勤等译），知识出版社，1991。

傅乐诗等著：《近代中国思想人物论·保守主义》，台湾时报出版公司，1980。

　　傅斯年：《傅斯年全集》，台湾联经出版事业公司，1980。

　　高军等编：《中国现代政治思想史资料选集》，四川人民出版社，1984。

　　格里德：《胡适与中国的文艺复兴》（鲁奇译），江苏人民出版社，1989。

　　耿云志：《胡适年谱》，四川人民出版社，1989。

　　耿云志主编：《胡适遗稿及秘藏书信》（手稿本），黄山书社，1994。

　　耿云志主编：《胡适论争集》，中国社会科学出版社，1998。

　　哈耶克：《通向奴役的道路》（滕维藻等译），商务印书馆，1962。

　　哈耶克：《自由秩序原理》（邓正来译），生活·读书·新知三联书店，1992。

　　汉娜·阿伦特：《论革命》（陈周旺译），译林出版社，2007。

　　胡　适：《胡适选集》，台湾文星书店，1966。

　　胡　适：《胡适作品集》，台湾远流出版公司，1986。

　　胡　适：《胡适的日记》（手稿本），台湾远流出版公司，1989—1990。

　　胡　适：《胡适全集》，安徽教育出版社，2003。

　　《胡适传记资料》，台湾天一出版社。

　　胡颂平编著：《胡适之先生年谱长编初稿》，台湾联经出版事业公司，1984。

　　黄远庸：《远生遗著》，商务印书馆，1920（影印本）。

　　霍　伊：《自由主义政治学——哈耶克的政治思想》（刘锋译），生活·读书·新知三联书店，1992。

　　蒋梦麟：《西潮·新潮》，岳麓书社，2000。

蒋廷黻：《蒋廷黻回忆录》，台湾传记文学出版社，1984 年再版。

雷　震：《新党运动黑皮书》，台湾远流出版公司，2003。

李　敖：《胡适研究》，台湾北文星书店，1964。

李　敖：《胡适评传》，台湾远景出版社，1979。

李　敖：《胡适与我》，台湾李敖出版社，1990。

李敖编著：《雷震研究》，台湾李敖出版社，1988。

李又宁主编：《胡适与他的朋友》（1、2、3、4、5 集），纽约天外出版社，1990—1999。

李又宁主编：《胡适与国民党》，纽约天外出版社，1998。

林毓生：《中国意识的危机》，贵州人民出版社，1988。

梁启超：《饮冰室合集》，上海中华书局，1936。

马克斯·韦伯：《学术生涯与政治生涯》，国际文化出版公司，1988。

倪邦文：《自由者梦寻》，上海文艺出版社，1997。

水如编：《陈独秀书信集》，新华出版社，1987。

唐德刚：《胡适杂忆》，台湾传记文学出版社，1979。

唐德刚译注：《胡适口述自传》，台湾传记文学出版社，1981。

汤因比：《文明经受着考验》　（沈辉等译），浙江人民出版社，1988。

托克维尔：《旧制度与大革命》（冯棠译），商务印书馆，1992。

托克维尔：《论美国的民主》（董果良译），商务印书馆，1996。

万丽鹃编注：《万山不许一溪奔——胡适雷震来往书信选集》，台湾“中央研究院”近代史研究所，2001。

汪　晖：《无地彷徨——五四及其回声》，浙江文艺出版社，1994。

汪原放：《亚东图书馆与陈独秀》，学林出版社，2006。

王汎森、杜正胜编：《傅斯年文物资料选编》，台湾傅斯年先生百龄纪念筹备会印行，1995。

微拉·施瓦支：《中国的启蒙运动——知识分子与五四遗产》（李国英等译），山西人民出版社，1989。

闻黎明、侯菊坤编：《闻一多年谱长编》，湖北人民出版社，1994。

吴学昭：《吴宓与陈寅恪》，清华大学出版社，1992。

希尔斯：《论传统》（傅铿、吕乐译），上海人民出版社，1991。

萧超然：《北京大学与五四运动》，北京大学出版社，1986。

休·塞西尔：《保守主义》（杜汝辑译），商务印书馆，1986。

叶永烈：《沉重的1957》，百花洲文艺出版社，1992。

易劳逸：《流产的革命》（陈谦平等译），中国青年出版社，1992。

以赛亚·伯林：《自由论》（胡传胜译），译林出版社，2003。

余英时：《重寻胡适历程》，广西师范大学出版社，2004。

余英时：《现代学人与学术》，广西师范大学出版社，2006。

约翰·格雷：《自由主义的两张面孔》（顾爱彬等译），江苏人民出版社，2002。

章　清：《"胡适派学人群"与现代中国自由主义》，上海古籍出版社，2004。

张国焘：《我的回忆》，香港明报出版社，1972。

张允侯等：《五四时期的社团》（一、二、三、四），生活·读书·新知三联书店，1979。

张忠栋：《胡适五论》，台湾允晨文化实业股份有限公司，1990。

张忠栋：《胡适·雷震·殷海光》台湾自立晚报社文化出版部，1990。

中国社会科学院近代史研究所编：《五四运动回忆录》（上），中国社会科学出版社，1979。

中国社会科学院近代史研究所中华民国史组编：《胡适来往书信选》（上、中），中华书局，1979。

中国社会科学院近代史研究所中华民国史组编：《胡适来往书信选》（下），中华书局，1980。

中共中央马克思恩格斯列宁斯大林著作编译局研究室编：《五四时期期刊介绍》（第一集），生活·读书·新知三联书店，1978。

中共中央马克思恩格斯列宁斯大林著作编译局研究室编：《五四时期期刊介绍》（第二、三集），生活·读书·新知三联书店，1959。

周策纵：《五四运动：现代中国的思想革命》（周子平等译），江苏人民出版社，1996。

后　记

一

　　1917年6月1日，胡适完成了在美国的学业，回国之前，他在给朋友的一首告别诗中，表明了自己对学业的认识："学以济世艰，要与时相应。"同时，他向朋友昭示了自己今后的岗位责任："讲学复议政。"

　　作为现代史上最具政治色彩和社会影响力的学者，他践行了自己与心灵相约的这一岗位意识。他觉得关心时事，是一个知识分子的社会责任和历史使命。为此，他付出了很多，却终生无悔。

　　1956年9月，陈源在致胡适的一封信中，转达大陆朋友周鲠生的一片劝归之意，说大陆的胡适批判，"是对你的思想，并不是对你个人"。胡适在陈源的这句话下面划了线，并在一旁批注说："除了思想之外，什么是'我'？"

　　什么是胡适？这不是一个难题，却又是一个难题！

　　在时下这个可以言说的语境里，我以自己相对个体化的语词，客观追述了胡适及其自由主义同人的议政操行的基本过程，在大众话语的可共时兼容中，演示、批判其自由主义思想。

还有不可言说与不必言说的。

二

这本书的基本思路酝酿于 1992 年，时写时停，至今还差胡适主持《努力》周报这一章。在这一时期中，有"好政府主义"主张，有鼓吹"联省自治"，有"科玄论战"，还有一个外围的兄弟刊物《现代评论》。只是我没有占据更多的第一手材料，也没有新的解释，且怕重复自己和重复别人，所以没有写下去。

寻找—认识—理解胡适，是一个学习、写作的过程。我为自己专业计，从传记开始。起初视野有限，知识储备不足，尤其不善于理性的分析（至今仍然拙于此）。我生性自由、散漫，读书、写作多依个性、兴趣。十年间，在河南大学—南京大学，我幸得几位师长、朋友的指导、提携，同时处在一个较好的读书、写作环境中，我便大胆放手写下来。这个读、写的过程，实际上是一个求知的路径。在这过程中，我努力不停地改正自己的疏误，克服自己的粗浅、简单，以期取得切实的进步。

关于胡适的书，我已经写了六本。书中有我的个性，我的思考，也有我的无知和错误。在学术研究中，我尝试着同文学个体、文化个体贴近，寻找——认识——理解；总希望更多地占有材料，确立自己独到的见识，形成个性化的辞章。结果却不令人满意。原因便是自己的浮躁，以及急功近利。

　　如今我想换一个研究对象，调整一下自己的知识结构和思维方式，作一点超越自我的努力，以期有新的东西产生。

　　感谢朋友的相助，使这本小书能尽快地同读者见面。

1997 年 6 月 29 日